Ellinor Schnaus

MÖBEL RESTAURIEREN

urania

Inhalt

Für Isabel und Carla

Möbel restaurieren und das Alter respektieren ...

Es gibt viele Gründe, warum sich der Sammler und Antiquitätenliebhaber in seiner Freizeit eines Tages an das Restaurieren begibt. Zum einen bringt die Heimwerkertätigkeit Zufriedenheit und Ausgeglichenheit. Zum anderen werden, im Vergleich zu vielen passiven Feierabendbeschäftigungen dabei bleibende Werte geschaffen.

In keinem anderen Land Europas wird ein vergleichbarer Aufwand in das Freizeithandwerk gesteckt, wie in Deutschland, wo Millionen Arbeitsstunden jährlich in der eigenen Werkstatt verbracht werden.

Zwar wird von Fachleuten und von Restauratorenverbänden immer wieder davor gewarnt, sich als Laie an die Aufarbeitung eines alten Möbels zu wagen. Doch sind es gerade die nichtprofessionellen Antiquitätenliebhaber, die für den Erhalt alter Möbel und im weiteren Sinne auch für die Kunstgeschichte Pionierarbeit leisten. Dagegen weiß man wiederum von profitsüchtigen Händlern aus der Antiquitätenbranche, dass aus Gründen des schnellen Gewinns so manche Sorgfalt bei der Aufarbeitung eines alten Möbels vernachlässigt wird.

Nicht nur die Frage danach, ob ein Laie restaurieren darf, sondern wie überhaupt Antiquitäten erhalten werden sollen, ist in der Fachwelt ein immer noch sehr kontrovers diskutiertes Thema. Wo hört die Würde des Alters auf – nämlich dort, wo der Zerfall beginnt – und wo verändert man durch radikales Erneuern den Charakter des alten Möbels? Für den professionellen Restaurator ein nur allzu bekanntes Problem, für den Neuling hingegen nicht ohne weiteres zu definieren, da für ihn die allererste Zielsetzung ein Wiederherstellen und „Brauchbarmachen" des Möbels überhaupt ist. Mit zunehmender Kenntnis wird aber auch dem anfänglich unerfahrenen Restaurator bewusst, dass erst der sensible Umgang mit Materialien, das Erkennen der Holzeigenschaften, eine einfühlsame und ästhetische Anpassung an die Stilgeschichte des Möbels die Instandsetzung zum eigentlichen Restauriererfolg werden lässt. Restaurierkunst ist zudem auch immer Handwerkskunst, die die Konstruktion eines alten Möbels erkennen und sich ihm anpassen kann, ohne es dabei wie neu machen zu wollen. Es ist also eine Gratwanderung zwischen alt und neu, bewährt und vergänglich, sinnvoll oder überflüssig.

Ich bin der Ansicht, dass es schließlich der Eigentümer selbst ist, der die Geschichte seines Möbels am besten kennt oder erforschen wird, und der mit Akribie und Einfühlungsvermögen verantwortungsbewusst den Erhalt seines Besitzes, sei es mit Hilfe eines Fachhandwerkers oder durch die fundierte Unterstützung aus der Fachliteratur, übernimmt. Dazu möchte ganz besonders auch dieses Buch beitragen und allen Leserinnen und Lesern Freude und Erfolg beim Restaurieren wünschen.

Und weil die Zeit stets für die Natur, also gegen den Erhalt arbeitet, wird es für den Restaurator, Sammler und Heimwerker ständig etwas zu tun geben, um dem Prozess des Vergehens entgegenzuwirken, um Altes zu erhalten, Vergessenes zu entdecken und Zerfallenes wieder brauchbar zu machen.

Für die fachmännische Unterstützung während meiner Arbeit zu diesem Buch möchte ich mich besonders bei Schreinermeister Eberhard Metzner aus Mainz bedanken, der mich bereits zu manchen Themen meines vorausgegangenen Buches „Oberflächenbehandlung alter Möbel" hilfreich beraten hat. Mein Dank für die Unterstützung bei den Fotoaufnahmen gilt auch Herrn Arno Orth, Frau Isolde Luckert und den „Antiquitäten Holunderhof" in Kelkheim.

Kabinettschrank, Holz ebonisiert, Ruinenmarmoreinlegearbeiten, Österreich/Böhmen, 1. Hälfte 17. Jh.

Restaurieren

Alte Stühle – welch ein Gefühl ist es, wenn der Sammler auf seiner ständigen Suche nach alten Möbeln einen interessanten Fund macht.

Der Begriff des Restaurierens wurde zu allen Zeiten kritisch in Frage gestellt, denn geflickt, verbessert und ausgebaut wird schon seit Jahrtausenden. Nach der heute gültigen Kunstauffassung heißt Restaurieren, ein Möbel in Material und Bestand zu sichern, keinesfalls aber wie neu herzurichten.

Restaurieren
„Es in dem Zustand, in welchem wir es von unseren Vorgängern übernommen haben, in Bestand und Material zu sichern, um es weiterzugeben."

Ein Wort an den Sammler

Die Tatsache, dass Sammeln einem uralten Trieb des Menschen entspricht, ist uns allen bekannt. Warum aber entscheiden sich so viele für das Sammeln von Antiquitäten?

Betrachtet der Antiquitätensammler seine gegenwärtige Umgebung einmal näher, so sieht er immer rascher wechselnde Trends, minderwertige Materialien, primitive Farben, einfallsloses Design, schlechte oder keine handwerkliche Qualität. Alles ist nur praktisch, glänzend und abwaschbar. Sein Wunsch nach Beständigem, Traditionellem und Vertrautem wird deshalb immer stärker.

Sammeln und sich mit Altem und Schönem umgeben, wird für ihn zum Ausdruck seiner Lebensauffassung. Die Schönheit eines Materials beseelt ihn und lässt ihn fortan oft dornenreiche Wege gehen, bis er der Neugier und seinem inneren Drang folgend, das Gesuchte gefunden und alle damit verbundenen Geheimnisse und Geschichten entdeckt hat. Sammeln bedeutet für ihn aber auch Nostalgie und ist mit dem Wissen um Vergänglichkeit verbunden. Die Bewunderung für das Seltene oder gar Einmalige in Machart und Material, zusammen mit dem Stolz des Besitzers und der Kenntnis um den materiellen Wert charakterisieren also ganz wesentlich einen Sammler.

Besonders alte Möbel als Sammlerobjekte verlangen Respekt und Kompromissbereitschaft, wenn es darum geht, diese Möbel Tag für Tag auch zu benutzen. Nicht immer sind sie praktisch und stehen oft sogar mit unserem heutigen Anspruch auf Bequemlichkeit und einfache Nutzung im Widerspruch. Aber der kunstverständige Sammler wird sich dennoch hüten, Kommoden oder Schränke zum Fernsehgehäuse oder zur beleuchteten Bar umzufunktionieren, sie pflegeleicht mit Kunststoff auszukleiden oder gar Esstische auf Couchtischhöhe abzusägen.

Viele Sammler leben denn auch oft ein wenig im Zwiespalt mit ihren alten Möbeln. Sie neigen dazu, übervorsichtige Hüter ihrer Sammlung zu sein und zeigen sich mitunter als strenge Gastgeber, was den Gebrauch angeht. Altes Mobiliar verträgt vieles nicht, was einem neuen Möbel wenig anhaben kann. Meist spürt der routinierte Sammler aber ziemlich genau, wie er Altes mit Neuem harmonisch verbinden kann. Was Qualität hat, mischt sich gut.

Durch den Sammler wird die Vergangenheit zu einem Teil der Gegenwart. Eine von Eingriffen unberührt gebliebene, in allen Teilen authentische Antiquität ist eine fühlbare Spur in die Vergangenheit, Gegenstand von Fantasien und Träumen, Rätsel und Neugier. Welch ein Gefühl ist es, wenn man auf seiner ständigen Schatzsuche tatsächlich einen interessanten Fund macht. Und vermutlich ist es dieses Gefühl des Suchens, Besitzens und Erhaltens eines Gegenstandes aus vergangenen Zeiten, das den Sammler immer wieder anspornt. Der Antiquitätenbesitz hat nicht nur materielle Gründe, sondern übt auch als Ruhepol und Besinnung auf Tradition und Kultur vorangegangener Generationen seinen Reiz auf den Sammler aus. Allenthalben werden aus den Beständen der privaten Sammler kleine Heimatmuseen eröffnet, um Einblick in früheres Leben und Schaffen zu vermitteln und uns mehr oder weniger bewusst daran zu erinnern, dass keine Entwicklung ohne eine vorausgegangene stattfinden kann.

Hier schlägt das Herz eines Sammlers höher, denn Kistchen und Kästchen sind begehrte Objekte.

Auf den Streifzügen durch die Antiquitäten- oder Trödlerläden hat man immer wieder einmal Glück und entdeckt begehrenswerte Objekte.

Als Antiquitätenliebhaber und -sammler kann man auf recht verschiedene Weise in den Besitz seiner Objekte kommen. Im günstigsten Falle wird man durch Erbe oder Heirat zum Eigentümer und dadurch überhaupt erst zum Kenner und Sammler. Kommt man aber nicht durch Erbschaft in solchen Besitz, so sammelt man eben selbst die zukünftigen Erbstücke, sucht, kauft, ersteigert, gibt dem in einem Schuppen oder Keller fast vergessenen Möbel familiären Wert und macht es dann zum begehrten Erbstück. Man könnte noch viele Gründe und Möglichkeiten aufführen, die für die Passion des Sammelns sprechen. Im philosophischen Sinne könnte man es auch mit folgenden Worten ausdrücken: „Antiquitäten sammeln dient nicht nur der Befriedigung von materiellem Denken, Eitelkeiten oder gar eines mehr oder weniger in jedem Menschen vorhandenen Triebes zum Ansammeln von Besitz, sondern erfüllt den Wunsch nach Entspannung, Erholung, Fantasie und Einsatz nicht beanspruchter Lebensenergie im täglichen Einerlei. Sammeln kann die Ergänzung unserer auf Wort und Wissen angelegten Bildung sein, Kräfte des Geistes und des Herzens wecken, indem sie uns Zugang zu dem geheimnisvollen Wesen der Kunst und einem großen Glücksgefühl gewährt."

Und aus einer Zitatensammlung könnte man Goethe zitieren, der sagte: „Die Sammeltätigkeit gehört zu den Grundlagen der höchsten Form der Bildung."

Alle historischen, kulturellen und philosophischen Betrachtungen zum Wesen des Sammelns und Restaurierens möge der Leser und Benutzer dieses Buches nicht als allzu abstrakt und wissenschaftlich nehmen, denkt er dabei an das geerbte Vertiko aus Großmutters Zeiten oder den soeben gefundenen Weichholzschrank im Keller. Dieses Buch möchte sich an erfahrene ebenso wie neu dazugekommene restaurierende Sammler und Besitzer alter Möbel wenden, denn jedes authentische Möbel aus „einer Zeit vor unserer Zeit" bedeutet auch Erkenntnis und Fortschritt für heute oder morgen und im höchsten Sinne Erhaltung von Kulturgut.

Der Restaurator

Bislang ist das Berufsbild des Restaurators noch nicht im Sinne einer allgemein gültigen Ausbildung geregelt. Die Berufsbezeichnung „Restaurator" ist zur Zeit noch ungeschützt. Ende der 50er Jahre kam es vermehrt zur Gründung von Restauratoren-Verbänden, die sich zunehmend kritisch über Pflege und Restaurierauffassung von historischem Mobiliar Gedanken machten und auch immer deutlicher klare Vorschriften forderten. Dennoch ist es bislang nicht zu einem einheitlichen Konzept für ein Restauratoren-Studium mit bundesweit anerkanntem Abschlussdiplom gekommen (man könnte aber die damit drohende Verschulung einer der letzten freien Berufe durchaus auch mit zwiespältigen Gefühlen sehen). So gibt es allenthalben Restauratoren, die nach freier Auffassung in den Restaurierwerkstätten der Museen und Denkmalpflegeämter arbeiten und Sammlungen – private wie öffentliche – betreuen, Antiquitätenhändler mit eigenen Schreinereien sowie viele engagierte Sammler und

Mit handwerklichem Geschick und Sachverstand kann der Restaurator diese Stühle aus dem letzten Jahrhundert erhalten und wieder gebrauchsfähig machen. Hier: Biedermeierstühle, Nussbaum

Besitzer von alten Möbeln, die in ihrer Freizeit instand setzen und restaurieren.

In den letzten Jahren sind vermehrt Fachakademien entstanden, die in übergreifenden Seminaren sowie Abend- und Wochenendkursen Kunstgeschichte, Denkmalpflege, Schreiner- und Restauriertechniken und andere handwerkliche Kenntnisse wie Polstern, Drechseln und Vergolden anbieten. Nähere Informationen dazu sind im Allgemeinen über die örtlichen Industrie- und Handelskammern oder Handwerkskammern zu erhalten. Weiterhin kann man über Denkmalpflegeämter, Museen, Berufsverbände und Handwerksinnungen Auskünfte zu entsprechenden Ausbildungsmöglichkeiten einholen. Vereinzelt gibt es auch an Fach- und Kunsthochschulen Studiengänge, die zu einem Restauratorendiplom führen. Zulassungsvoraussetzungen, Studienablauf und -dauer sind allerdings unterschiedlich und nicht immer Länder übergreifend anerkannt.

Dieses Buch möchte all jene Sammler und Handwerker, die „nur" in eigener Sache restaurieren, bei ihrer Arbeit unterstützen, anleiten und Ihnen Mut machen, denn oft genug finden und erhalten gerade sie so manches Möbel, das sonst auf dem Sperrmüll landen würde, oder auf dem Dachboden und im Keller vermodert wäre, aber für die nächste Generation bereits eine Rarität sein kann.

Was ist erhaltenswert?

Geflickt, verbessert und ausgebaut wurde seit Jahrtausenden. Tempel zerfielen und wurden als Steinbrüche genutzt, wertvolle Möbel in Notzeiten zu Brennholz zerkleinert. Herrscher ließen Kunstwerke, Denkmäler, Kirchen und Residenzen zerstören, um sich an gleicher Stelle mit größerer Pracht zu entfalten und ihre Vorgänger zu übertreffen. Soll man die Vergänglichkeit des Materials akzeptieren?

Ab dem 19. Jahrhundert begann die Zeit des Nachdenkens über das Wie und Warum des Erhaltens und des Wiederherstellens und damit wurde jede Restaurierung zugleich auch Interpretation. Im Gegensatz zu der Kunstgeschichte, die dem Kunstwerk nichts anhaben kann, ging die Auffassung über die „richtige" Handhabe von Restaurierarbeiten oft mit erheblichem Verschleiß und Verderb von Kunstgut einher. Die Aufarbeitung eines Möbels im idealistischen Verständnis der Restaurierkunst des 19. Jahrhunderts wollte das Kunstobjekt in seiner absoluten Ursprünglichkeit wiederherstellen. Man entfernte nicht nur alle Zutaten späterer Generationen, sondern verwischte auch Zeit und Spuren der Abnutzung. Ziel war es, die Gestalt des Kunstwerkes wie am ersten Tag zu zeigen. Allerdings musste sich der Restaurator schon zu dieser Zeit davor hüten, das Maß zu überschreiten und durch Überlegenheit und Besserkönnen nach Höherem zu streben.

Was bedeutet „Restaurieren" im heutigen Kunstverständnis?

Nach der derzeitigen Kunstauffassung heißt Restaurieren, Altes in Material und Bestand zu sichern, keinesfalls aber ein Möbel wie neu erscheinen zu lassen. Durch die Restaurierung soll die formale Aussage des beschädigten Objekts in angemessener Weise wiederhergestellt werden. Das durch Alter, Schäden und Verschleiß beeinträchtigte Objekt soll in seinem ursprünglichen Darstellungsbild wieder zur Geltung kommen. Dieser Anspruch mag für den normalen Möbelliebhaber mit durchschnittlichen handwerklichen Fähigkeiten zu hoch gegriffen sein, denkt er dabei doch nicht nur an großartige Kunstobjekte, sondern auch an seine einfacheren Gebrauchtmöbel aus dem letzten Jahrhundert. Und doch sollte dies – also das Alter respektieren – immer wieder die vordringlichste Aufgabe für den Restaurator bei jedem sanierungsbedürftigen Möbel sein, denn nur das gut restaurierte Möbel kann uns authentischer Zeuge seiner Zeit und seines Gebrauchs bleiben.

Bewusster und feinfühliger Umgang mit Erhaltenswertem erfordert Sachverstand und eine gute Beziehung – vielleicht sogar so etwas wie Respekt – zu dem alten Möbel. Dies gilt nicht nur für den einzelnen Sammler und Restaurator, sondern auch für öffentliche Sammlungen, Museen und ganz besonders für den Handel, denn gerade dort wird der Anspruch an gute Restaurierarbeit immer mehr auf Kosten des schnellen Gewinns vernachlässigt.

Restauriermaßnahmen, die ausschließlich durch Kosten und Gewinn bestimmt werden und nur auf ein gut verkäufliches Objekt ausgerichtet sind, lassen deutlich Zugeständnisse und Kompromisse an Sorgfalt und Kenntnis spüren. Erleichtert wird dies dem Händler durch den fehlenden Sachverstand bei jenen Käufern, die nur aus Anlage- oder Prestigegründen ein antikes Möbel kaufen.

Grundsätzlich darf es also nicht Ziel der Restaurierarbeit sein, das Möbel in einen neuwertigen, repräsentativen Zustand zu bringen. Für den Restaurator von heute bedeutet das auch, bewusst von einer Zeit Abstand zu nehmen, in der Maximen wie Jugendfrische, Perfektion, Hochglanz und Einweggut zum Ideal geworden sind. Ständiges Abwägen und Entscheiden um Vergänglichkeit und Zerfall, Würde des Alters und Nostalgie wird ihm seine Arbeit nicht immer leicht machen. Aber: „Wer kann sich schon leicht gegen sein Zeitalter retten“, schrieb schon Goethe.

Der Restaurator als Alchemist und Tausendsassa

Trotz seiner hohen handwerklichen Ausbildung ist ein Schreinermeister mit der Aufarbeitung eines alten Möbels oftmals überfordert, da er nur das sieht, was er weiss bzw. nicht weiss. Können und Erfahrung eines Möbelrestaurators müssen oft noch sehr viel mehr umfassen als die handwerkliche Fähigkeit eines Schreiners.

Alte Schablone für Stuhlrückenlehnen.

Ein altes Möbel kann ein sehr komplexes Gebilde sein, mit verschiedenartigen holzfremden Materialien verziert, und mit heute nicht mehr gebräuchlichen Oberflächenbehandlungen versehen. Die Instandsetzung und Ergänzung kann für den Restaurator oft Detektivarbeit mit viel Spürsinn bedeuten.

Er muss schwierige Konstruktionen verstehen, alte Rezepturen herausfinden und zubereiten, Holzarten erkennen und sie ihrer Struktur gemäß bearbeiten. Er muss Materialien und Muster nach alten Verfahren rekonstruieren und Stilentwicklungen unterscheiden können. Allein die Handhabung traditioneller Oberflächenbehandlungen macht den Restaurator oft schon zum Alchemisten. Farben, Lacke, Harze oder Leime müssen von ihm nach alter Art gemischt werden. Materialien wie Messing, Bronze, Eisen, Silber oder andere Metalle bei Beschlägen, Einfassungen und Intarsien, Leder bei Sitzflächen und Schreibplatten, Elfenbein und manch anderes Material muss er erkennen und behandeln können. All dies sind Anforderungen an den Restaurator, die neben dem Schreinerhandwerk auf ihn zukommen, und die er bewältigen muss.

Warum wird ein Möbel aufgearbeitet?

Verschiedene Beweggründe und Vorstellungen können den Restaurator bei der Arbeit leiten:

▷ Schöpferischer Ansatz bei der Ausführung von Ergänzungen.

▷ Uminterpretation, d. h. durch Eingriffe wird das Möbel modernisiert, umgestaltet und „wie neu“ gemacht, um es für andere Ansprüche herzurichten. Dies gilt nach

heutiger Auffassung als ein sehr umstrittener Eingriff, war aber in den Jahrhunderten zuvor durchaus üblich.
▷ Wiederherstellen des Möbels nach authentischer Stilauffassung und „so wie es einmal war".
▷ Konservieren des Möbels, d. h. Erhalten des jetzigen Zustands mit allen sichtbaren Altersspuren.
▷ Pflege des Möbels.
▷ Kopieren eines Möbels, d. h. der Restaurator fertigt ein neues Möbel oder Teile desselben nach dem Vorbild des alten Stücks an.

Im Kunsthandel wird zwischen einer Kopie und einer Replik unterschieden. Die Kopie ist eine Nachahmung des Kunstgegenstandes zu einem späteren Zeitpunkt oder durch einen anderen Hersteller.

Die Replik ist eine Wiederholung des Kunstwerkes durch den Künstler selbst oder dessen Werkstatt. Man bezeichnet dies auch als Reproduktion.

Aufgaben bei Restauriervorhaben:

▷ Beheben der Holzschäden.
▷ Wiederherstellen der Funktionsfähigkeit und Benutzbarkeit.
▷ Ergänzen der verlorenen und beschädigten Teile.
▷ Nur mit holzgerechten und stilverträglichen Materialien arbeiten.
▷ Einfühlsame und ausgeglichene Durchführung von Ergänzungen, aber keinesfalls mit dem Ziel, dabei „unsichtbar" zu arbeiten.
▷ Dem Holz und Stil verträgliche und ästhetische Anpassung der Oberflächenbehandlung.
▷ Entfernung der dem Stil des Möbels nicht entsprechenden „falschen" Sanierungsarbeiten.

Einzelne Schritte des Restauriervorhabens

Bevor man mit der eigentlichen Restaurierarbeit anfängt und alle theoretischen Überlegungen zu den Materialien, dem Stil und der Herkunft des Möbels durchdacht sind, muss man die einzelnen Arbeitsschritte in sinnvollem Ablauf planen.

Standortwechsel: Da das Möbel häufig erst vom Händler zum neuen Besitzer, vom Dachboden oder Keller in die Werkstatt oder Wohnung befördert werden soll, muss der Transport organisiert werden.

Ruhezeit: Bei abruptem Standort- und Klimawechsel kann das Holz reißen, d. h. das Möbel bedarf einer vorsichtigen Temperaturanpassung und Trockenzeit.

Bestandsaufnahme: Eine genaue Beurteilung des Schadensausmaßes und der Schadensursachen muss gemacht werden.

Kennzeichnung: Alle losen und gelösten Teile müssen gekennzeichnet oder nummeriert werden.

Konzeption: Der Ablauf des Restauriervorgehens muss unter Berücksichtigung des Möbelstils, Schätzung des Zeitaufwands und der Kosten festgelegt werden.

Eigenleistung: Kritische Einschätzung der eigenen Leistung bei der Aufarbeitung und Einplanung von Fremdleistungen.

Bestellung und Beschaffung: Die zur Restaurierung erforderlichen Beschläge, Schlüssel, Schlösser und sonstiges Zubehör müssen passend bestellt werden.

Altes Schrankschloss aus dem Barock.

Restaurierarbeiten: Die eigentliche Durchführung der Restaurierarbeiten kann nunmehr stattfinden. Eine gut eingerichtete Werkstatt oder ein besonderer Raum, vor allem für die Einhaltung der Trockenzeiten, sollte dafür vorhanden sein.

Erhaltung und Pflege: An eine regelmäßige Pflege zur Erhaltung des Möbels muss rechtzeitig gedacht werden.

Echt oder falsch

Ganz gleich wie ein Sammler, Antiquitätenliebhaber, Restaurator oder Händler zu einem alten Möbel kommt, ob über eine Erbschaft, den Flohmarkt, Auktionen, Messen, Annoncen oder ob er gar im Sperrmüll etwas findet, immer wieder erhebt sich für ihn dabei die Frage: Echt oder falsch?

Für jeden Besitzer, jeden Suchenden, Käufer oder Verkäufer ist es immer wichtig, Qualität, Authentizität und Wert seines Möbelstücks zu kennen. Echt, also authentisch, bedeutet, dass das Möbel aus der Zeit seiner Stileinordnung stammt und nur zu geringen Teilen ergänzt oder erneuert

Ein seriöser Antiquitätenhändler wird die Echtheit des Möbels mit einer Expertise bescheinigen. Gut erhaltener Eckschrank, Esche, um 1800.

wurde. Falsch dagegen ist ein aus verschiedenen Stücken zusammengeschreinertes oder im Stil einer früheren Epoche später nachgebautes Möbel. Schon immer wurden Stile kopiert und zu einem späteren Zeitpunkt als echt ausgegeben.
So manches Möbel der letzten Jahrhundertwende wird als „Barock" verkauft, auch wenn es in Wahrheit nur dem sogenannten „Zweiten Barock" angehört. Aber selbst bei diesen Stilmöbeln erlebt man große Preisunterschiede, gute und schlechte Kopien. Besonders Möbel der zweiten Hälfte des letzten Jahrhunderts sind zu einer großen Herausforderung für alle jene geworden, die zwischen authentisch oder nachgeahmt entscheiden sollen. Sogar Gutachter und Museen haben Schwierigkeiten, wenn es auf die Beurteilung „echt oder falsch" ankommt.

Ein seriöser Antiquitätenhändler wird dem Kunden beim Kauf die Echtheit des Möbels in Form einer Expertise bescheinigen. Auch wird er ihm das Recht zur Rückgabe des Möbels innerhalb eines bestimmten Zeitraums gewähren, falls Mängel oder Beanstandungen auftauchen sollten oder sich die Expertise gar als falsch erweist. Nur allzu oft entdeckt der Käufer erst zu Hause bei näherer Betrachtung oder Benutzung Unechtes, aus verschiedenen Teilen Zusammengesetztes oder schlecht Restauriertes.

Eine Expertise muss mindestens folgende Angaben enthalten:
▷ Beschreibung des Möbels in Stil, Alter und Herkunft.
▷ Umfang der Ergänzungen (wann, wo, durch wen).
▷ Derzeitiger Zustand des Möbels sowie eine Materialbeschreibung.
▷ Signaturen. Mitunter sind am Möbel Zeichen zu finden, die auf den Namen des Schreinermeisters oder einer Werkstatt schließen lassen.

Kriterien, nach denen ein Möbel eingeschätzt wird

Um den Wert und die Seltenheit eines Möbels zu bestimmen, geht es bei der Beurteilung von „echt oder falsch" in allererster Linie darum zu erkennen, ob es aus der Zeit stammt, dessen Stil es repräsentiert, d.h. ob es authentisch ist, oder zu einem späteren Zeitpunkt nachgebaut, also kopiert wurde. Meist wurden die Möbel nicht genau im Originalstil nachgebaut, sondern nur nachempfunden. Eben dies sollte der Käufer mit guten Stilkenntnissen erkennen können, denn alles was selten ist, wird begehrt und ist somit teuer. Aber was teuer ist, wird auch gefälscht.

Alter: Einordnung in die betreffende Stilepoche mit möglichst genauer Jahresangabe, Beurteilung der Rückwände, der Verbindungen, des Konstruktionsaufbaus, der Holzqualität, der Furnierstärke, der Schlösser und Beschläge

Authentizität: Lässt sich das Möbel der dem Stil entsprechenden Epoche zuordnen?

Seltenheit: Wieviel ähnliche Möbelstücke befinden sich noch im Handel (je älter das Stück, desto höher wird sein Wert eingeschätzt)?

Zustand: Allgemeiner Eindruck von Stil- und Formenharmonie, Proportionen, Holz, Beschläge, Oberflächenbehandlung, Bemalung, Schelllackpolitur, Kunststofffarben und -lacke

Vollständigkeit: Feststellung der Funktionsfähigkeit

Werteinschätzung: Beurteilung von Kunstwert, Materialwert, Zeitwert, Gebrauchswert

Ergänzungen: Ausmaß der Erneuerungen, Güte der Ausbesserungen

Um die Beurteilung eines Möbels abzusichern, ist es ratsam, Vergleiche einzuholen, Besuche in Museen, bei renommierten Antiquitätenhandlungen, bei Auktionen (Auktionskataloge) sowie Lektüre der Fachliteratur können das eigene Urteil fundieren. Aber die Verbindung von Kunst und Kommerz wird immer engmaschiger und macht es dem Käufer sehr schwer, den Antiquitätenmarkt richtig einzuschätzen.

Ob in betrügerischer Absicht kopiert oder zu seiner Zeit in klarer Absicht als „Stilmöbel" einer vorausgegangenen Stilepoche nachempfunden, der Sammler und Käufer muss dies genau unterscheiden lernen, um einen angemessenen Kaufpreis zu zahlen. So kann etwa ein sorgfältig nachgebautes Rokokomöbel – ganz gleich aus welcher Zeit – den Käufer gehörig irritieren und ihn wieder vor die Frage stellen: Ist es echt oder falsch?

Im Antiquitätenhandel findet man immer häufiger Nachbauten aller Stilrichtungen. Einige Händler verfügen über immense Bestände an „Barock bis Jugendstil", und die Vermutung liegt nahe, dass hier in großem Umfang zu Niedrigstlöhnen mehr oder weniger gekonnt nachgeahmt und gefälscht wurde. In der Fachpresse wird unverhohlen über Anzeigen nach Lieferanten für „Repro-Stilmöbel" gesucht. Auf welchen Messen werden diese Stücke dann wohl hochglanzpoliert als echt und teuer wiederzufinden sein? Das Fälschen von Kunstgegenständen ist denoch keine Unsitte des 20. Jahrhunderts. Händler, Käufer und Gutachter mit geschultem Auge und dem erforderlichen Sachverstand mussten schon immer auf der Hut sein, um nicht falsch für echt zu nehmen.

Echt oder falsch – zwei Beispiele:

Expertise zu einem Eckschrank aus Kirschbaumholz

Eckschränke in dieser schlichten Ausführung sind aus der Zeit des Biedermeier (1815–1884) bekannt. Es war dies ein Stil für den einfachen Bürger (Biedermann). Bewusst wurde auf jeglichen Pomp am Möbel verzichtet, um mit einem Minimum an schmückendem Beiwerk auszukommem. Die Formen waren einfach, streng und gerade und selbst die Beschläge schlicht und zurückhaltend. Dafür spielte der Ausdruck der Holzmaserung eine bedeutende Rolle bei der Wirkung des Möbels. Warme, helle Holzfarben wurden bevorzugt verarbeitet.

Um die Echtheit eines Möbels richtig beurteilen zu können, gibt es Beurteilungskriterien, die zur Bewertung herangezogen werden müssen.

Ein wichtiges Erkennungsmerkmal eines alten Möbels sind seine Beschläge, hier: Messingbeschläge mit Griff, Louis XVI.

Kirschbaumholz mit seinem lichten rötlichen Ausdruck wurde zum beliebtesten Möbelholz, und die dunklen Hölzer, wie Eiche oder Mahagoni, hatten an Bedeutung verloren.

Insofern könnte man diesen Eckschrank gut in die Zeit des Biedermeier einordnen, und er wurde als solcher auch von dem Käufer erworben. Erst bei näherer Betrachtung entdeckte der Besitzer Ausgebessertes und Zusammengefügtes, und ihm wurde klar, dass dieses Möbel aus Teilen anderer Möbelstücke erst zu einem Eckschrank gemacht wurde.

Dass die Schrankfüße in ihrer barocken Form, und noch dazu aus Buchenholz gefertigt, nicht zum Biedermeierstil gehörten, war dem Käufer sofort aufgefallen. Sie sind inzwischen, aus altem Kirschholz und den Proportionen des Schranks, stilgerecht ersetzt worden. Beim Auseinandernehmen des Schranks wurde deutlich erkennbar, dass das Ober- und Unterteil nicht zusammengehörten. Beide Teile stammten offensichtlich von verschiedenen, geraden Schränken und waren nachträglich zu diesem Eckschrank zusammengefügt worden. Die Innenwände hatte man, zum Teil aus altem, zum Teil aus neuem Fichtenholz, in Dreiecksform zusammengebaut und die innen liegenden Flächen mit graubrauner Holzlasur überstrichen. Die Blende im unteren Teil des Aufsatzes wurde nachträglich angebracht und eine Schublade, deren Innenleben aus Sperrholz besteht, eingearbeitet. Deutliche Bearbeitungsspuren von elektrischen Maschinen, wie Abrichte und Bandschleifer, sind vereinzelt am Möbel zu entdecken. Auf der Innenseite der Schubladenfront sind Reste einer sehr hübschen Spätbiedermeiertapete zu erkennen. Die Schlösser sowie rhombenförmigen Messingblenden sind nachträglich angebracht und ebenfalls nicht aus der Zeit. Die Oberfläche des Schranks war ohne besondere Sorgfalt geschliffen und mit Kunststofflack (farblos) gespritzt. Inzwischen wurde das Kirschbaumholz geschliffen und mit Schellack handpoliert. Dass die Verglasung ersetzt wurde, ist an

Eckschrank im Biedermeierstil, Kirsche, aus verschiedenen Teilen zusammengesetzt.

diesem Schrank kein Vergehen und noch die geringste Veränderung.

Nach all diesen Entdeckungen bleibt für den Käufer die Erkenntnis, dass er jetzt endlich einen Eckschrank aus schönem Kirschbaumholz besitzt, dieser aber nur zu Teilen seinem angegebenen Alter entspricht. Der Kaufpreis war dennoch vergleichsweise günstig und daher gerechtfertigt.

Expertise zu einem Stuhl aus Nussbaumholz

Die Form dieses Stuhls ist deutlich durch den von Frankreich ausgehenden Louis-XVI-Stil beeinflusst. In Deutschland allerdings veränderte sich dieser Stil gegen 1790 über die kurze Epoche des Zopfstils und nahm strengere, klassizistische Formen an. In der Rückenlehne wird die geometrische Form des Rechtecks mit dem floralen Oval im Rahmen harmonisch verbunden. Das geschwungene Ornament der Lehne nimmt fast schon Jugendstillinien vorweg und macht deutlich, dass deren Ursprünge bereits lange vor 1900 liegen.

Die Stuhlzarge ist profiliert. Die konisch zulaufenden Beine sind kanneliert und enden mit Fußklötzchen. Alle Verbindungen an diesem Stuhl sind zusätzlich sichtbar verdübelt. Gehörte dieser Stuhl dem frühen Louis-XVI-Stil an, wären die Eckverbindungen an der Lehne mit quadratischen Rosetten und anderem Schnitzwerk geschmückt. Alle vier Beine sind mit Streben verbunden und geben dem Stuhl eine gute Stabilität. Die beiden hinteren Beine sind leicht nach außen geschweift. Der Stuhl macht einen sehr soliden und „gutbürgerlichen" Eindruck und ist etwa um 1800 einzuordnen. Er ist in allen Teilen aus massivem Nussbaum gefertigt. Gekauft wurde der Stuhl in Hessen. Seine Herkunft könnte aber ebenso gut auch süddeutsch sein.

Der Zustand dieses Stuhls ist gut und zeigt keinerlei Ergänzungen. Die Holzoberfläche ist mit Schellackpolitur aufgearbeitet. Die Polsterung wurde nachträglich angebracht und ist erneuerungsbedürftig.

Möglicherweise war die Sitzfläche aus Holz, da Spuren einer früheren Polsterung fehlen. An der Zargeninnenseite sind die Initialen des Schreiners zu erkennen.

Da es sich hier um ein Stuhlpaar handelt, ist der Wert beider Stühle entsprechend hoch zu schätzen.

Stuhl, Nussbaum, um 1800.

Die Patina

Es ist noch nicht lange her, dass Ausbesserung, Pflege und Aufarbeitung alter Möbel fast ausschließlich Schreinern überlassen wurde, die das Möbel fast wiederherstellten, d. h. es im handwerklichen Sinne funktionstüchtig machten. Sensible Restaurierung und anspruchsvolle Oberflächenbehandlung gehörten allerdings weder zu ihrer Ausbildung noch zu ihrer Handwerkspraxis, denn Küchen-, Fenster- und Türeinbauten wurden weit häufiger von den Kunden verlangt.

Der Begriff des Restaurierens musste deshalb kritisch in Frage gestellt werden, denn so manches meisterliche Möbel wirkte nach solchen „Wiederherstellungsmaßnahmen" neu zurechtgemacht und im Kunststoffhochglanz verfremdet. Verschwunden war die Patina des Möbels und damit Ausdruck und liebenswertes Zeichen seines Alters. Im Bemühen um eine klare Definition des Restaurierens ist es in den letzten Jahren zu einem Bewusstseinswandel und zu immer deutlicher formulierten Vorstellungen gekommen.

Geht man auf der Suche nach einem alten Stück jedoch durch Messen, Museen und Antiquitätenläden, wird man strahlende Vergoldungen, hochglänzende Oberflächen und makellose Innenausstattungen finden. So liegt der Schluss nahe, dass es kaum noch alte Möbel gibt. Alle Spuren des Alters wurden weggeschliffen, zulackiert und perfekt rekonstruiert. Von der Würde des Alters und dem Prozess seiner Geschichte ist dem Möbel nichts mehr geblieben. Ein neues Aussehen hat den Charakter des alten Stücks verdrängt. Doch die Patina ist es, die der Sammler sucht. Sie macht die Aura eines alten Möbels aus und bürgt für seine Vergangenheit. Mit Patina wird aber nicht nur die über Jahre intensivierte Holzverfärbung durch Licht, Luft, Staub, Gebrauch,

Mit Holzkitt zu auffällig ausgebesserte Schadenstelle und Wasserflecke auf der patinierten Oberfläche. Hier muss das Holz fein geschliffen und wieder poliert werden.

Wachs und Politur bezeichnet, Patina bedeutet auch Alter und Persönlichkeit, die es zu wahren gilt. Restaurieren heißt also: das Alter respektieren!

Dennoch sollte die Ehrfurcht vor der Patina den Restaurator nicht tatenlos werden lassen. Wo Holz ausgebessert und im Farbton angeglichen werden muss, wo Furniere gelöst und neu verleimt und wo schmierige Oberflächen abgezogen und mit Sachverstand wieder aufpoliert werden sollen, muss dies auch geschehen. Nicht jede Säuberung bedeutet gleich Zerstörung, nicht jeder Schliff gleich „total cleaning". Eine über Generationen entstandene Patina wird bei behutsamem Eingriff nicht so schnell verschwinden, wie in Fachkreisen manchmal befürchtet wird. Eine verbrauchte Oberfläche, die den Ausdruck des Holzes kaum noch ahnen lässt, kann genauso Zeichen eines wenig pfleglichen Umgangs mit dem Möbel sein und muss nicht unbedingt erhalten werden.

So gilt es für den Restaurator abzuwägen, wo er die Patina mit allen Nuancen des Alterungsprozesses bei der Aufarbeitung des Möbels respektiert und wo er sie sorgfältig aufarbeiten muss. In der Regel heißt dies allerdings für ihn, die Patina mehr zu lieben als sie zu zerstören.

Ankauf und Verkauf

Annoncen

Tageszeitungen, überregionale Wochenzeitungen und auch die Fachpresse annoncieren unter der Rubrik „Antiquitäten" eine Fülle verlockender Angebote aus allen Stilepochen, so dass der Leser manchmal nicht weiß, ob er sich über die Vielzahl der Offerten wundern oder freuen soll. Händler, Messen, Märkte, Auktionshäuser und Privatpersonen bieten hier Woche für Woche ihre Ware an. Das Angebot reicht vom preiswerten, abgelaugten Weichholzmöbel über „wunderschöne" Biedermeierstühle im Paar oder sogar im Vierersatz, bis hin zum Barock-Aufsatzsekretär „garantiert aus Familienbesitz" und „umständehalber abzugeben". Für den nicht versierten Leser lohnt es sich, die sehr verlockend klingenden Anzeigen etwas genauer anzusehen, um sich Zeit, Enttäuschung, vergebliche Anrufe und Wege zu ersparen.

Da heißt es beispielsweise in einer Anzeige: „Barocksekretär, bildschön, € 3000,–, von Privat". Die Aussage dieser Annonce gibt nicht nur Anlass zu Zweifeln, sondern lässt wichtige Angaben einfach vermissen. Ist dieser Barocksekretär wirklich ein authentisches Möbel, so erscheint der Preis sehr günstig. Eher ist allerdings zu vermuten, dass dieses Stück aus dem letzten Jahrhundert stammt, und damit wäre der Preis zu hoch. Selbst in einer Kleinanzeige sollten Angaben zur Holzsorte nicht fehlen. Die Aussage „bildschön" ist keine präzise Stilangabe und daher wenig signifikant. Die Angabe „von Privat" entspricht oft nicht der Wahrheit. Meist wird das Möbel über einen Händler verkauft. Es soll aber hier der Eindruck einer günstigen Gelegenheit erweckt werden. Liest man die beiden folgenden Annoncen in Verbindung zueinander, so ahnt man auch, was ein so genannter „Top-Zustand" bedeuten kann.

„Antiquitätengeschäft sucht Lieferanten für Repro-Biedermeiermöbel", und „Gutes Fachgeschäft verkauft Biedermeiermöbel in Top-Zustand".

Auch bei den beiden folgenden Beispielen wird schnell klar, wie unterschiedlich das Preisniveau sein kann:

„Biedermeier-Eckschrank, Wurzelnussb., H. 87, T. 63, € 2100,–", und „Eckschrank, Biedermeier, Birke, T. 62, € 6250,– ".

Auch andere Beispiele zeigen, wie aufmerksam man Anzeigen lesen muss. So annonciert ein Auktionshaus regelmäßig sein Riesensortiment von über 500 Möbeln auf 2.000 m² Ausstellungsfläche vom 17. (!) bis zum 20. Jahrhundert.

Ob der Käufer hier tatsächlich ein authentisches Möbel des frühen Barock findet? Der folgende Anzeigentext zeigt, wie willkürlich Stilbegriffe eingesetzt werden: „Hamburger Schapp, Barockschrank, 19. Jh., € 2700,– ".

Der Interessierte erkennt hierbei sofort, dass Barock keine Stilbezeichnung für das 19. Jahrhundert ist. Die Unsitte, bei Zeit-

Manchmal erweisen sich Anzeigen als wahre Fundgruben für den Möbelliebhaber, etwa wenn Nachlässe aufgelöst werden.

Dieses Möbel wurde als echtes Rokoko Damenschreibtischchen (Mahagoni) angeboten und war doch nur eine Kopie.

und Stilangaben locker mit Jahrhunderten umzugehen, wirkt daher unseriös. Dieser sogenannte „Hamburger Schapp“ kann bestenfalls als Möbel des „Zweiten Barock“ oder als Stilmöbel des Historismus angeboten werden. Beurteilt man sodann den Preis, so wird man feststellen, dass dies nicht gerade ein Schnäppchen ist. Die Reihe der Beispiele mit fragwürdigen Annoncen ließe sich beliebig fortsetzen. Der Kenner erhält schnell den Eindruck, dass mit Detailangaben wie Herkunft und Machart von Möbeln oft sehr ungenau umgegangen wird, und dass ein Jahrhundert mehr oder weniger den Anbietern leicht von der Hand geht. Der „Esstisch mit vielen Stühlen, 18. Jahrhundert, abzugeben gegen VHS“ (gemeint ist hier wohl VHB, also Verhandlungsbasis), wird, was die Authentizität betrifft, eine Enttäuschung sein. Dagegen scheint folgende Anzeige von einem kundigen Anbieter formuliert:

„Kommode, Louis-Seize, ca.1790, mit orig. Schlössern u. Beschlägen, dreischübig, Korpus in Stollenbauweise auf konischen Vierkantfüßen, Mahagoni, Kanten schwarz poliert. Gegen Gebot zu verk.“

Natürlich muss auch bei dieser Offerte Preis und Qualität sorgfältig geprüft werden. Und auch hier stellt sich wieder die Frage: echt oder falsch?

Echt oder falsch: Annoncen müssen sehr sorgfältig auf ihre Aussage hin überprüft werden.

Biedermeier-Schrank
Anfang 17. Jahrhundert, nußbaum, restauriert, VHB 8000,– DM.
Bayr. Schrank, 1890, VHB 6000,– DM.
Telefon

Zu verkaufen prachtvollen
Renaissance-Tisch
3 × 1,20 m, 100 Jahre alt, aus bekanntem Ratshaus stammend, evtl. mit 8 Stühlen.
Anfragen: Chiffre

Wenn man Glück hat, kann man über Anzeigen noch echte Schnäppchen machen: Biedermeiersofa, Esche, um 1830.

Möbelauktionen bieten jedem Interessierten gute Gelegenheiten, das gesuchte Möbel zu finden und vielleicht auch zu ersteigern.

Auktionen

Die Auktion ist eine Versteigerung und stand im Mittelalter für den kaufmännischen Begriff „vermehren". Die Anlässe einer Auktion können verschieden sein. Es kann sich um eine Haushalts- oder Geschäftsauflösung, eine Pfändung, eine Nachlassversteigerung oder eine kurzfristig anberaumte Zwangsversteigerung nach dem Motto „alles muss raus ..." handeln. Versteigerungen erfolgen in der Regel über Auktionshäuser, die ihre Antiquitäten und Bestände aus verschiedenen Quellen beziehen und diese in regelmäßigen Abständen versteigern. Händler wie Sammler erwarten die Auktionstermine mit Spannung, um für sich oder im Auftrag einzukaufen.

Auktionen verdeutlichen in ihrer Bilanz allgemeine Marktstimmungen, wie „gedämpfter Optimismus", „steigende Kauflust" sowie unverhohlenes Seufzen über „stockende Geschäfte". Schlechte Zeiten für Auktionatoren oder Händler bedeuten, ähnlich wie an der Börse, gute Zeiten für Sammler und Käufer. In solchen Phasen besteht die Chance, das gesuchte Objekt preiswert zu finden und zu ersteigern. Seit den achtziger Jahren stehen Auktionen mit Sensationsverkäufen zunehmend im Licht der Öffentlichkeit. Kunstobjekte wechseln zu spektakulären Preisen Länder und Besitzer. Christie's und Sotheby's sind die Giganten auf dem Kunstmarkt und erregen in der Verbindung von Kunst und Kommerz mit Höchstgeboten immer wieder Aufsehen. Die Ergebnisse ihrer Auktionen sind zum Barometer der gesamten Antiquitätenszene geworden. Spekulanten ohne besondere Kunstkenntnisse machten dabei in den letzten Jahren oft das große Geschäft und verdarben manch leidenschaftlichem Sammler und Kenner jede Chance, mitzuhalten. Allmählich aber hat sich das Auktionsgeschehen wieder etwas beruhigt und wird wählerischer und mit mehr Sachverstand von einer privaten Kundschaft betrieben.

Auktionen spiegeln in ihren Hochs und Tiefs deutlich die ganze Spanne von Angebot und Nachfrage auf dem Kunstmarkt wider und bieten jedem Käufer, dem Neuling wie dem Routinier, die Chance, eines Tages das Gesuchte zu einem angemessenen Preis zu finden.

Wer noch nie an einer Auktion teilgenommen hat, sollte einige Regeln beachten:

▷ Auktions- oder Versteigerungstermine findet jeder Interessent in der Fachpresse oder im Internet.
▷ Versteigerungen unter dem Begriff „Antiquitäten" umfassen im allgemeinen Möbel, Porzellan, Silber, Glas oder Teppiche.
▷ Wird unter der Bezeichnung „Varia" versteigert, handelt es sich um Spielzeug oder technische Antiquitäten.
▷ Bei Angeboten unter der Rubrik „Kunst" kommen Gemälde und Grafiken zur Versteigerung.

Üblicherweise besichtigt der Interessent oder der potentielle Bieter vorab die angebotenen Objekte entweder im Auktionshaus oder er informiert sich über den Auktionskatalog. Jedes Objekt, das zur Versteigerung kommt, ist mit einem Richtpreis (auch Limitpreis) aufgeführt. Dieser Preis darf nicht unterboten werden. Nach oben dagegen sind keine Grenzen gesetzt.

Flohmärkte bieten immer wieder neue Gelegenheiten, Objekte zu finden, die für den Restaurator und Sammler interessant sind.

Der Zuschlag erfolgt, wenn nach dreimaligem Aufruf des Auktionators kein weiteres Übergebot mehr abgegeben wird. Auf den Zuschlagpreis wird im allgemeinen ein Aufgeld von 15 % erhoben. Zu der Endsumme kommt die gesetzliche Mehrwertsteuer. Der Interessent oder Bieter hat drei Möglichkeiten, sich an der Auktion zu beteiligen: persönlich, telefonisch, schriftlich. Es empfiehlt sich, die Versteigerungsbedingungen des jeweiligen Auktionshauses vorher sorgfältig zu lesen.

Messen

Eine weitere Möglichkeit, sich sorgfältig mit dem Antiquitätenangebot auseinanderzusetzen, ist der Besuch von Messen. Ähnlich wie bei Auktionen, ist die Fülle der Fach- und Kunstmessen überwältigend. Besonders im Herbst und Frühjahr weiß der Interessierte oft nicht, zwischen welchen „Ars"- oder „Arte"-Messen er sich entscheiden soll. Nach dem Besuch der einen oder anderen Messe wird dem Besucher aber klar, dass nicht alles echt ist, was da glänzt, und dass der Kommerz die Kunst schon lange beherrscht. Im Gegensatz zu einer Auktion, bei der ersteigert und ein Mindestpreis nicht unterboten werden darf, gibt es auf Messen, wie auch im Handel, die Möglichkeit, den Preis frei auszuhandeln.

Floh- und Trödelmärkte

Flohmärkte kennt jeder, der sich mit alten Dingen beschäftigt. Auf diesen Märkten verschafft sich der Sammler einen Einstieg ins Tauschgeschäft und übt sich im Handeln. Das Wort „Floh" bedeutete ursprünglich „flüchtig", und der Begriff Flohmarkt wurde im Sinne eines schnell auf- und wieder abgebauten Markts, auf dem durchschnittliche Gebrauchtware angeboten wurde, verwendet. Ähnlich verhält es sich mit dem Trödelmarkt. „Trödel" heißt nichts anderes als Kram oder wertloses Zeug. Dass das wertlose Zeug manchmal sehr gut in die Kollektion eines Sammlers passt, oder Reste eines Möbels einen Restaurator beglücken können, macht den Reiz dieser Märkte aus. Doch die Zeiten, zu denen man zwischen Krimskram auch noch Raritäten fand, scheinen endgültig vorbei. Zu oft werden auch diese Märkte von professionellen Händlern durchforstet. Doch der echte Sammler wird die Hoffnung nie aufgeben und immer wieder sein Glück versuchen.

Die Restaurierwerkstatt

Die Werkstatt eines Möbelrestaurators vermittelt eine ganz besondere Atmosphäre.

Es ist der ganz besondere Geruch nach altem Holz, Bienenwachs, Knochenleim und Schelllack, der die Restaurierwerkstatt von einer ganz gewöhnlichen Schreinerwerkstatt unterscheidet.
In dem Arbeitsraum eines Restaurators findet man noch alte Werkzeuge, Hölzer und Möbelteile, die in einer modernen Werkstatt schon lange ihre Bedeutung verloren haben.

Der Arbeitsraum oder die Werkstatt eines Möbelrestaurators unterscheidet sich sehr deutlich von einer normalen Schreinerwerkstatt der heutigen Zeit. Es ist der ganz besondere, beinahe süßliche Duft nach altem Holz, Bienenwachs, Spiritus und Schelllack vermischt mit dem etwas brenzligen Geruch aus dem Knochenleimtopf, der auf dem Öfchen oder der Wärmeplatte immer bereit steht. In den

Die übersichtliche Anordnung aller Werkzeuge rund um die Hobelbank erleichtert die Arbeit.

Werkstattecken stehen Teile alter Möbel, sind seltene Hölzer oder Furniere gesammelt, und an den Wänden oder in den Regalen hängen Werkzeuge, die in einer modernen Werkstatt schon lange ihre Bedeutung verloren haben.

Da entdeckt man einen alten Schraubfurnierbock, ein Schultermesser zum Furnierschneiden, eine Reihe von Profilhobeln, Schablonen für barocke Verzierungen und Schnitzereien, Furnierhämmer und sogar noch einen Sägeschränkapparat aus der Jahrhundertwende. Jedes dieser Geräte für sich ist bereits eine Antiquität.

Rund um die Hobelbank

Dennoch und trotz aller scheinbaren Idylle muss auch der Arbeitsraum oder die Werkstatt eines Restaurators bestimmte Funktionen erfüllen, damit die Arbeit gut von der Hand geht und das Restaurieren des Möbels gelingt. Nicht jeder Schreiner ist ein Restaurator, aber jeder Möbelrestaurator muss das Schreinerhandwerk beherrschen. Damit ist nicht so sehr der versierte Umgang mit modernen, hochtourigen Maschinen gemeint, sondern vielmehr die sichere Handhabung des Stemmeisens, der Säge, von Maß und Hobel. Gemeint sind aber auch alle anderen Tätigkeiten rund um die Hobelbank.

Die Hobelbank ist der Mittelpunkt in einer Werkstatt. Mit ihren vielfältigen Möglichkeiten des Einspannens, Ablegens und Aufbewahrens ist sie der unentbehrliche Arbeitsplatz jedes Schreiners und die Seele der Werkstatt. Der Bankknecht, auch „Faulenzer" genannt, gibt noch zusätzliche Unterstützung, wenn große, über die Hobelbank hinausragende Teile eingespannt werden sollen. Die Hobelbank sollte, wenn es der Platz erlaubt, möglichst freistehen, so dass das eingespannte Werkstück von beiden Seiten erreicht und bearbeitet werden kann. Greifbar nahe um oder hinter der Hobelbank angeordnet befinden sich die wichtigsten Werkzeuge.

Es gibt zahlreiche Möglichkeiten, Werkzeuge aufzubewahren. Beim Durchblättern von Werkzeugkatalogen findet man viele Vorschläge zur Werkraumgestaltung und „Aufbewahrung mit System": Hängevorrichtungen, offene Regale, Schubladen- und Werkzeugschränke oder Werkzeugblöcke. Hobelbänke sind aus hartem Buchenholz und werden in ver-

Die Hobelbank ist der Mittelpunkt einer Werkstatt.

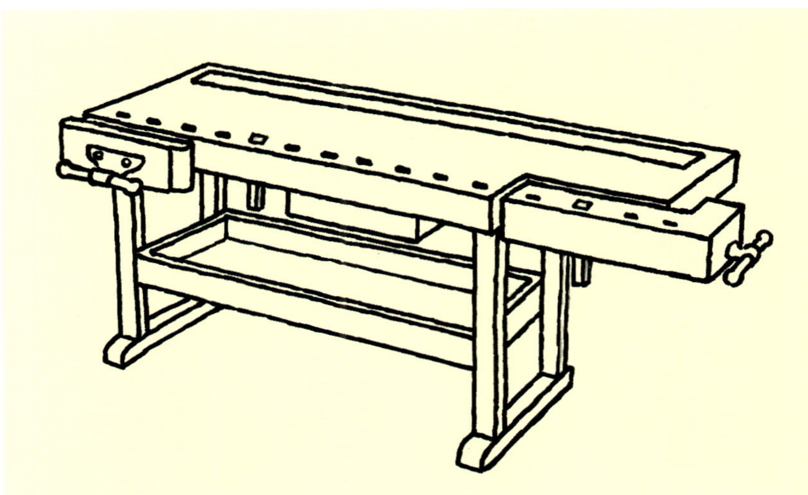

schiedenen Modellen auf dem Markt angeboten. Sehr gebräuchlich ist die „Heimwerker-Hobelbank" aus massivem Buchenholz mit Werkzeugablage, Vorder- und Hinterzangen und Bankhaken. Auch das Modell „Schreiner-Hobelbank" mit Schubladen und Ablageflächen im Untergestell ist zu empfehlen. Hobelbänke und Werkzeuge für den professionellen Handwerker sind im Allgemeinen doppelt so hoch im Preis wie „Heimwerker"-Modelle.

Ideal für eine Heimwerkstatt sind zwei Werktische, auf denen gleichzeitig unterschiedliche Arbeiten ausgeführt werden können. Auf der Hobelbank etwa kann das zu bearbeitende Möbelstück zum Verleimen eingespannt werden, währenddessen auf einem zweiten, einfacheren Arbeitstisch die dazugehörigen Holzfeinarbeiten stattfinden können.

Licht und Platz

Es ist nicht unbedingt die Größe des Arbeitsraums, die Erfolg garantiert. Doch übersichtliche Stell- und Arbeitsflächen sollten auf jeden Fall in der Werkstatt vorhanden sein. Wer über einen Werkstattraum mit hellem Tageslicht verfügt, kann zufrieden sein, denn die natürliche Beleuchtung ist immer noch die beste. Bei dunklen Räumen und mangelndem Tageslicht sorgt ausreichende elektrische Beleuchtung direkt über der Arbeitsfläche für zusätzliches, gleichmäßiges Licht. Bei besonders kleinteiligen Arbeitsvorgängen ist eine Lupenleuchte sehr hilfreich.

Belüftung und Trockenheit

Ebenso wichtig wie die Beleuchtung und die übersichtliche Aufbewahrung der Werkzeuge ist das Raumklima einer Werkstatt. In einem kalten, zugigen Raum, der zudem noch feucht ist, kann eine Oberflächenbehandlung nicht gelingen. Leime binden nur zögerlich ab, Furniere wellen sich, und das Holz fängt stark zu arbeiten an, wirft sich oder reißt. Die geeignete Raumtemperatur für Holz, Polier- und Lackarbeiten, und nicht zuletzt für den Restaurator selbst, liegt bei 18 bis 20° C, und die Luftfeuchte bei etwa 50 bis 70 %. Beim Schleifen oder bei Lackier- und Abbeizarbeiten ist unbedingt auf ausreichende Belüftung zu achten. Starke Chemikalien sollten – wenn überhaupt – nur im Freien verwendet werden. In diesem Zusammenhang muss der Restaurator immer sorgfältig abwägen, ob er den jeweiligen Arbeitsvorgang nicht auch schonender und umweltverträglicher durchführen kann. Nicht zuletzt muss der Restaurator auch an sich selbst denken, denn er möchte später sicherlich mit einem möglichst giftfrei restaurierten Möbel leben.

Elektrische Kleinmaschinen

Der Restaurator ist bei den meisten Arbeiten noch ein echter Handwerker im alten Stil. Geduld muss zu seinen Stärken gehören. Der schnelle Einsatz von hochtourigen Maschinen erweist sich oft als enttäuschend und anschließend notwendige Handkorrekturen nur als Mehrarbeit. Ein Beispiel ist das maschinelle Abziehen oder Abschleifen von alten, verzogenen, womöglich noch furnierten Holzoberflächen. Die Maschine kann sich nicht der unebenen Holzfläche anpassen und nimmt somit unregelmäßig viel oder wenig Holz ab. Das Nacharbeiten mit Handschliff ist dann unbedingt erforderlich und sehr zeitaufwendig. Der Einsatz von elektrischen Maschinen beim Restaurieren sollte daher zurückhaltend und mit Fingerspitzengefühl erfolgen. Das Abschleifen von innen und hinten liegenden Flächen kann man sich mit Hilfe des Bandschleifers aber erleichtern.

Bankknecht und Bankböcke, auch „Faulenzer" genannt, bieten zusätzliche Unterstützung an der Hobelbank.

Die Verwendung eines Winkel- oder Deltaschleifers für kleinteilige Schleifarbeiten kann sehr effektiv sein. Immer aber muss darauf geachtet werden, dass nicht zu grob, d.h. mit Körnungen unter 120 geschliffen wird.

Leider bietet der Handel keine feineren Körnungen als 220 für diese Maschinen an. Beim Feinschliff mit dem Winkel- oder Deltaschleifer kann man sich aber selbst entsprechend große Schleifpapierstücke zuschneiden und mit Haftband auf dem Schleifteller anbringen.

Das Zusägen von Ersatzstücken kann mit einer elektrischen Säge, z. B. einer Dekupiersäge, einer Stichsäge oder einer Bandsäge erleichtert werden. Auch die elektrische Bohrmaschine kann beim Verdübeln von Holzteilen eingesetzt werden.

Sollen Profilleisten oder Gesimsteile an alten Möbeln ersetzt oder ausgebessert werden, so wird man selten genug das passende Profil im Handel vorrätig finden, und noch weniger hat man den richtigen Profilhobel dafür in seiner Werkstatt bereit. Hier kann eine Fräsmaschine sehr hilfreich sein, um eine passende Profilleiste nachzuarbeiten. Fräser gibt es in vielen Formen und Größen. In mehreren aufeinander folgenden Arbeitsgängen kann fast jedes Profil mit verschiedenen Fräsköpfen nachgearbeitet werden. Beste Holzqualität ist für eine saubere Fräsarbeit Bedingung. Es muss festes, dichtes und gerade gewachsenes Holz verwendet werden, das astfrei ist und keine Harzgänge hat oder Drehwuchs zeigt.

Als erfahrener Restaurator kann man sich gegebenenfalls auch selbst ein Profileisen für den Hobel herstellen, indem man ein neutrales Hobeleisen auf das gewünschte Profil zurechtschleift oder -feilt.

Das Schleifen in Winkeln oder an Kanten wird durch den Winkel- (auch Deltaschleifer) erleichtert.

Mit der Dekupiersäge können Furniere ausgesägt werden.

Allgemeine Grundausstattung

Werkzeuge zum Zerteilen und Formen

Bohrer
▷ Bohrwinde
▷ Nagelbohrer
▷ Spitzbohrer

Feilen und Raspeln
▷ Bildhauerraspel
▷ Feilen (flach, rund, halbrund, vierkant, dreikant)
▷ Sägeraspel
▷ Schaber mit Griff
▷ Schlüsselfeilen

Figurenschere (für engen Radius)

Hämmer
▷ Furnierhammer
▷ Holzhammer
▷ Klauenhammer
▷ Schreinerhammer

Alte Profilhobel

Holzhobel (Flächenhobel)
▷ Falzhobel
▷ Grathobel
▷ Schlichthobel
▷ Zahnhobel

Eiserne Hobel
▷ Kantenhobel (Schinder)
▷ Schabhobel
▷ Ziehklingenhobel

Profilhobel (Formhobel, Fassonhobel)

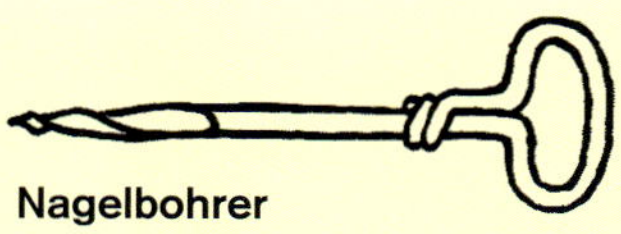
Nagelbohrer

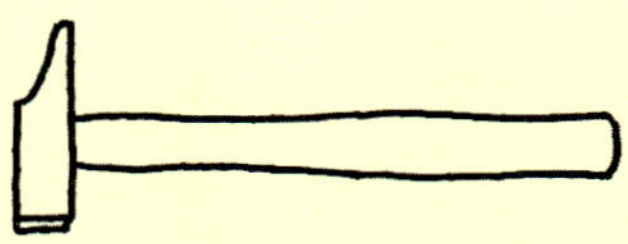
Schreinerhammer

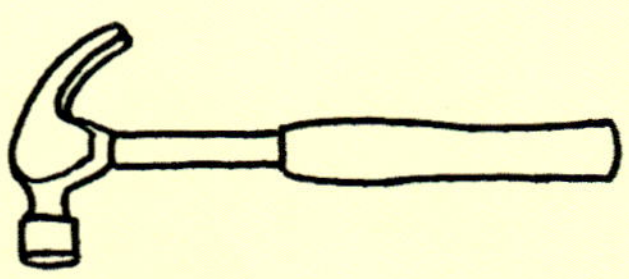
Klauenhammer

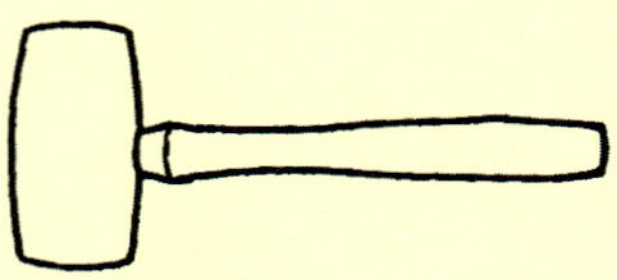
Holzhammer

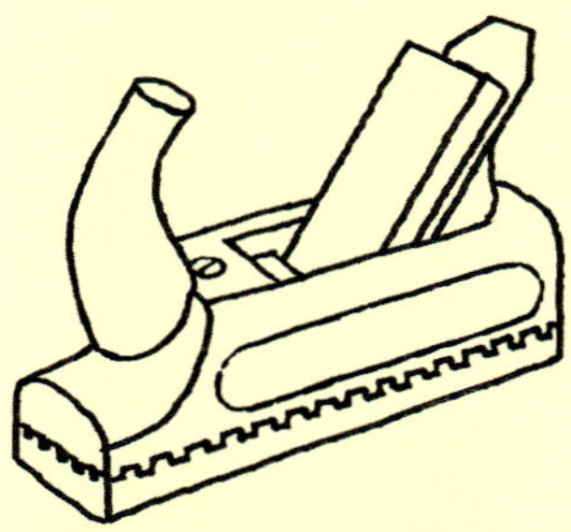
Fausthobel

Falzhobel

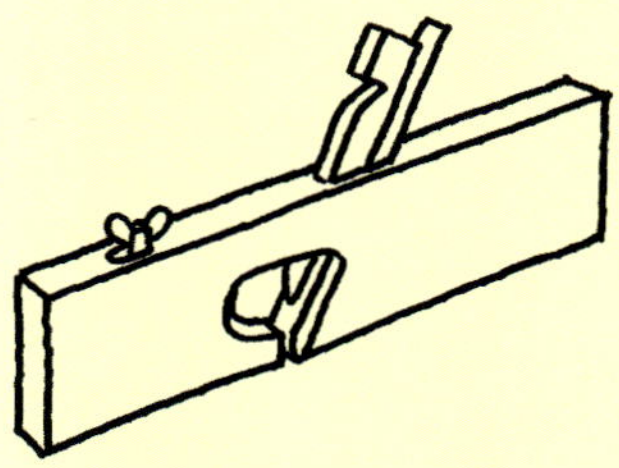
Doppelsimshobel

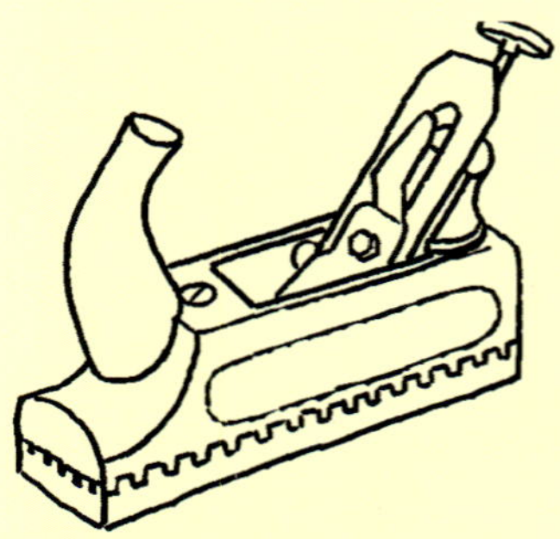
Putzhobel

Hohleisen

Lochbeitel (Riegellocheisen)

Sägen (ungespannt)
▷ Feinsäge (mit geradem und mit gekröpftem Griff)
▷ Fuchsschwanz (mit Rücken, ohne Rücken)
▷ Furniersäge
▷ Gratsäge
▷ „Mini-Hack“-Säge (durch die spezielle Halterung kann das Sägeblatt in jeder gewünschten Lage festgeklemmt werden)
▷ Schlüssellochsäge
▷ Stichsäge (Lochsäge)
▷ Winkel- oder Zinkensäge

Sägen (gespannt)
▷ Allzwecksägebogen
▷ Gehrungssäge
▷ Laubsäge
▷ Spannsäge

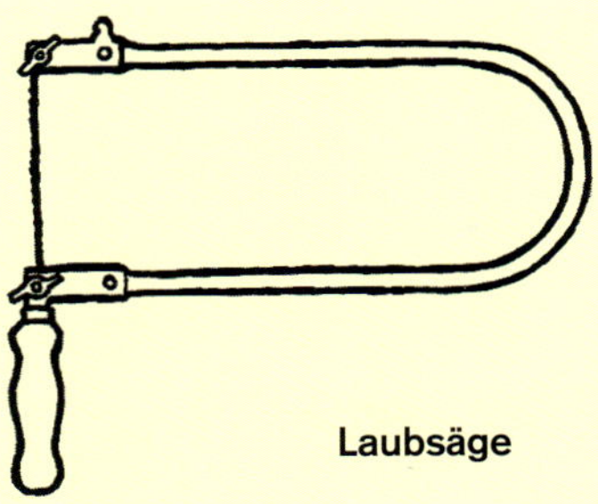
Laubsäge

Alter Fausthobel

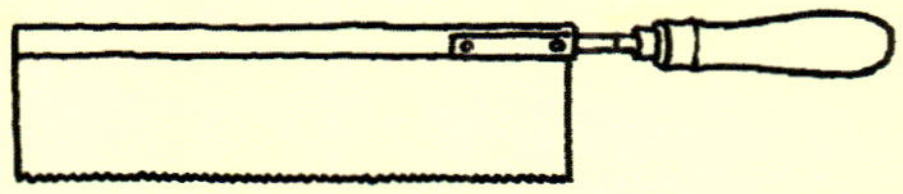
Feinsäge

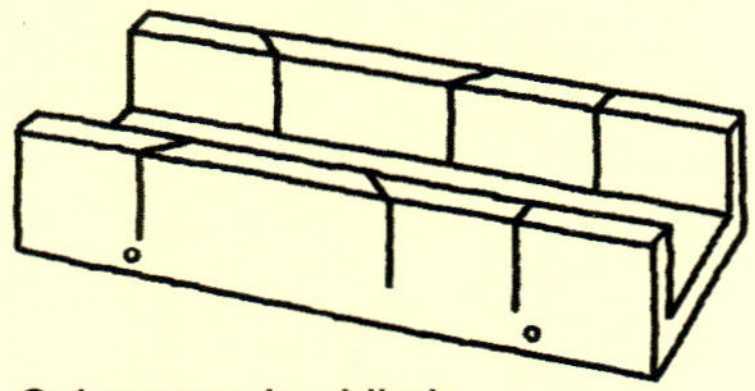
Gehrungsschneidlade

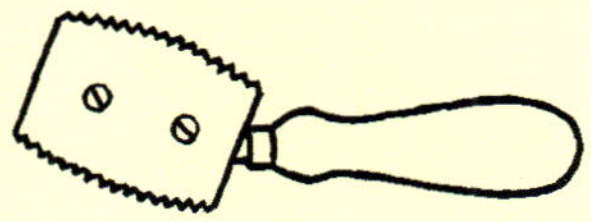
Furniersäge

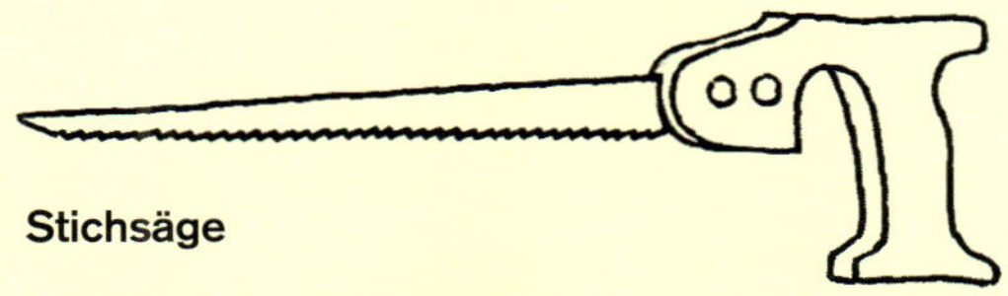
Stichsäge

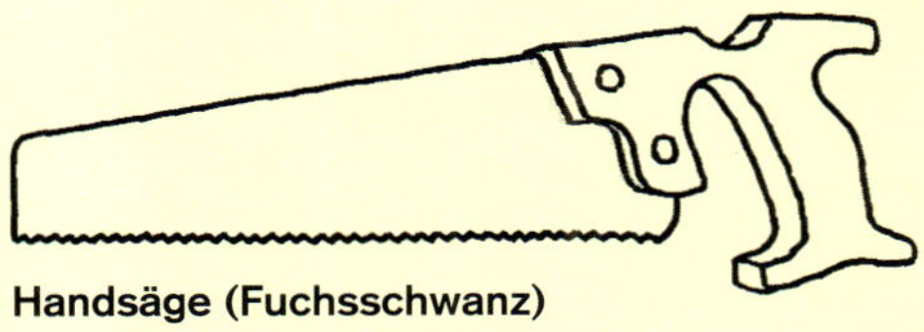
Handsäge (Fuchsschwanz)

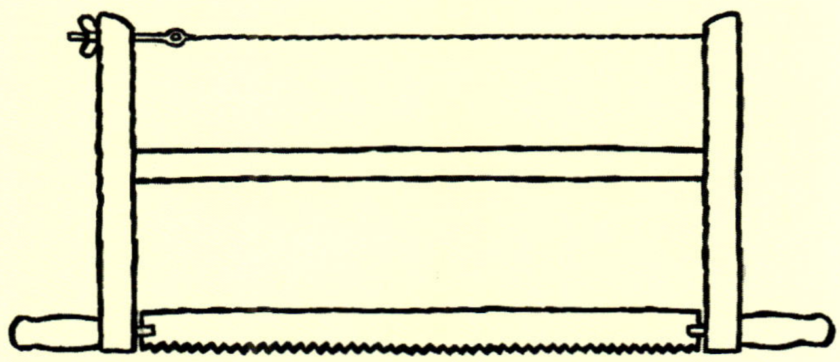
Spannsäge

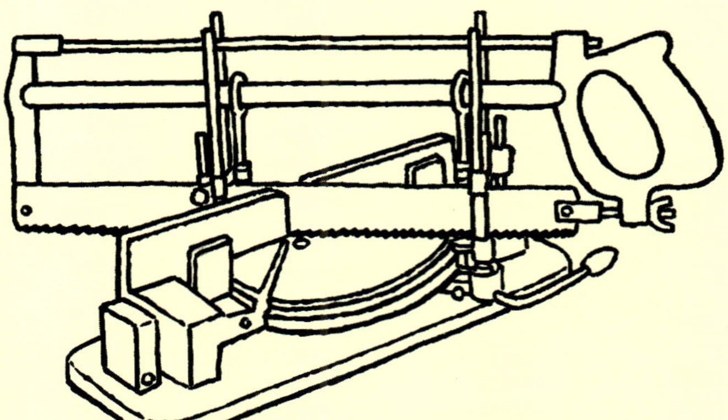
Gehrungssäge

Stemmeisen (Stechbeitel)
in verschiedenen Breiten

Schnitzeisen,
verschiedene Profile

Ziehklingen,
verschiedene Formen

Werkzeuge zum Anfassen und Festhalten

Zangen
▷ Kneifzange
▷ Kombinationszange
▷ Flachzange
▷ Schränkzange

Gehrungsschneidelade
Nagelheber („Kuhfuß“)
Schraubenzieher oder -dreher
Schraubstock, Feilkloben
Versenker
Zurrgurte (Länge bis 5 Meter)

Diese alte Spannsäge wurde beim Zuschnitt des Furniers von zwei Personen geführt.

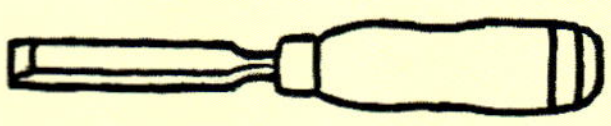

Stemmeisen

Schnitzeisen

Hebeeisen (Kuhfuß)

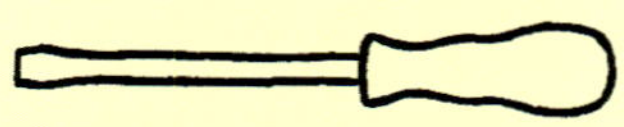

Schraubendreher

Versenker

**Werkzeug (Zwingen)
aus einer alten Schreinerwerkstatt.**

Schraubzwingen
in verschiedenen Ausführungen, schwere und mittelschwere Qualität (Eisen)

▷ Gehrungszwingen
▷ Hilfszwingen
▷ Holzzwingen (mit Kantenstück)
▷ Klemmschraube
▷ Leimzangen
▷ Leimzwingen
▷ Modellschraubzwingen
▷ Momentschraubzwingen

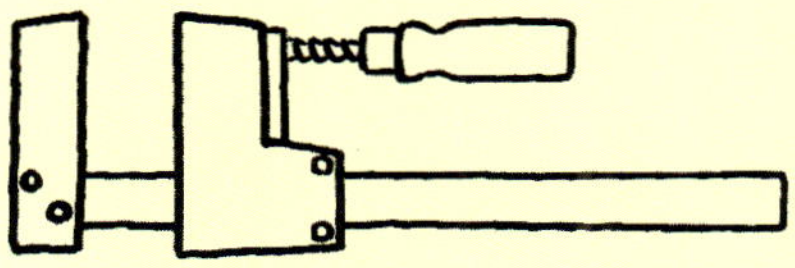

Korpuszwinge

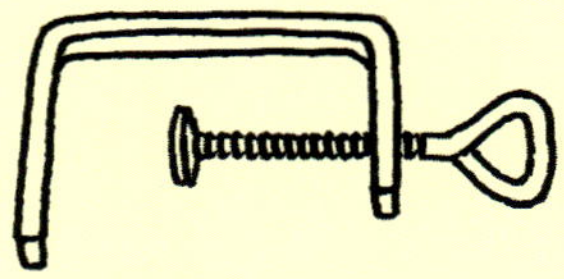

Klemmschraube

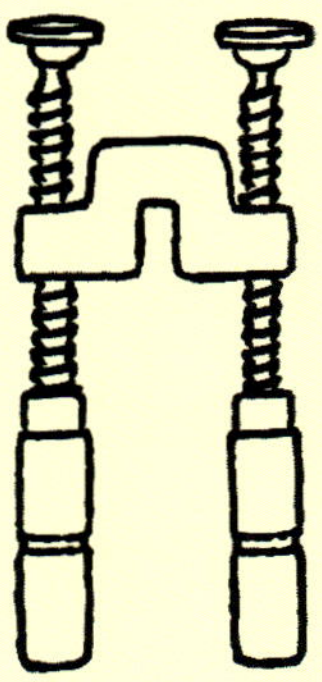

Hilfszwinge

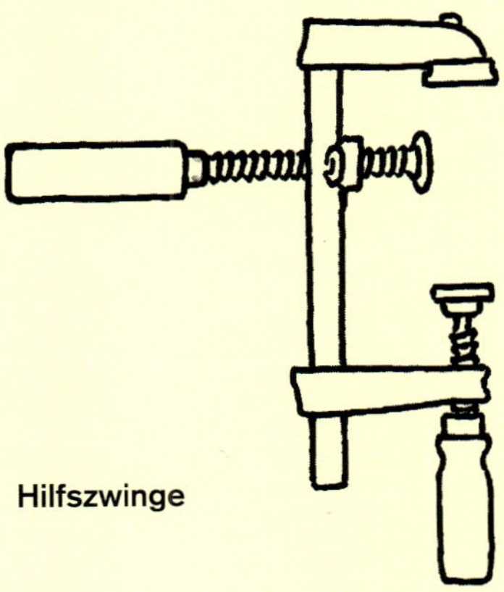

Hilfszwinge

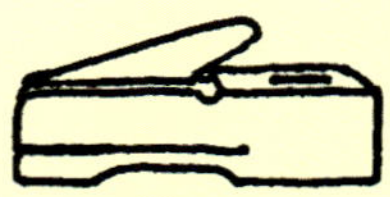

Kantenzwinge

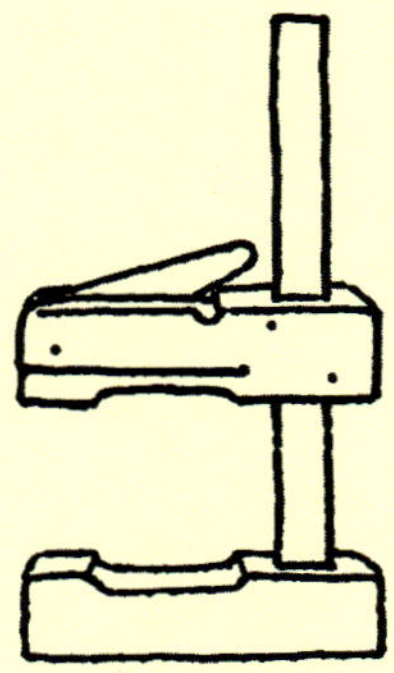

Holzzwinge

Altes Schultermesser für den Furnierzuschnitt

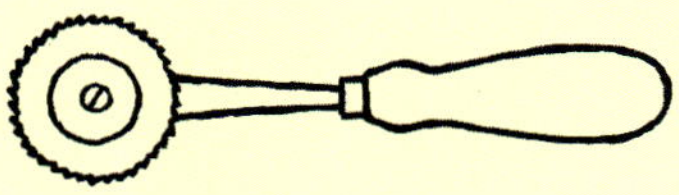

Furnierschneider

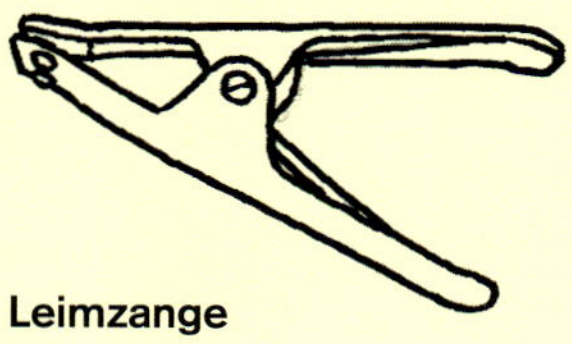

Leimzange

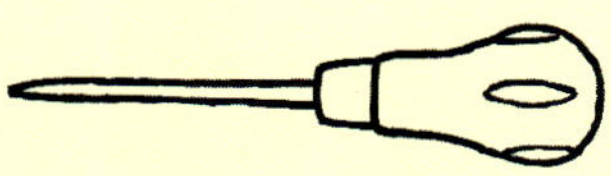

Vorstecher

Furnierwerkzeuge

▷ Fugen- und Streifenschneider
▷ Furniermesser (Universalmesser, Schablonenmesser, Cutter)
▷ Furnierschneider
▷ Furnierschlageisen
▷ Figuren- und Radiuslehre

Werkzeuge zum Messen

Gehrungswinkel
Kurvenstreichmaß
Lineal (Holz, Eisen)
Schmiege
Stahlbandmaß
Taschenschieblehre
Wasserwaage
Zollstock

Kleinwerkzeuge und Hilfsmittel

Abziehstein
Beizpinsel
Bronzedrahtbürstchen
Furniernägel
Klebeband (z. B. Tesakrepp)
Körner
Lappen (Leinen)
Leimspritze
Leimtopf (mit Wasserbad)
Leimzange
Lötkolben (mit Schmelzeisen)
Millimeterpapier
Pergamentpapier
Rosshaarbürste
Scheren
Spatel, Spachtel
Schleifpapier
Schleifkork
Schwämmchen
Stahlwolle
Tacker
Universalpinsel
Verschließbare Büchsen o. Gläser
Vorstecher
Watte (Baumwolle)
Winkelbrettchen
(für Laubsägearbeiten)
Ziehklingenstahl
Zirkel

Elektrische Maschinen

Bandsäge
Bohrmaschine
Dekupiersäge
Deltaschleifer (Winkelschleifer)
Handbandschleifer
Holzfräse
Stichsäge

Gibt es für den Restaurator Neues auf dem Markt?

Um es gleich vorweg zu sagen: Der Fachhandel reduziert sein Angebot für den Restaurierbedarf immer mehr, besonders dann, wenn es um Spezialpolituren, Farbpulver, Schleifmittel, seltene Furniere und Beschläge geht. Dagegen wird das Angebot von Kunststofflacken immer umfangreicher. In den aktuellen Produktlisten der großen Lackhersteller findet der Möbelrestaurator kaum noch ein Produkt, das auf die speziellen Bedürfnisse bei der Oberflächenbehandlung alter Möbel, wie z. B. spirituslösliche Naturharzlacke ausgerichtet ist. Da ist nur noch vom Spritzen, Härten und kratzfestem Versiegeln die Rede. Selbst wasserverdünnbar bleiben Acryllacke doch echte Kunststoffprodukte und sind für den Möbelrestaurator nicht zu empfehlen. Die verhältnismäßig geringe Nachfrage der kleinen Gruppe von Restauratoren spielt für die großen Lack- oder auch Maschinenhersteller eben nur eine untergeordnete wirtschaftliche Rolle. Ist zudem die alte Drogerie, bei der alle seltenen Pülverchen nach traditioneller Art grammweise abgewogen wurden, auch noch verschwunden, so bleibt dem Restaurator doch noch der überregionale Fachhandel, mit ausführlichen Katalogen und einem reichhaltigen Angebot für die sorgfältige Restaurierarbeit mit allen ihren Ansprüchen.

Für jeden engagierten Sammler und Restaurator lohnt es sich außerdem, die Antiquitätenfachpresse aufmerksam zu verfolgen, um immer wieder etwas Neues zum Alten zu erfahren.

Elektrooberfräse

Stichsäge

Holz lebt

Die Bearbeitung von Holz gilt allgemein als Anfang menschlicher Kulturtätigkeit. Holz ist für den Menschen der schönste, vielseitigste, wichtigste und auch ausdrucksstärkste Werkstoff der Natur. Um Holz zu bearbeiten, muss man es erkennen und seine charakteristischen Eigenschaften einschätzen können.

Holz
altgerm.: schlagen, bauen, brechen

Eine Lobeshymne auf das Holz? Sie muss eigentlich nicht mehr gehalten werden. Und dennoch ist es so: Holz ist für den Menschen der schönste, der vielseitigste, der wichtigste und auch der ausdrucksstärkste Werkstoff der Natur. Die Bearbeitung von Holz gilt allgemein als Anfang menschlicher Kulturtätigkeit. Doch nicht nur als Rohstoffquelle hat der Baum seine Bedeutung. Er wurde und wird von Dichtern als Symbol für Beständigkeit, Treue, Standhaftigkeit und Stärke verehrt und gepriesen. Bäume sind im Laufe der Jahrhunderte zum Wahrzeichen und zur Kulturpflanze vieler Völker geworden. Der Mensch sucht Ruhe im Schatten eines Baums, bewundert seine Erhabenheit und ahnt, dass sich in jedem Stamm auch eine Art lebendiger Kalender verbirgt. Holz ist zu einer der wichtigsten Datierungshilfen vorgeschichtlicher Kulturforschung geworden, da jeder Baum mit seinem charakteristischen Dickenwachstum eine Art biologisches Archiv der jeweiligen Wachstums- und Umweltbedingungen anlegt, d.h. jeder Baum speichert so seine Biografie. Mit Hilfe der Dendrochronologie (Baumrindenforschung) kann aus den Jahresringen und dem radioaktiven Kohlenstoffgehalt ziemlich präzise das Alter eines Holzes und seine Entwicklung bestimmt werden.

Um Holz bearbeiten zu können, muss man es erkennen lernen. Man muss sich vertraut machen mit seinem Wachstumsprozess und allen charakteristischen Eigenschaften. Jeder Baum entwickelt sich organisch und wächst wie ein Lebewesen einzigartig heran.
– Holz lebt!

Der Wald und das Holz

Der Wald geht nie zu Ende?
Die Bedeutung des Waldes als eine unserer wichtigsten Lebensgrundlagen wird deutlich, wenn man weiß, dass etwa ein Drittel der Festlandfläche auf der Erde mit Wald bedeckt ist. Durch die Assimilation der Blätter und Nadeln eines Baums wird Sauerstoff an die Luft abgegeben. So gibt z. B. eine 100jährige Buche täglich den Sauerstoffbedarf zur Atmung für drei Menschen ab.

Bäume in Europa erreichen je nach Art ein Höchstalter zwischen 50 und 3.000 Jahren. Exotische Arten werden sogar noch älter.
In den vergangenen Jahren ist sehr viel über Waldsterben, Kahlschlag und Raubbau in den tropischen wie auch heimischen Wäldern bekannt geworden. Zunehmend werden die Handlungen des Menschen in ihrer Wirkung auf die Umwelt bewertet, und die Gesellschaft reagiert immer sensibler auf Eingriffe in unser Ökosystem. Für den Baum- und Waldbestand als lebensnotwendiger Sauerstoffträger werden deshalb stärkere Schutzmaßnahmen gefordert, die so wenig wie möglich am natürlichen Bestand verändern und Nutzung jeglicher Art überhaupt ausschließen.

Der Wald wird seit Jahrhunderten intensiv genutzt, denn die Menschen waren zu allen Zeiten auf Holz angewiesen. Aus wachsender Sorge vor einer möglichen Holzknappheit wurde allerdings erst vor etwa 200 Jahren per Gesetz die geregelte und nachhaltige Forstwirtschaft in Mitteleuropa eingeführt, um den Wald vor Übernutzung und großflächiger Rodung zu schützen.

Im Sinne dieses langfristigen Schutzgedankens und einer nachhaltigen Bepflanzung muss es auch in Zukunft unser oberstes Ziel bleiben, den Wald als natürliche Resource und Existenzgrundlage der Menschen zu achten und zu schützen. Nur dann haben wir mit dem Wald eine zuverlässige und erneuerbare Rohstoffquelle. Der Wald geht nicht zu Ende!

In der Rinde lesen

Wachstum und Struktur des Holzes
Ein Baum entwickelt sich in zwei Wachstumsrichtungen:
dem Längenwachstum (primäres Wachstum) und dem Dickenwachstum (sekundäres Wachstum). Beide Wachstumsvorgänge vollziehen sich bei mitteleuropäischen Baumarten im Frühjahr (Frühholz) und im Sommer (Spätholz) im Wechsel mit einer Zeit der Ruhe im Herbst und Winter.

Frühholz und Spätholz zusammen bilden einen Jahresring. In unausgeglichenen Wachstumsphasen entwickelt sich ein unregelmäßiges Bild der Jahresringe. Magere Jahre ergeben enge Jahresringe – der Schreiner spricht dann von feinjährigem Holz –, ein sonniger und ausgeglichener Jahresablauf hinterlässt weite Jahresringe, die als grobjährig bezeichnet werden. Aus der Zahl der Jahresringe kann im Querschnitt des Stammes das Alter eines Baums bestimmt werden.

In tropischen Wäldern wächst ein Baum während der Regenzeit und ruht in Dürre- und Trockenzeiten. Während des Wachstums ist ein Baum in der Lage, mechanische Spannungen im Holz gleichmäßig zu verteilen. Treten z. B. durch Faulstellen oder Risse im Holz lokale Kräfte auf, die sein System stören, reagiert der Baum mit

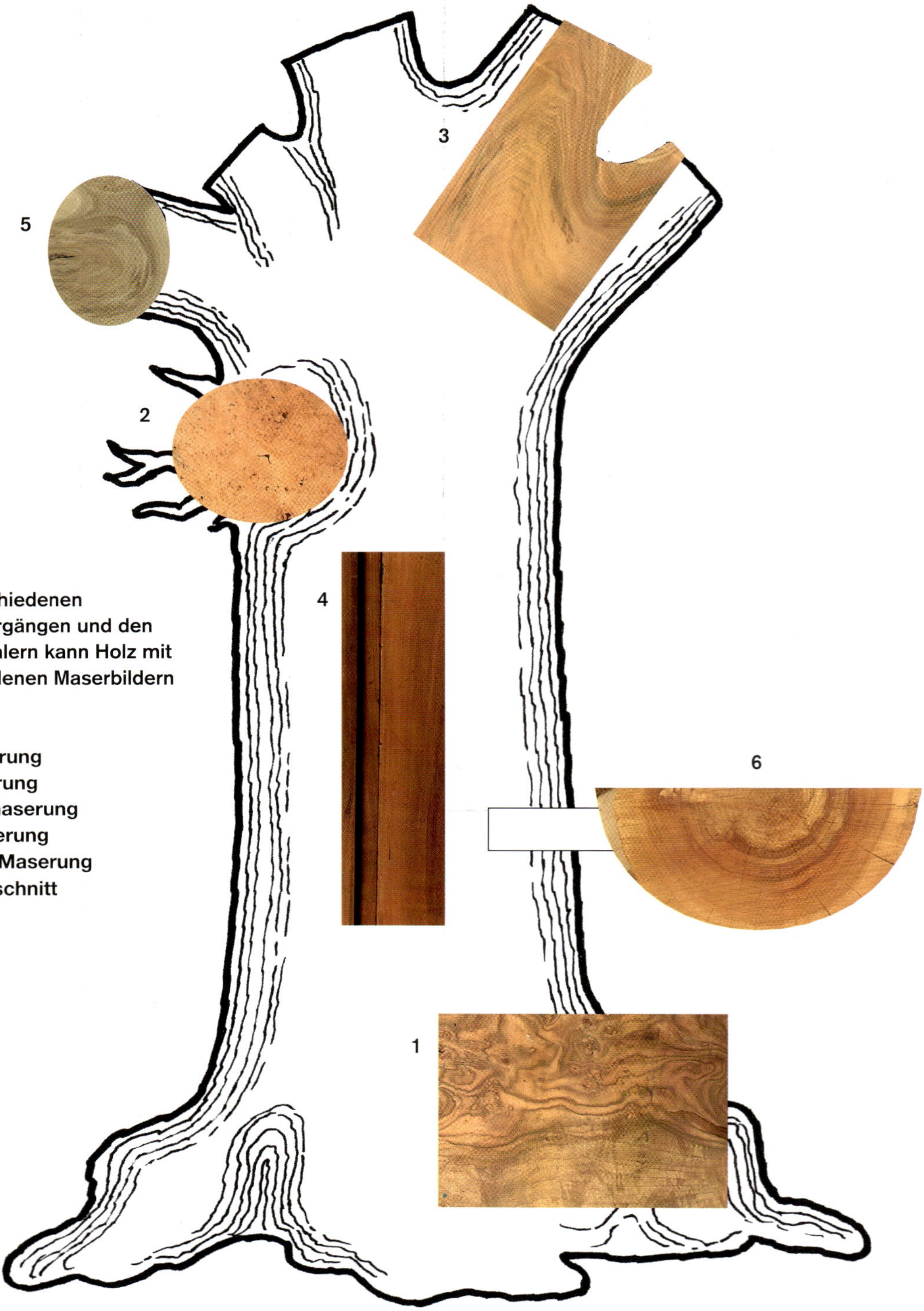

Aus den verschiedenen Wachstumsvorgängen und den Wachstumsfehlern kann Holz mit sehr verschiedenen Maserbildern entstehen.

1 Wurzelmaserung
2 Augenmaserung
3 Pyramidenmaserung
4 gerade Maserung
5 ringförmige Maserung
6 Stammquerschnitt

verändertem Wachstum. Das lebende Gewebe (Kambium) lagert an den gefährdeten Stellen dickere Jahresringe an, um das Holz zu schützen und zu verstärken.

Äußerlich erkennbare Zeichen für diese Vorgänge sind beispielsweise Beulen, Wülste, Rippen oder Knollen am Stamm. Die Baumrinde lässt, ähnlich wie die Haut des menschlichen Organismus, auf die innere Beschaffenheit schließen. So spricht z. B. die „dickhäutige" Eichenrinde eine deutliche Sprache, wohingegen die „dünnhäutige" Buchenrinde auch für den Kenner „stumm" bleibt. Über diese Wachstumszeichen können geschulte Augen, die mit dem Wuchsbild eines Baums vertraut sind, aus der Rinde lesen, gewissermaßen in die Bäume hineinschauen und den Zustand ihres Innenlebens und damit auch ihre Holzqualität beurteilen.

Wachstumsfehler im Holz

Im Idealfall wächst ein Baum im „Vollholz". Der Stamm ist gerade, vollwertig und sein Durchmesser nimmt auf einem Meter Stammlänge höchstens einen Zentimeter ab. Der Stamm eines Baums liefert immer nur bei besten Bedingungen gutes Holz und ist dann maximal zu verwerten.

Ein Baum reagiert empfindlich auf äußere Einflüsse in seiner Umgebung. Extreme Witterung, Blitzschlag, Feuer, Wind, fremder Pflanzenwuchs, Kahlschlag und nicht zuletzt Beschädigungen an seinem Stamm durch Tiere oder Menschen ergeben „abholzige", d. h. geminderte Holzqualität. Dennoch können auch Wuchsfehler, ähnlich wie bei Fehldrucken bei Briefmarken, sehr interessant sein, wenn sie ein außergewöhnliches Maserbild im Holz hervorbringen. Solche Qualitäten werden dann

Ein Baum reagiert empfindlich auf äußere Einflüsse.

auch teuer gehandelt. Die sogenannten Maserknollen, z. B. bei Ahorn („Vogelaugen"), Birke, Nuss, Esche, entstehen durch Häufung und Überwucherung von Seitentrieben im Wurzel- und Stammbereich, die sich gegenseitig in ihrer Entwicklung hemmen und „knollig" oder im „Wimmer"- und „Riegelwuchs" durcheinander wachsen.

Maserholz ist wegen seiner ausgeprägten Zeichnung und dem besonderen Faserverlauf als Furnier und auch Drechselholz sehr beliebt. Problematisch sind „Harzquallen", die im Gegensatz zu normalen Harzgängen zu den Holzfehlern zählen. Diese mit Harz gefüllten Hohlräume vermindern die Holzfestigkeit, erschweren die Holzbearbeitung und führen häufig zu Lackablösungen an der Holzoberfläche, da kein Verbund zwischen dem Lack und dem verharzten Holz entstehen kann. Diese Harzquallen kommen vornehmlich bei Nadelhölzern wie Fichte, Kiefer, Lärche vor, nicht aber bei Tannen oder Laubhölzern. Harzquallen müssen ausgekratzt, ausgebrannt (Harz wird bei etwa 60° C flüssig) oder herausgeschnitten werden, um an diesen Stellen neues Holz einsetzen zu können.

Nur die besten Stämme einer Holzart gelangen in das Sägewerk, um dort aufgesägt und weiterverarbeitet zu werden. Besonders für die Furnierherstellung ist eine hervorragende Holzqualität erforderlich. Ebenmäßigkeit, geringer Astwuchs, keine Verfärbung zählen hier zu den wichtigsten Auswahlkriterien.

Eine Fehleinschätzung beim Holzkauf kann teuer werden, denn für gutes Stammholz werden hohe Summen bezahlt. Ein Stamm in der Rinde darf für den Fachmann also keine „Katze im Sack" sein.

Baumstämme sind vor Sonnenaufgang am dicksten

Bäume sind langlebige Organismen, die zu beträchtlicher Größe heranwachsen. Sie gehören zu den größten Lebewesen auf der Erde, und die „Hundertjährigen" sind nicht zu zählen. Der Umfang eines Baumstamms und seiner Äste verändert sich im Tagesablauf und durch Witterungseinflüsse. So hat der Stamm eines gesunden Baums vor Sonnenaufgang seinen größten Durchmesser und schrumpft je nach Luftfeuchtigkeit im Laufe eines Tages.

Aus der Rinde des „weinenden Baums"

Lange bevor im Zuge der Industrialisierung vor etwa 150 Jahren der Kunststoff entwickelt wurde, kannten die Ureinwohner Mittelamerikas bereits den Naturstoff Kautschuk, ein Gummiharz wie z. B. Mastix und Gummiarabicum. Aus Schnitten in die Rinde des „Cahuchu", des „weinenden Baums", gewannen sie eine milchige Flüssigkeit und fertigten daraus nach dem Eintrocknen allerlei nützlichen Hausrat. Harz ist „die aus angeschnittenen Bäumen fließende, amorphe brennbare Masse“ und wichtiger Bestandteil bei der Herstellung von Lacken und Polituren. Mehr oder weniger hart, beeinflusst Harz entscheidend die Lackqualität.

Bäume schreien vor Durst
In trockenen Wachstumsphasen, wenn Bäume an Wassermangel leiden, geben sie „Töne“ von sich, die dadurch entstehen, dass das Holz, bedingt durch seine hygroskopische Eigenschaft, sehr deutlich auf abnehmende Feuchtigkeit reagiert, d. h. „schwindet“.

Für den Menschen sind diese Geräusche nicht zu hören, doch für bestimmte Insekten sind sie sehr deutlich wahrnehmbar. Holzbohrende und holzfressende Insekten, die auf der Suche nach einem trockenen, bereits geschwächten Stamm sind, werden angelockt und finden hier eine gute Futterquelle.

Holzerkennungsmerkmale

Primär unterscheidet man zwischen dem Holz des Laubbaums und dem des Nadelbaums. Laubholz weist ein sehr viel dichteres und differenzierteres Zellsystem auf als Nadelgehölz und ist deshalb in seiner Qualität haltbarer, fester und elastischer und daher das wertvollere Holz.
Um die Art und Sorte eines Holzes – massiv oder furniert – am Möbel und bei der Bearbeitung zu bestimmen, kann man schrittweise nach verschiedenen Beurteilungskriterien und Erkennungsmerkmalen vorgehen.

Ästhetische Merkmale

Mechanische Merkmale

Gesundheitsschädigende Merkmale

Ästhetische Merkmale

Holzfarbe Die Farbe eines Holzes ist ein sehr gutes Erkennungs- und Unterscheidungsmerkmal für seine Art und Güte. Zweifarbiges Holz wird als Kernholz bezeichnet, d. h. der Kern (das Innere des Stammes) ist dunkler als die äußere helle Splintschicht.

Einfarbiges Holz weist keinen Farbunterschied zwischen Splint und Kern auf. Man bezeichnet es auch als Splint- oder Reifholz. Einfarbiges und zweifarbiges Holz kann sowohl bei Nadel- als auch bei Laubholz vorkommen. Der natürliche Farbton eines jeden Holzes vertieft sich im Laufe der Jahre durch Licht- und Sauerstoffeinwirkung, d.h. das Holz „patiniert“.

Holzmaserung Wie bereits erwähnt hat man im Sägewerk verschiedene Möglichkeiten einen Baumstamm aufzuteilen und sein Maserungsbild freizulegen. Durch Sägen, Schälen oder Messern wird die der Holzart typische Wachstumsstruktur hervorgehoben. Je nach Holzsorte und Schnittlegung ergeben sich dabei die bekannten Maserungsbilder wie z. B. „geflammt“ (Birke) , „gewimmert“ (Ahorn), „geriegelt“ (Nussbaum).

Holzgeruch Der Geruch eines Holzes geht von seinen leicht flüchtigen Bestandteilen wie Harz, Terpentin und Gerbsäure aus. Gesundes Holz riecht kräftig und frisch, krankes Holz hingegen muffig. Der Geruch als Erkennungsmerkmal identifiziert allerdings eher neues, frisch aufgeschnittenes Holz und weniger das Holz antiker Möbel.

Holzgeschmack Der Geschmack ergibt sich, wie der Geruch des Holzes, aus seinen Inhaltsstoffen, ist aber nur von geringer Bedeutung. Er kann allerdings bei der Auswahl des Holzes für Kästchen und Kistchen (Zigarren oder Lebensmittel) wichtig sein. Auch beim

Ein häufiger Schadensfall bei alten Möbeln sind ausgerissene Scharniere. Hier: Nähkästchen, Nussbaum mit Mahagonieinlagen, um 1900.

Kirschbaumholz mit ausgeprägter Fladermaserung.

Reifen alkoholischer Getränke in Fässern spielt die Holzsorte eine Rolle (z. B. Eichenfässer).

Holzglanz Gut getrocknetes und feinporiges Holz zeigt seinen typischen Glanz besonders, wenn Licht auf die Maserung fällt. Starker Glanz ist z. B. typisch für Ahorn und Satinholz. Stumpf wirken dagegen Hölzer wie Kiefer und Pappel.

Holzfeinheit Die Feinheit eines Holzes wird durch seinen Zellaufbau und Merkmale wie Porengröße, Verlauf der Markstrahlen und Anordnung der Jahresringe bestimmt. Laubhölzer sind grundsätzlich feiner strukturiert als Nadelhölzer. Eine grobe Holzstruktur lässt sich selbst bei sorgfältigstem Schliff nie so fein schleifen wie ein von Natur aus feinporig gewachsenes Holz. Das feinporige Holz dagegen ergibt bei gutem Schliff eine sehr glatte und für die Schelllackpolitur besonders geeignete Oberfläche.

Feinporige Hölzer sind z. B. Ahorn, Birne und Linde. Grobe Poren und starke Struktur zeigen Hölzer wie Esche, Eiche, Kiefer und Fichte.

Mechanische Merkmale

Holzgewicht Das Holzgewicht ergibt sich aus der Holzmasse und dem darin enthaltenen Zellwasser. Daraus wiederum resultiert die Holzdichte. Man unterscheidet zwischen sehr leichtem (Balsa), leichtem (Tanne), schwerem (Eiche) und sehr schwerem Holz (Ebenholz).

Holzhärte Als Holzhärte wird der Holzwiderstand beim Bearbeiten, z. B. beim Sägen, Stemmen oder Schleifen, bezeichnet. Die Holzhärte ergibt sich aus Zellstruktur, Zelldichte und Holzfeuchtigkeit.

Nadelhölzer sind in der Regel weiche Hölzer (Weichholz). Laubhölzer sind die härteren bis sehr harten Hölzer (Hartholz).

Holzfestigkeit Holz lässt sich entsprechend seiner Festigkeit und Härte mehr oder weniger gut bearbeiten. Holzfasern bilden bei Druckeinwirkung, beim Biegen oder Knicken in Längs- oder Querrichtung einen bestimmten Widerstand, der die Festigkeit des Holzes ausmacht. Die sogenannte Druckfestigkeit ist in Richtung der Holzfaser am stärksten (siehe auch Stemmen). Besonders beim Verzwingen oder Pressen des Holzes wird die Holzfestigkeit beansprucht.

Die Knickfestigkeit spielt eine Rolle bei der Konstruktion von Stuhlbeinen, Pfeilern und Säulen und wird bestimmt vom Querschnitt des Werkstücks im Verhältnis zu seiner Länge.

Die Biegefestigkeit ist nur bei einigen Holzsorten besonders gut (z. B. Buche). Sie machte um die letzte Jahrhundertwende einen ganz besonderen Möbelstil möglich, den der Thonetmöbel.

Weitere Kriterien der Festigkeit sind die Dreh-, Schub- und Scherfestigkeit (Druck und Gegendruck), die Spaltbarkeit, die Biegsamkeit, die Elastizität und die Leit- und Dämmfähigkeit (z. B. beim Instrumentenbau). Alle diese Merkmale folgen aus der Zellstruktur und der Holzfeuchtigkeit. Trockenes Holz ist ein schlechter Wärmeleiter und daher ein guter Wärmedämmer. Räume mit viel Holz bleiben länger warm bzw. kühl und schaffen ein gesundes Raumklima.

Dauerhaftigkeit Die Lebensdauer des verarbeiteten Holzes ist unterschiedlich und somit auch ein charakteristisches Holzmerkmal. Sie wird bestimmt durch die Holzart, die Wachstumsverhältnisse, den Trockenheitsgrad und den Schädlingsbefall. Besonders dauerhafte Hölzer sind Eiche, Lärche oder Rotbuche. Trockenes Eichenholz kann sich über Jahrtausende halten.

Gesundheitsschädigende Merkmale

Einige exotische Holzarten enthalten ätherische Öle sowie kristalline Stoffe, die giftig sind. Besonders beim Schleifen ist dieser

Die um die Jahrhundertwende entwickelten Bugholzmöbel der Gebrüder Thonet wurden durch die gute Biegefestigkeit von Buchenholz möglich.

Holzstaub schädlich für den Menschen und kann Erbrechen, Entzündungen oder Bewusstseinsstörungen hervorrufen.

Bei der Bearbeitung folgender Hölzer ist daher Vorsicht geboten: Teak, Palisander, Ebenholz, Mahagoni, Sandelholz sowie Buchsbaum. Hier empfiehlt es sich, beim Schleifen eine Atemschutzmaske zu tragen und für gute Belüftung des Arbeitsraums zu sorgen.

„Herz an Herz, Splint zu Splint“

Holz lebt, arbeitet und reagiert dabei im ständigen Feuchtigkeitsaustausch mit seiner Umgebung, d.h. Holz ist hygroskopisch. Durch Quellen und Schrumpfen dehnt es sich aus oder zieht sich wieder zusammen. Holz gibt so lange Feuchtigkeit ab oder nimmt diese wieder auf, bis ein Ausgleich mit der umgebenden Luftfeuchtigkeit erreicht ist. Das sogenannte Feuchtigkeitsgleichgewicht zwischen Lufttemperatur, Luftfeuchte und Holzfeuchte bleibt dabei immer erhalten. In unserem klimatischen Bereich beträgt die relative Luftfeuchtigkeit, also der tatsächliche Wassergehalt in der Luft prozentual auf die volle Sättigung bezogen, in den Monaten März bis September bei einer Durchschnittstemperatur von 15° C etwa 70 %. Somit liegt das Feuchtigkeitsgleichgewicht bei Holz bei etwa 15 % Feuchte (in den Wintermonaten etwas darüber). Diese hygroskopische Eigenschaft bleibt dem Holz auch nach dem Zuschnitt und der Verarbeitung immer erhalten, im Kernholz allerdings weniger als in dem äußeren, frischen Splintholz.

Schreiner, Restauratoren und Möbelliebhaber müssen diese Tatsache sowohl bei der Verarbeitung des Holzes, bei der Pflege und Erhaltung als auch bei der Standortwahl eines alten Möbels immer berücksichtigen. Der Schreiner wirkt dem Arbeiten des Holzes entgegen, indem er es „versperrt“, also Furnier gegen den Maserverlauf auf das Blindholz leimt und bei geschwungenen, geschweiften oder gerundeten Möbelflächen massives Holz immer „Herz an Herz und Splint zu Splint“ verarbeitet.

Eine holzgemäße Oberflächenbehandlung schützt das Holz und lässt es weniger arbeiten. Typische Veränderungen in Form und Volumen, die beim Arbeiten des Holzes entstehen, bezeichnet man als:

Schwinden: Abgeben von Feuchtigkeit und Zusammenziehen des Holzes

Quellen: Aufnahme von Feuchtigkeit im Holz

Reißen, Werfen oder Verziehen: Ungleiche Trocknung, d.h. Risse in den äußeren und inneren Holzschichten (in der Regel verlaufen Risse in Richtung Markstrahlen und im Verlauf der Jahresringe)

Windschief: Bretter aus drehwüchsigem Holz werden beim Trocknen windschief. Sie nehmen ihre ursprüngliche Wachstumsform wieder an und sind für den Möbelbau wertlos.

Holzbestimmung Schritt für Schritt

Bei der Vielzahl der Holzarten und -sorten ist die genaue Holzbestimmung am Möbel oft eine schwierige Sache und mit sehr viel praktischer Erfahrung verbunden. Ein erster wichtiger Schritt bei der Einordnung des Holzes ist das Erkennen von Stil und Herkunft des Möbels. Fast jede Stilepoche wurde durch typische Holzarten geprägt. Ursache dafür waren zum Teil wirtschaftliche Zwänge, wenn etwa das Holz aus dem heimischen Umland verarbeitet wurde (z. B. Weichholz in den Alpenländern), modische Gründe, aber auch die Tatsache, dass man auf neuen

Transportwegen exotische Holzarten importieren konnte. Zudem war das höfische oder bürgerliche Möbel, außer der aufwendigen Verarbeitung, meist auch aus edlerem Holz gebaut als das bäuerliche oder ländliche Möbel.

Neben unseren einheimischen Hölzern bietet der Markt von heute ein ständig wachsendes Sortiment exotischer Furniere und Hölzer an, deren Name der Laie noch nie gehört hat.

Für einen Restaurator aber bleibt es fast immer bei den schon lange bekannten exotischen Holzarten, die bereits seit Beginn der Kolonialzeit auf dem Seeweg nach Europa kamen. Sie wurden zu reich intarsierten Flächen mit farbigen Furnierbildern (Marketerien) verarbeitet und erfreuen sich bis heute großer Beliebtheit.

Um Holz nach seiner Art, seiner Beschaffenheit und seinem Erscheinungsbild einzuordnen, sollte man nach folgenden Bestimmungskriterien vorgehen:

Ein wichtiges Kriterium bei der Holzbestimmung ist neben Struktur und Zeichnung auch die Holzfarbe. Hier: Nussbaumwurzel

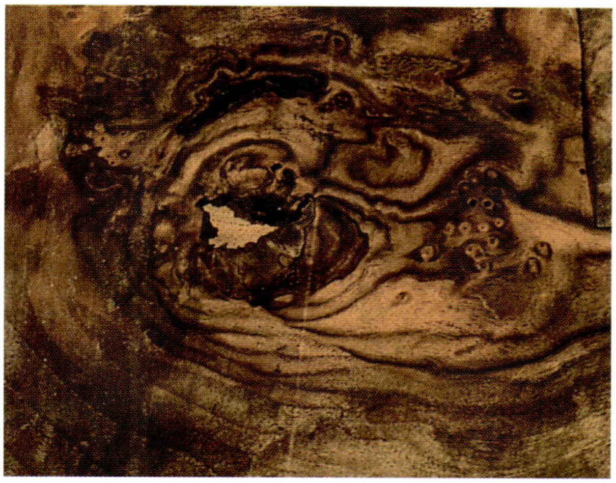

Laubholz (Hartholz) oder Nadelholz (Weichholz)

europäisches Holz oder exotisches Holz

Holzmaserung (Zeichnung)

▷ Maserungsverlauf (z. B. geflammt, Wurzelmaser, Augenmaser, gefladert, gestreift, gewellt, geriegelt)
▷ Markstrahlen, Jahresringe

Struktureller Aufbau

▷ Splintholz
▷ Kernholz
▷ Reifholz
▷ Kernreifholz
▷ Jahresringe (erkennbar, nicht erkennbar)
▷ Frühholz, Spätholz (scharf abgetrennt, ineinander übergehend)
▷ Porenanordnung (ringporig, grobporig, porenlos)
▷ Markstrahlen, d. h. quer zur Faser verlaufende Zeichnung „Spiegel", (sichtbar, nicht sichtbar, Striche, Wellen)

Holzfarbe

▷ Hell, dunkel, einfarbig, mehrfarbig

Holzbeschaffenheit

▷ Zäh, fest, weich, hart (Merkmale, die sich besonders bei der Holzbearbeitung bemerkbar machen)

Faserverlauf

▷ Gerade, wellig, dicht, unregelmäßig, verdreht, langfaserig, kurzfaserig

Geruch

▷ Harzig (Harzgallen, Harzgänge, verstopfte Poren)
▷ Exotisch süßlich, frisch, muffig (bei altem Holz verliert sich der typische Geruch in der Regel)

Klang

▷ Voll, hohl, dünn

Gewicht

▷ Leicht bis schwer

1 Esche
2 Eiche
2a Eiche mit Splint
2b Eiche mit Markstrahlen
3 Birke, Augenmaserung
4 Ahorn, Augenmaserung
5 Mahagoni

Art	Weitere Sorten oder andere Bezeichnungen	Struktur
Ahorn	Spitzahorn, Bergahorn (Riegelahorn), Feldahorn, Zuckerahorn	Splintholz/Reifholz; mäßig fest, dicht, biegsam, feinporig
Apfel		Kernholz; hart, mittelfein, zäh, reißt leicht, zerstreutporig
Birke	Weißbirke, Hängebirke, Haarbirke, Moorbirke, Trauerbirke	Splintholz; mittelhart, schwindet mäßig, zäh, biegsam, weich, feinporig
Birne	Schweizer Birne	Reifholz; mäßig schwer, zäh, gutes Stehvermögen, feinporig
Buche	Rotbuche, Hainbuche, Weißbuche	Reifholz; schwerstes, härtestes einheimisches Holz, arbeitet wenig, feinporig
Eiche	Weißeiche, Roteiche, Stileiche, Traubeneiche, Spessarteiche, Mooreiche	Kernholz; sehr dauerhaft, grobporig, ringförmig, zäh, hart
Erle	Eller, Else, Almus, Schwarzerle, Grauerle, Roterle, Weißerle	Splintholz; leicht, weich, arbeitet mittelmäßig, grobporig
Esche	Olivenesche, Ungarische Esche, Blumenesche	Kernreifholz; mäßig schwer, gutes Stehvermögen, hart, fest
Edelkastanie	Rosskastanie (Splintholz; leicht, weich)	Kernholz; mittelhart, fest, elastisch, schwer, dauerhaft, ringporig
Kirsche	Waldkirsche, Süßkirsche, Vogelkirsche	Kernholz; gutes Stehvermögen, fein, fest, hart
Linde	Winterlinde, Sommerlinde, Silberlinde, Steinlinde	Reifholz; fein, dicht, leicht, zäh, weich, schwindet wenig
Nuss	Französischer, Italienischer, Kaukasischer, Türkischer Nussbaum, Engl.: walnut	Kernholz; mittelschwer, schwindet mäßig, gutes Stehvermögen, grobporig
Pappel	Silberpappel, Schwarzpappel, Graupappel, Zitterpappel (Espe)	Kernholz; leicht, sehr weich, porös, mäßig dauerhaft, arbeitet wenig
Pflaume	Zwetschge	Kernholz; fein, fest, hart, zäh, arbeitet sehr
Platane	Kaukasische Platane	Kernholz; fein, hart, fest, neigt zum Reißen; zerstreutporig
Ulme	Das Holz der Ulme heißt Rüster, Flatterulme, Weißulme Feldulme	Kernreifholz; hart, grob, zäh, dauerhaft

Farbe	Maserung	Besonderheiten
weißlich-gelb	Jahresringe undeutlich, Spiegel deutlich geradfaserig, dunkles Spätholz	Zuckerahorn: Vogelaugenmaserung, wimmrig, wellig, Riegelwuchs
gelblich-rötlich dunkler Kern	Jahresringe schwach, geradfaserig	ähnelt dem Kirsch- oder Birnbaumholz, lässt sich schlecht bearbeiten
hell-gelblich	Jahresringe wellig, undeutlich, zerstreutporig, Markflecken durch Insekteneinstiche	geflammte Birke, beliebtes Holz des Biedermeier und der 30er Jahre
gleichmäßig rosa-rötlich	geradfaserig, Jahresringe undeutlich	gerbstoffhaltig, welliger Faserverlauf mit Schimmer, geflammt, oft schwarz gebeizt als Ebenholzersatz, Reaktionsverfärbung
weißlich-grau	Jahresringe erkennbar, Markstrahlen sichtbar als matt glänzender Spiegel oder kleine schwarze Striche	sehr biegsam (Bugholz der Thonet-Möbel), gedämpft = rötlich
gelblich-bräunlich	Jahresringe erkennbar, langfaserig, Markstrahlen deutlich als Spiegel	Mooreiche (wenn Holz lange im Wasser oder Moor lag, ergab sich Schwarzfärbung), steinhart, gerbsäurehaltig, Reaktionsverfärbung
rötlich-weiß, fleckig braun	Jahresringe undeutlich, Spiegel kaum	gutes Drechselholz
hell-gelblich	Frühholz deutlich abgesetzt vom Spätholz, wellig, geflammt, Spiegel gut erkennbar	Reaktionsverfärbung, kann mit Eiche verwechselt werden, beliebtes Holz im Biedermeier
weißlich-hellbraun, Kern sehr dunkel	zart geflammt, keine Markstrahlen	ähnelt etwas dem Eichenholz
rötlich, manchmal mit Färbung	Jahresringe erkennbar, Spiegel undeutlich, geradfaserig	beliebtes Holz im Biedermeier, grünliche Reaktionsverfärbung
weißlich-gelblich, rötlich	Jahresringe kaum sichtbar, Splint deutlich vom Reifholz abgesetzt, seidenglänzend	kann sehr alt werden (1.000jährige Linde), sehr geeignet zum Drechseln, Schnitzen, Vergolden, anfällig für Insekten
Splint weiß - rosagrau, Kern graubraun, rötlich. Nussbaum verbräunt bei starker Lichteinwirkung	gewellt, geflammt, gestreift mit schwarzen Adern	widerstandsfähig gegen Insekten, Reaktionsverfärbung. Maserfurnier: Wurzelmaser, Pyramidenmaser; gutes Drechselholz, beliebtes Holz aller Stilepochen
Splintholz weiß-gräulich, Kern bräunlich	Spiegel und Jahresringe undeutlich, langfaserig	ausgeprägtes Maserfurnier der Schwarzpappel bezeichnet als „Mapa“
braunrot, braunviolett, heller Splint	Jahresringe undeutlich, kleine rötliche Markstrahlen	ähnlich dem Kirschholz, drehwüchsig, geeignet zum Drechseln und Schnitzen
rötlich-braun, heller Splint,	starke Markstrahlen, seidig glänzend, Jahresringe undeutlich	ähnlich der Rotbuche, Ahorn, lebhaftes Maserfurnier
hellbraun-grünlich, rötlichbraun, Splint gelblich-weiß	Jahresringe deutlich, glänzende Markstrahlen, lebendige Fladerung, wellenförmig gezacktzwischen Früh- und Spätholz	ähnlich dem Eichen- oder Eschenholz, ausgeprägtes Maserfurnier, insektenanfällig, durch „Ulmensterben“ bedroht

Art	Weitere Sorten oder andere Bezeichnungen	Struktur
Akazie	Robinie	Kernholz; hart, zäh, dauerhaft, schwer, geringes Arbeiten, ringporig
Ebenholz	etwa 100 weitere exotische Arten werden als „Schwarze Hölzer“ gehandelt	Kernholz; hart, reißt leicht, schwindet stark
Limba	Afara White	Kernholz; mäßig hart, fest, zäh
Mahagoni	Sapelli Mahagoni	Kernholz; hart, schwer, dicht, dauerhaft, witterungsfest, neigt zum Reißen
Makoré	fälschlich: „Afrikanischer Birnbaum“	Kernholz; elastisch, fest, fein, mäßig hart, beständig
Mansonia	Afrikanischer Nussbaum	Kernholz; witterungsfest, beständig, mäßig hart
Palisander	Rosenholz Rio-Palisander	Kernholz; fest, schwer, hart, sehr beständig
Rosenholz	Bahia Rosenholz	Kernholz; sehr hart, dauerhaft
Satin		Kernholz; sehr hart, beständig, fest, schwer
Sen	Japanischer Goldrüster Sen-Esche	Kernholz; feinjährig, ringporig
Teak	fälschlich: „Indische Eiche“, Goldteak, Goldlärche	Kernholz; fest, hart, sehr elastisch, widerstandsfähig, dauerhaft

Begriffe für die Holzbestimmung

Abholzig Deutliche Verringerung des Stammdurchmessers zum oberen Teil hin

Astansatz Radial in den Stamm laufende Veränderungen. Im Fladerschnitt als rundlicher „Fleck“, im Spiegelschnitt als „riegelähnlicher“ Streifen erkennbar

Ausbleichen Verblassen der natürlichen Färbung beim trockenen Kernholz (UV-Strahlen)

Bast Unmittelbar unter der Rinde liegende Schicht, die den Baum von den Blättern bis zur Wurzel mit Aufbaustoffen versorgt. Ungeeignet für den Möbelbau

Biegefestigkeit Beanspruchung eines Holzstabs bis zum Bruch

Bläue Graue bis schwarzgraue Verfärbung des Holzes, verursacht durch bestimmte Pilze

Blume Unterschiedliche Farbzonen, Strukturen, Porenringe, d. h. „Bilder“, besonders beim tangentialen Aufschnitt des Holzes

Farbe	Maserung	Besonderheiten
Splint gelblich-weiß, Kern gelb- grünlich-, goldbraun	Jahresringe erkennbar, Frühholz großporig, Spätholz wellig, feinporig	der Esche ähnlich
Kern: dunkelbraun bis violettschwarz	Jahresringe undeutlich, porenlos	Schleifstaub reizt Haut und Augen, insektenresistent
graugelb bis graubraun-olivgrau	wellig-gezackt, feine Fladerung, geradfaserig, seidig glänzend, Poren grob bis mittelgroß	insektenanfällig
hell- bis rotbraun, grau bis rötlich, Kern violettbraun,	Splint/Kern scharf getrennt, Jahresringe undeutlich, großporig bis feinporig, Pyramidenmaserung	insektenresistent
blassrosa, hellrot bis rotbraun	Spätholz schwach gefladert, Poren mittelgroß und deutlich sichtbar, Faserverlauf unregelmäßig leicht glänzend	insektenresistent, Schleifstaub reizt Haut und Augen, Nussbaumersatz
Splint weißgrau, Kern oliv- bis violettbraun	Poren fein bis mittel, Markstrahlen fein sichtbar, geradfaserig, Spätholz dunkler	insektenresistent, Schleifstaub reizt Haut und Augen
rötlich-violett schwarzstreifig	teilweise wellige Maserung, großporig, Jahresringe undeutlich	insektenresistent, duftet süßlich, Schleifstaub reizt Haut und Augen
rosarot mit gelblicher Streifung	Stamm erreicht nur 25 cm im Durchmesser (daher sehr kostbar)	aromatischer Rosenduft
gelblich bis hellbraun	feinporig mit seidigem Glanz	beliebtes Furnierholz des 18. Jh.
Splint weißlich, Kern gelblich-grau, blass bräunlich	Frühholz großporig, Spätholz feinporig, wellig-gezackte Fladerung, riegelwüchsig, geradfaserig	dem Rüster ähnlich
Splint weißgrau, Kern goldbraun	Jahresringe deutlich, geradfaserig, Poren sichtbar, mittelgroß, halbringporig, oft schwärzliche Zeichnung	ölige Inhaltsstoffe, Schleifstaub reizt Haut und Augen, Geruch leicht ranzig, insektenresistent

Borke Äußere Schicht des Baumstamms und ungeeignet für den Möbelbau

Dickenwachstum Sekundäres Wachstum eines Baums zwischen Rinde und Holz, dem sogenannten Kambium

Drehwuchs Schraubenförmiger und nicht mit der Stammachse gleichlaufender Wuchs

Farbe Typisches Holzmerkmal, meist im Kernholz besonders ausgeprägt. Veränderlich durch Feuchtigkeit, Alter, UV-Strahlen

Farbstreifen Unterschiedliche Färbung im Kernholz. Im radialen Längsschnitt als Farbstreifen, im Tangentialschnitt als Farbfladern erkennbar

Faser Aus Stützzellen bestehendes Gerüst des Holzes. Geben ihm Halt und Festigkeit. Je nach Länge der Faserzellen unterscheidet man zwischen kurzfasrigem und langfasrigem Holz

Fladern Kegelartiges bis ovales Maserbild, das beim „flachen" tangentialen Anschnitt entsteht

Art	Weitere Sorten oder andere Bezeichnungen	Struktur
Eibe	Deutsches Ebenholz	Kernholz; schwer, hart, dauerhaft, feinporig
Fichte	Blaufichte, Stechfichte (amerikanische Fichten: Pitchpine, Oregon Pine)	Reifholz; viele Harzkanäle, leicht, weich, elastisch, drehwüchsig
Kiefer	Föhre, Forche, Nordische Kiefer, Zirbelkiefer	Kernholz; viele Harzkanäle, mäßig leicht, gutes Stehvermögen, mittelfest
Lärche		Kernholz; feine Harzkanäle, leicht, hart, zäh, gutes Stehvermögen
Tanne	Weißtanne, Douglasie	Splintholz; weich, leicht, sehr astreich, schwindet wenig
Wacholder		Kernreifholz; fest, zäh, dauerhaft, schnellwüchsig

Fladerschnitt siehe Schnittrichtung

Frühholz Helle und weiche Holzschicht, die zu Beginn einer Wachstumsperiode entsteht (bei Nadelholz sehr ausgeprägt)

Gerbstoff In den Zellwänden eingelagerte Gerbstoffe und Farbpigmente, die dem Holz seinen typischen Farbton verleihen

Glanzstreifen Streifige Reflexion bei Holz mit Drehwuchs auf der radial aufgeschnittenen Fläche

Hartholz Holz der Laubbäume. Der Zellaufbau des Laubholzes ist vielschichtiger als der des Nadelholzes, daher haltbarer, fester und elastischer

Harzflecke Durch Harz oder harzartige Ausscheidungen verursachte braune, klebrige Flecke

Harzkanäle Mit Harz angefüllte Hohlräume, die meist in Faserrichtung verlaufen

Herz Im Stamminneren, umgeben von Kernholz, liegt das Herz (der Kern) des Baums, auch Mark genannt

Holzbild Alle Farb- und Strukturmerkmale, die zusammen das Aussehen einer Holzart bestimmen

Holzstrahlen siehe Markstrahlen und Spiegel

Holztüpfel Kleine Öffnungen im Zellsystem, die den Saftaustausch bewirken, und bei Verletzung des Baums die Zellen mit harzähnlicher Flüssigkeit verschließen

Jahresring Wachstumsablauf des Baums innerhalb eines Jahres. Frühholz und Spätholz zusammen ergeben einen Jahresring.

Kalkflecke Graue oder fast weiße Flecke, meist im Kernholz durch Zellbildung mit hellfarbigem Inhalt

Kambium Zwischen Splintholz und Bast liegende Wachstumsschicht, die durch Zellteilung nach innen Holzzellen, nach außen Bast und Rinde bildet (siehe auch Dickenwachstum)

Kernholz Der vom Splintholz ringförmig umgebene, meist dunkler gefärbte innere Teil eines Stamms. Kernholz ist hart, beständig und ausgereift

Kernreifholz Holz, bei dem alle drei Merkmale des Splint-, Reif- und Kernholzes erscheinen (dreifarbig), z. B. Esche, Ulme

Längenwachstum Primäres Wachstum des Baums durch Zellteilung in den Wurzeln, Ästen und Zweigen

Farbe	Maserung	Besonderheiten
Splint gelblich, Kern rotbraun bis bläulich-schwarz	Jahresringe deutlich, Kern/Splint scharf abgegrenzt, Spiegel undeutlich	sehr hartes Holz, wird als Ebenholzersatz verwendet, in Europa sehr selten geworden
gelblich; dunkelt rötlich nach	Jahresringe unterschiedlich breit, deutlich zu erkennen, helles Früh-, dunkles Spätholz, Spiegel schwach, porenlos, langfaserig	
Splint weiß, Kern gelblich bis rötlich-braun	Jahresringe deutlich, Spätholz scharf getrennt vom Frühholz, geradfaserig, porenlos	
Splint rötlich-gelb, Kern gelblich-braun bis rötlich	Jahresringe deutlich, Spiegel kaum, grobfaserig, Spätholz leicht glänzend, porenlos	
gelblich-braun	Jahresringe deutlich, Spiegel kaum, grobfaserig, Spätholz leicht glänzend, porenlos	
Splint gelblich-weiß, Kern gelbbraun	Jahresringe/Spiegel undeutlich, Astmaserung als dunkle Tupfen, porenlos	

Lignin Harzartiger Stoff, der durch Ablagerungen von Eiweiß, Zucker, Salz im Holz gebildet wird und ihm Festigkeit verleiht

Mark siehe Herz

Markflecke Rosabraune Fleckchen, die nach dem Befall von Insekten (Minierfliege) in der äußeren Wachstumsschicht entstehen

Markstrahlen Verleihen dem Holz Festigkeit quer zur Holzfaser.
In ihren Speicherzellen leiten sie Aufbaustoffe von außen nach innen. Bei einigen Holzarten als sehr deutlich von innen nach außen verlaufende Zeichnung zu erkennen

Maserholz Vom normalen Wuchs durch Faserwirbel abweichende Strukturen, z. B. im Wurzelbereich, in Knollen, Astgabelungen. Wichtiges Holzerkennungsmerkmal

Maserung Mit der Holzfaser verlaufendes Strukturbild des aufgesägten oder aufgeschnittenen Holzes (siehe auch Schnittrichtung)

Massivholz siehe Vollholz

Poren Leitzellen oder Gefäßzellen in der Form feiner Röhren, die für die Wasserversorgung im Holz zuständig sind und im Querschnitt als runde oder ovale Öffnungen, im Längsschnitt als rillenartige Vertiefungen erscheinen. Man unterscheidet zwischen grobporigem, mittelporigem und feinporigem Holz. Nadelhölzer sind porenlos

Pyramidenmaserung Maserungsbild bei tangentialem Schnitt durch Gabelung von Stämmen mit gleichem Durchmesser. Beliebte Maserung besonders bei Mahagoniholz

Quellung Vergrößerung des Holzvolumens durch Feuchtigkeitsaufnahme

Querschnitt siehe Schnittrichtung

Reaktionsverfärbung Durch die Verbindung bestimmter Gase bzw. Abgase (meist Ammoniak) oder Metall (meist Eisen) mit chemisch sauren Hölzern (z. B. Gerbsäure in der Eiche) verursachte Verfärbung. Wasser oder hohe Luftfeuchtigkeit sind dabei als Überträger erforderlich

Reifholz Einfarbig ineinander übergehendes Splint- und Kernholz

Resistenz siehe Witterungsfestigkeit

Riegelwuchs Wellenförmige Veränderung der Zellstränge quer zur Faserrichtung. Häufig bei Ahorn und Nussbaum. Je nach Lichteinfall erscheinen die „Riegel" auf der Holzoberfläche als Hell-Dunkel-Schimmer

Rinde Schicht unter der Borke. Schützt die empfindliche Wachstumsschicht (Kambium). Ungeeignet für den Möbelbau

Ringporig Im Holzquerschnitt sichtbare Ringe aus eng anliegenden Poren im Frühholz abwechselnd mit Ringen aus kleinen Poren im Spätholz. Im radialen Aufschnitt als Streifen, im tangentialen Aufschnitt als Poren-Flader sichtbar

Schnittrichtung Aufteilung eines Stamms mit verschiedenen Schnitten: Querschnitt (Hirnschnitt), Fladerschnitt (Tangentialschnitt), Spiegelschnitt (Radialschnitt, auch Rift- oder Quartierschnitt)

Schwindung Verkleinerung der Abmessungen und damit auch des Volumens von Holz infolge von Feuchtigkeitsabnahme

Spätholz Auf das Frühholz folgendes, bei Laubhölzern meist porenarmes, bei Nadelhölzern sehr dunkelfarbiges, hartes Holzwachstum. Spätholz ist der zweite Austrieb im Jahr und bildet den Abschluss einer Zuwachszone, d.h. den Jahresring

Speicherzellen Dünnwandige, in Faserrichtung laufende Nahrungszellen, die oft abweichend gefärbt sind

Spiegel siehe Holzstrahlen oder Markstrahlen

Spiegelschnitt siehe Schnittrichtung

Splintholz Etwa 3–5 cm dicke, helle Holzschicht zwischen Rinde und Kernholz. Porös und anfällig für Insekten

Stehvermögen Verhalten des Holzes in Maß und Form bei sich ändernder Luftfeuchtigkeit

Struktur Wachstumsmerkmale, die durch unterschiedliche Zellentwicklungen entstehen, wie abartiger Wuchs oder unterschiedliche Porengröße. Farbveränderungen gelten nicht als Strukturmerkmal

Thyllen Blasenartige Zelleinwüchse, die die Poren verschließen und damit das Arbeiten des Holzes verhindern. Nicht im Splintholz

Verziehen Formveränderung des Holzes in Richtung der Kanten und der Fläche

Vollholz (Massivholz) Das in seiner gewachsenen Struktur verarbeitete Holz

Wechseldrehwuchs Spiralig drehende Zellschicht um die Stammachse. Im Aufschnitt als matte und glänzende Streifung sichtbar. Wachstumsmerkmal einiger exotischer Baumarten

Weichholz Holz der Nadelbäume. Zellaufbau des Nadelholzes ist einfacher strukturiert als das des Laubholzes. Daher poröser, weicher und weniger haltbar

Witterungsfestigkeit Widerstandsfähigkeit des Kernholzes im Feuchtzustand

Zeichnung siehe Farbe

Zerstreutporigkeit Querschnitt wie Längsschnitt ohne bedeutende Porenmerkmale, da gleichmäßig, also zerstreut angeordnet

Zuwachszone siehe Jahresringe, Frühholz/Spätholz

Zellulose Wichtigster chemischer Bestandteil des Holzes. Hauptbestandteil von Zellstoff, Papier, Lack

Holzbearbeitung und Werkzeugschliff

Die Leistung eines Werkzeugs hängt nicht nur von seiner Qualität, sondern ganz entscheidend von der Pflege und dem Schliff ab. Auch die beste Säge wird eines Tages stumpf, Stemm- und Hobeleisen werden unscharf, und Ziehklingen nehmen keinen Span mehr ab.

Die sorgfältige Pflege aller Werkzeuge ist daher Voraussetzung für eine gute Restaurier- und Schreinerarbeit. Um jederzeit über scharfes Werkzeug zu verfügen, müssen alle schneidenden Werkzeuge von Zeit zu Zeit geschärft, geschliffen oder geschränkt werden. Wie alle handwerklichen Arbeiten, erfordert dies allerdings Übung und Geduld.

Gut abgelagertes und trockenes Holz kann mit feinem Schnitt, d.h. wenig geschränkt und „schwach auf Stoß" gesägt werden.

Die Säge

Bei Gestellsägen muss man auf richtige Spannung achten. Zu schwach gespannte Sägen „flattern", überspannte Sägen lassen sich nur schwer führen und sind nicht mehr „elastisch". Das Sägeblatt muss je nach Gebrauch gut ausgerichtet sein und darf nicht „windschief" verspannt werden. Nach Gebrauch ölt man das Sägeblatt leicht ein. Dies vermindert die Reibung beim Sägen und verhindert das Ansetzen von Rost. Eine Säge muss mit leichter Hand geführt werden. Sie darf nicht mit Kraft in das Holz „gedrückt" werden, da sie sonst „verläuft". Die Säge verkantet oder verklemmt oft nur, weil der Druck auf die Säge zu stark und verkrampft ist. Sie sollte leicht wie ein Geigenbogen geführt werden.

Werkzeuge zum Schränken und Schärfen der Säge

▷ Sägefeilkloben (für Hand- und Spannsägen),
▷ Schränkzange,
▷ verschiedene Dreikantfeilen

Schränken der Handsäge
Bei der Säge kommt es auf die Form der Sägezähne, deren Winkel und die richtige Schränkung an. Zahnhöhe und Zahnlänge der Säge müssen in einem bestimmten Verhältnis zueinander stehen, damit die Säge nicht klemmt oder „flattert". Die Zähne der Handsäge haben Dreiecksform. Je nach Form dieses Dreiecks ergeben sich verschiedene Schnittwinkel, und diese wiederum machen den Schnitt der Säge aus. Je größer der Schnittwinkel (über 90°), desto sauberer und feiner wird der Sägeschnitt. Man unterscheidet daher zwischen Sägen, die „stark auf Stoß", „auf Stoß" und „schwach auf Stoß" sägen. „Schwach auf Stoß" arbeitende Sägen eignen sich besonders zum feinen Sägeschnitt von Hartholz. Um zu verhindern, dass das Sägeblatt beim Sägen im Holz verklemmt (da sich bereits durchtrennte Holzfasern ausdehnen und somit der Reibungswiderstand stärker wird) vergrößert man die Schnittbreite des Sägeblatts, indem man die Sägezähne abwechselnd nach links und rechts auseinanderbiegt, oder wie der Schreiner sagt, schränkt. Je weiter dieses Schränken ausfällt, umso gröber wird der Sägeschnitt. Es ist also nicht allein die Größe des Schnittwinkels, sondern auch die Schränkung, die den Sägeschnitt bestimmt. Gut abgelagertes, trockenes Holz zum Restaurieren kann mit feinem Schnitt, d.h. wenig geschränkt und „schwach auf Stoß", aufgesägt werden. Grundsätzlich wird eine Säge zuerst geschränkt und dann geschärft.

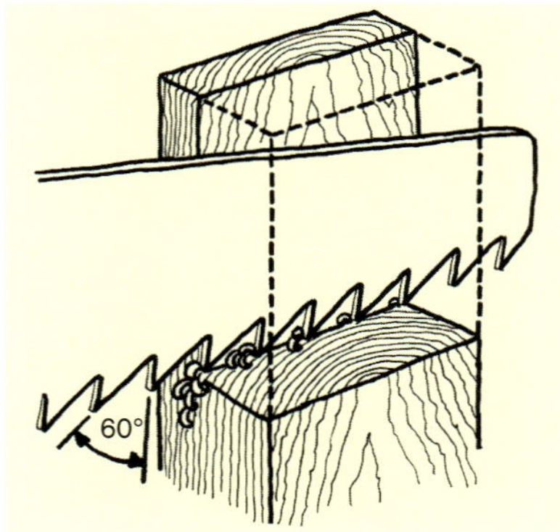

Die Schneide des Sägezahns, die Spitze, trennt den Span vom Holz. Die Zahnbrust reißt ihn seitlich ab.

Um eine gleichmäßige Schränkung des abgenutzten Sägeblatts wiederherzustellen, muss zuerst die alte Schränkung beseitigt werden, indem man (auf einer festen Holzunterlage) die Sägezähne mit dem Holzhammer begradigt, d. h. zurückschlägt. Dann wird mit der Schränkzange, die auf die entsprechende Schränkweite/Schränkhöhe eingestellt werden kann, gleichmäßig jeder zweite Zahn umgebogen. Zuerst wird die eine

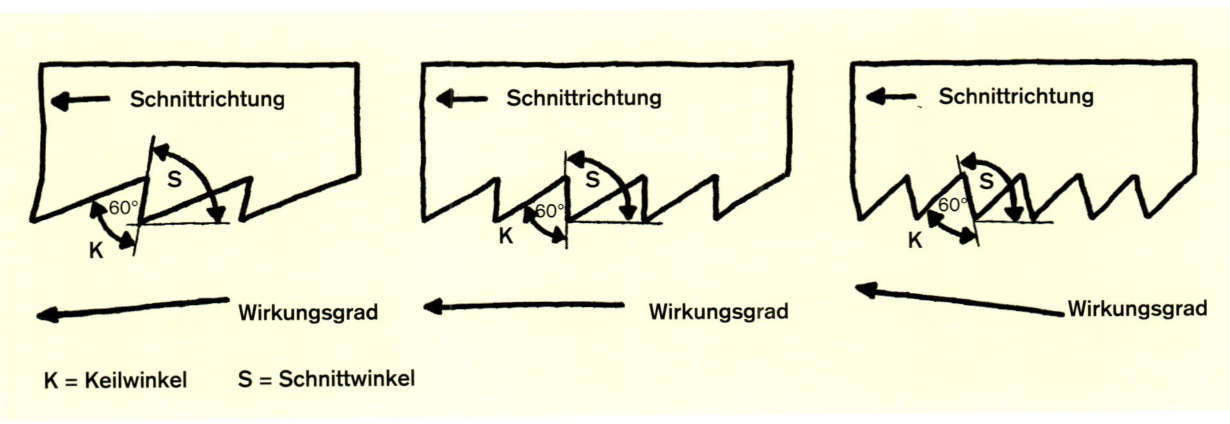

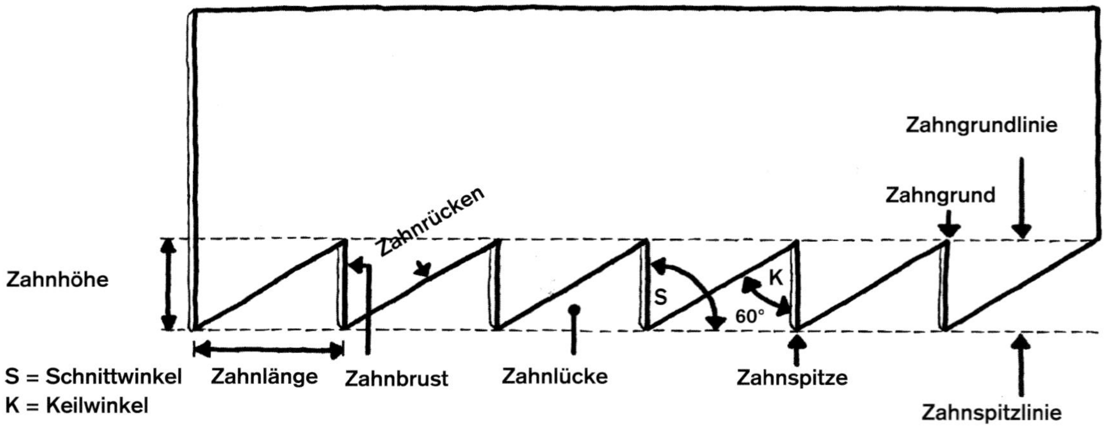

Bei der Säge kommt es auf die Form der Sägezähne an, deren Winkel und die richtige Schränkung.

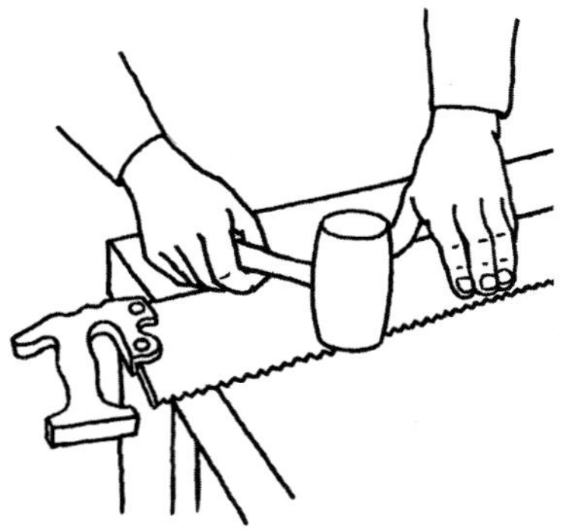

Schränken:
a Die alte Schränkung wird beseitigt, indem man, auf einer festen Holzunterlage, die Sägezähne mit dem Holzhammer begradigt.

Schränkungen der Säge
1 ungeschränkt
2 richtig geschränkt
3 zu weit geschränkt

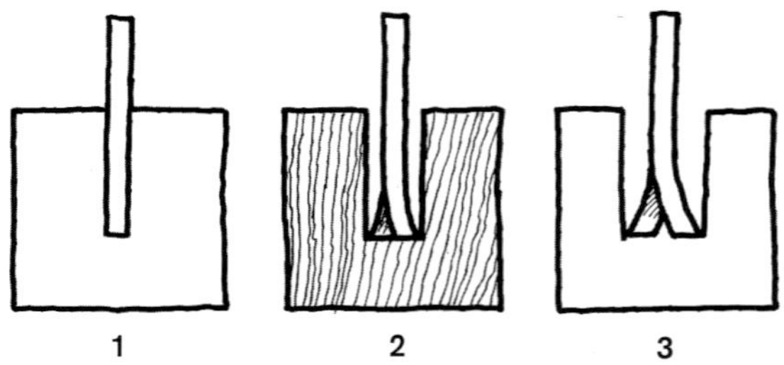

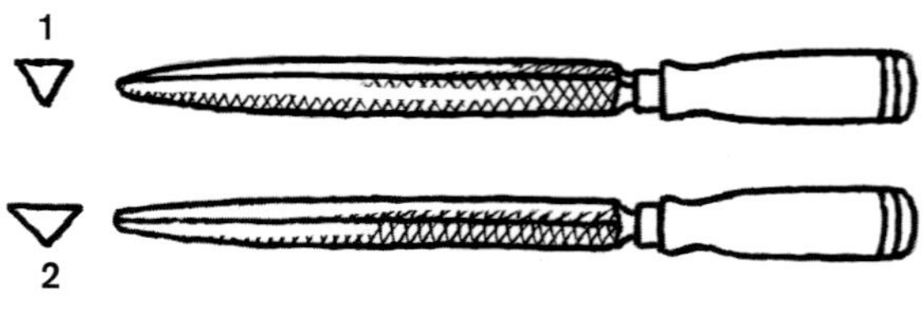

1 Dreikantfeile
2 Segmentfeile

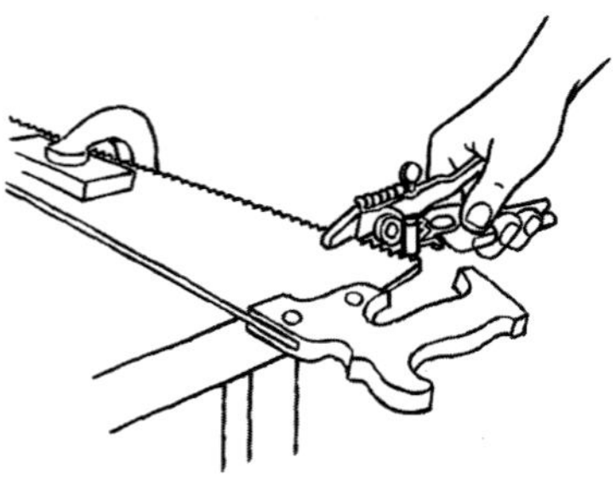

b Mit der Schränkzange, die auf die entsprechende Schränkweite/Schränkhöhe eingestellt werden kann, wird jeder zweite Zahn umgebogen.

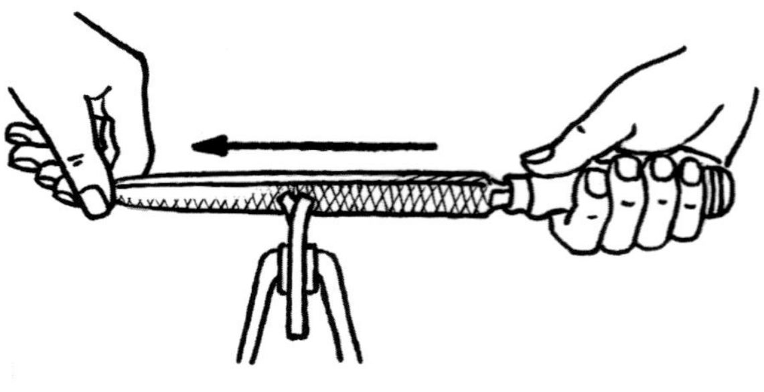

Waagerecht gehalten wird die Säge gefeilt, d. h. geschärft.

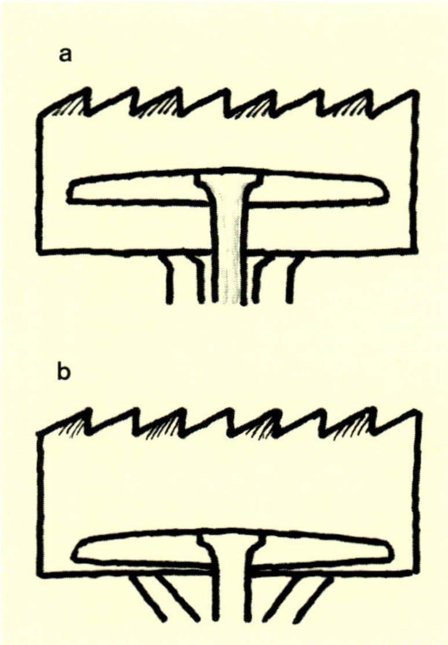

a Richtig eingespanntes Sägeblatt im Feilkloben
b Zu hoch eingespanntes Sägeblatt

Feilen (schärfen):
1 Das Feilen des Sägeblatts gegen den Stoß ist richtig,
2 falsch ist das Feilen mit dem Stoß

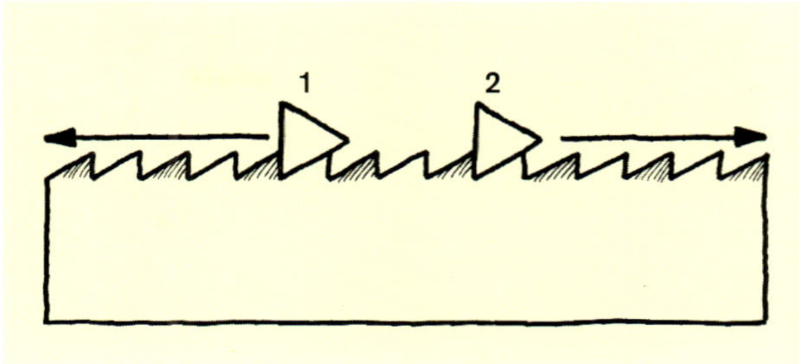

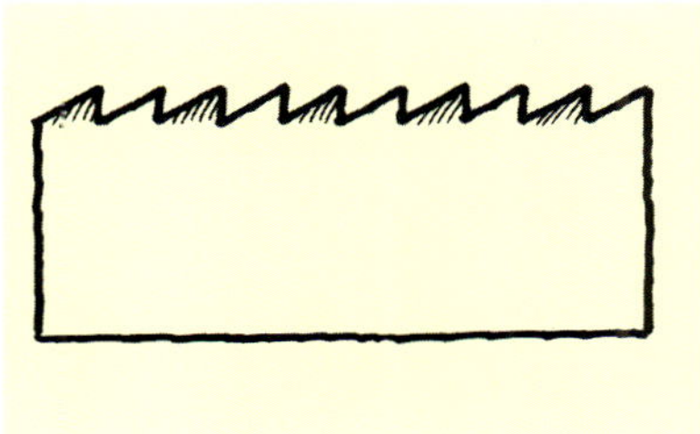

a Richtig, d.h. gleichmäßig gefeiltes Sägeblatt

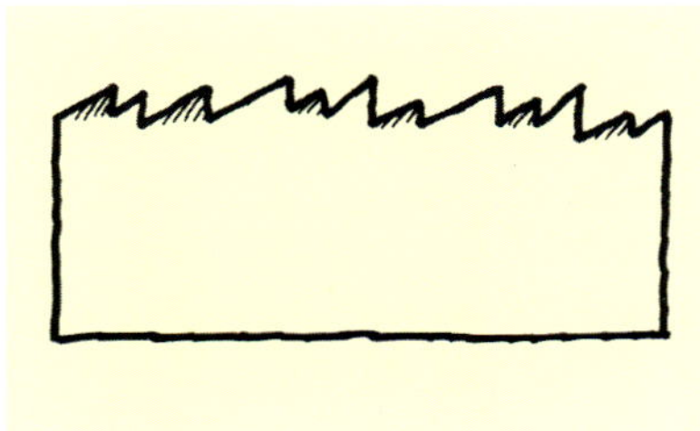

b Ungleichmäßig gefeiltes Sägeblatt

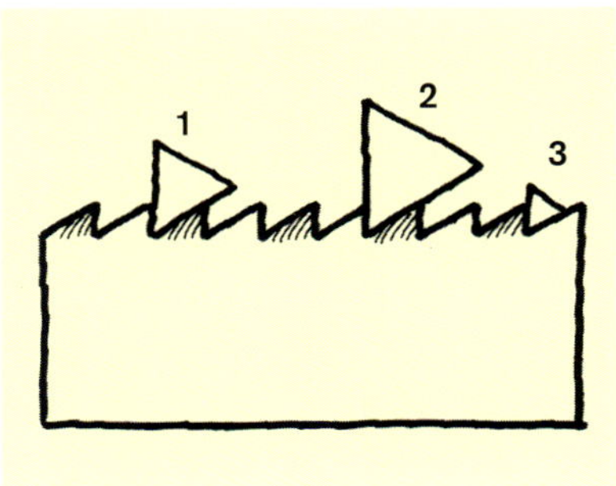

Die Größe der Feile ist
1 richtig
2 zu groß
3 zu klein

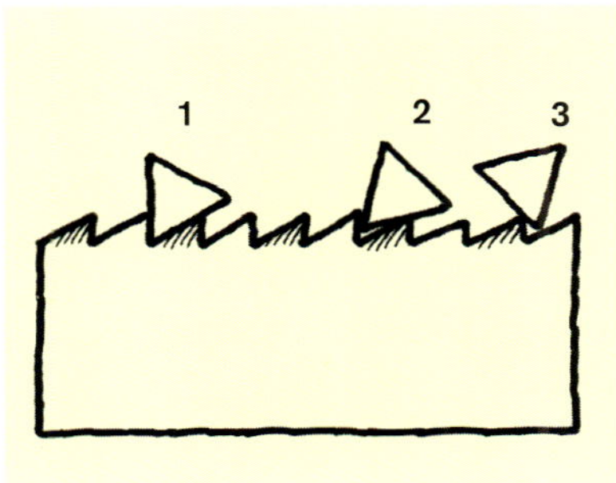

Die Auflage der Feile ist
1 richtig
2 und 3 verkantet

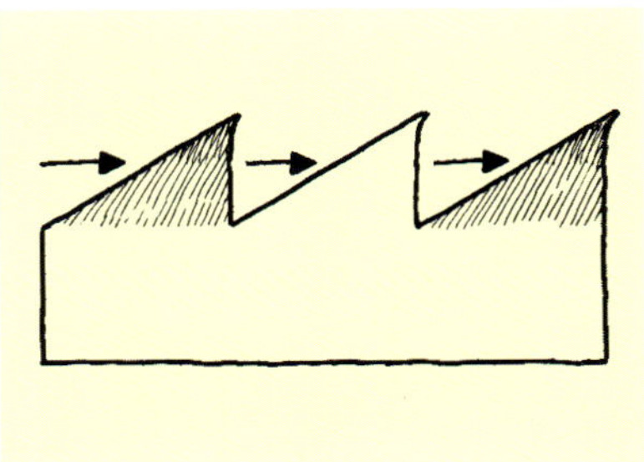

a Der letzte Feilstrich wird über den Zahnrücken geführt

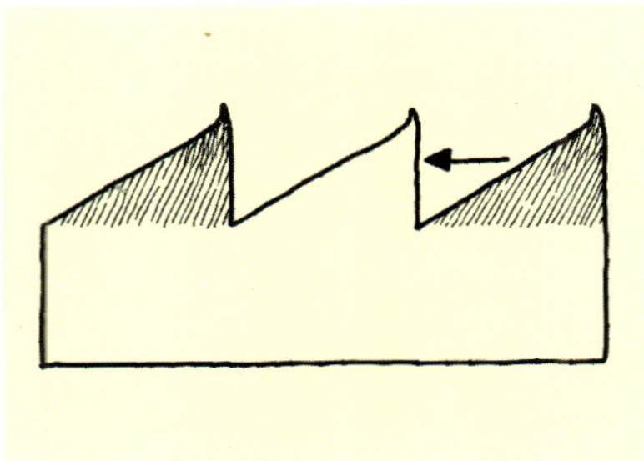

b Falsch ist der letzte Teilstrich gegen die Zahnbrust

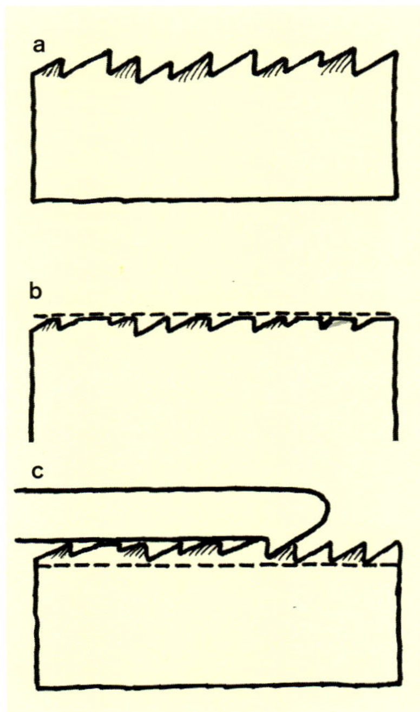

a Das Sägeblatt ist durch unsachgemäßes Schärfen verfeilt
b Das Blatt wird bis auf die Zahnspitzlinie abgerichtet
c Die Zähne müssen neu gefeilt werden (unter Verwendung einer Zahnlehre)

Seite des Sägeblatts bearbeitet, anschließend das Sägeblatt auf die andere Seite gedreht und wiederum jeder zweite Zahn geschränkt. Um den Anschlag der Schränkzange richtig einstellen zu können, richtet man sich nach dem äußersten und wahrscheinlich noch nicht abgenutzten Zahn des Sägeblatts. Zum Schränken spannt man das Sägeblatt in einen Feilkloben oder auch zwischen zwei Holzstücke ein, so dass etwa die Hälfte des Blatts übersteht. Schraubenzieher, Feilen oder Ziehklingen sind keine geeigneten Schränkwerkzeuge, da die Sägezähne damit verformt werden.

Schärfen (Feilen) der Handsäge

Nach dem Schränken werden die stumpfen Sägezähne geschärft (gefeilt). Man benötigt dazu einige Dreikantfeilen mit verschiedenen Kantenwinkeln, um die Sägezähne stärker oder schwächer „auf Stoß" zu feilen. Das Sägeblatt feilt man *gegen* den Stoß.

Neue Feilen sollten leicht eingeölt werden, bevor sie zum Schärfen benutzt werden.

Zum Schärfen des Sägeblatts wird dieses so in den Feilkloben eingespannt, dass die Zahnung (Zahngrund) etwa 3 mm über den Feilkloben hinausragt. Nur der jeweils fest eingespannte Teil des Blatts wird gefeilt. Die der Zahnung entsprechende Feile wird mit beiden Händen waagerecht, im Winkel von 60° zum Sägeblatt, mit gleichmäßigem Druck vom Körper weggeschoben. Die Feile liegt dabei fest an Zahnbrust und Zahnrücken an. Dann wird sie hochgehoben, auf den nächsten Zahn gesetzt und wieder durchgeschoben bzw. durchgefeilt. Immer ist die Feile dabei mit gleichem Druck und mit gleicher Haltung zu führen. Feilt man die Sägezähne mit ungleichem Druck oder mehreren Strichen, werden sie unregelmäßig und „hackern" später beim Sägen. Abschließend zieht man mit der Feile einen Grat an, indem man *mit* dem Stoß über den Zahnrücken fährt und diesen dabei durch den Grat verlängert.

Wann muss eine Säge geschärft werden?

Um zu prüfen, ob eine Säge noch die nötige Schärfe hat, fährt man mit dem Daumen leicht über die Zahnspitzen. Sind diese nicht mehr scharf, sondern fühlen sie sich stumpf an, sind sie abgenutzt und müssen wieder hergerichtet werden.

Das Aufarbeiten einer Säge ist, wie das Schärfen aller Werkzeuge, eine schwierige Arbeit, die oft geübt werden muss. Die Qualität eines Werkzeugs spielt dabei aber eine ebenso wichtige Rolle.

Wurde eine Säge durch unsachgemäßes Schärfen verfeilt, so muss die Zahnung mit einer Flachfeile durch Abfeilen zuerst abgerichtet werden, um sodann die Zähne, mehr oder weniger geschränkt, auf eine neue Zahngrundlinie ausfeilen zu können.

Das Stech- oder Stemmeisen

Sehr häufig muss beim Restaurieren mit dem Stemmeisen gearbeitet werden. Immer wieder sind es ausgebrochene Verbindungen, ausgerissene Scharniere und viele andere Riss- und Bruchstellen im Holz, die neu ausgestemmt und ausgebessert werden müssen.

Der sichere Umgang mit dem Stech- oder Stemmeisen ist daher Voraussetzung für das Restaurierhandwerk.

Sicherer Umgang mit dem Stemmeisen ist Voraussetzung für das Restaurierhandwerk.

Der Schreiner unterscheidet zwischen Stemmen und Stechen. Das Stemmeisen wird nur mit dem Schlag des Holzhammers in das Holz getrieben, beim Stecheisen, auch Stechbeitel genannt, reicht dagegen oft schon der Druck des Handballens, um das Holz auszustechen. Im Allgemeinen ist das Stemmeisen robuster geformt und daher eher das Werkzeug des Zimmermanns.

Für die Restaurierwerkstatt ist ein Satz von sechs Stecheisen in der Breite von 4 – 24 mm empfehlenswert.

Beim Ausstechen von Zapfenlöchern oder Vertiefungen für Einsteckschlösser arbeitet man mit dem Lochbeitel, dessen Klinge besonders fest ist. Die Stärke der Klinge ist größer als ihre Breite, um ihr Durchbiegen oder Abbrechen beim Ausstechen zu verhindern. Wo auf engstem Anriss quer oder längs gestemmt werden muss, und wo die Länge des Eisens beim Ausstemmen eher hinderlich sein kann, arbeitet man mit dem Riegellocheisen. Zum Ausstemmen runder Löcher benutzt man das Hohleisen.

Beim Stemmen (oder Stechen) muss das Werkstück fest auf einer ebenen Unterlage eingespannt sein. „Hohlgespannt" oder „frei" und ohne Unterlage kann das Holz nicht bearbeitet werden. Es würde beim Stemmen unkontrolliert ausbrechen, ausreißen oder absplittern. Beim Stemmen ist immer auf den Holzfaserverlauf zu achten. Bei ungünstigem Faserverlauf kann das Stemmeisen außerhalb des eigentlichen Anrisses in die Holzfaser „verlaufen". In solchen Fällen muss von der entgegengesetzten Richtung oder sogar schräg zum Faserverlauf gestemmt werden.

Wo die Kraft auf das Stecheisen stärker sein muss, als es nur mit dem Druck des Handballens möglich ist, verwendet man einen Holzhammer (also nicht den Tischlerhammer). Der Holzhammer, auch Holzknüppel oder Holzklüpfel genannt, ist meist aus Weißbuche gefertigt, aus dem gleichen Holz wie „Heft" und „Schlagknopf" des Stecheisens. Der Schlag des Holzhammers ist elastischer als der des Tischlerhammers und schont den Schlagknopf des Stecheisens beim Draufschlagen.

Beim Stemmen (Stechen) wird das Stecheisen fest mit der rechten Hand umfasst und mit dem Schlag des Hammers, senkrecht und dem Anriss entsprechend, das Holz ausgestemmt. Durch schräges Gegenstemmen hebt man die gelösten Holzspäne ab. Die Schläge des Holzhammers müssen locker aus dem Armgelenk kommen. Das Heft des Stemmeisens darf dabei nicht verkrampft gehalten werden und sollte durch die Hammerschläge vorwärts „getrieben" werden. Auf die jeweilige Stemmtechnik bei den verschiedenen Restauriervorgängen wird im Kapitel der konstruktiven Restaurierbeispiele näher eingegangen.

Schärfen des Stecheisens

Die Fase des Stech- oder Stemmeisens nutzt sich, wie alle schneidenden Werkzeuge, ab und muss

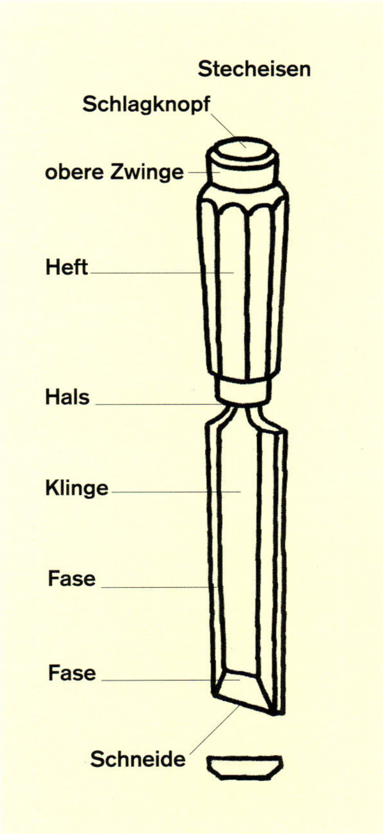

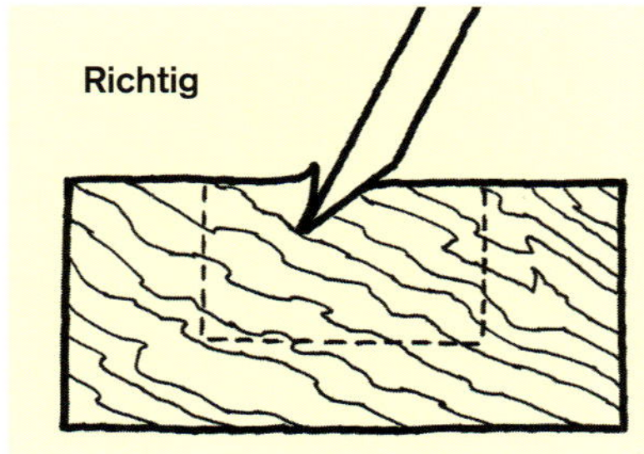

Beim Stemmen ist auf den Holzfaserverlauf zu achten. Das Stemmen gegen den Faserverlauf ist richtig, da die Holzfaser dabei durchtrennt wird.

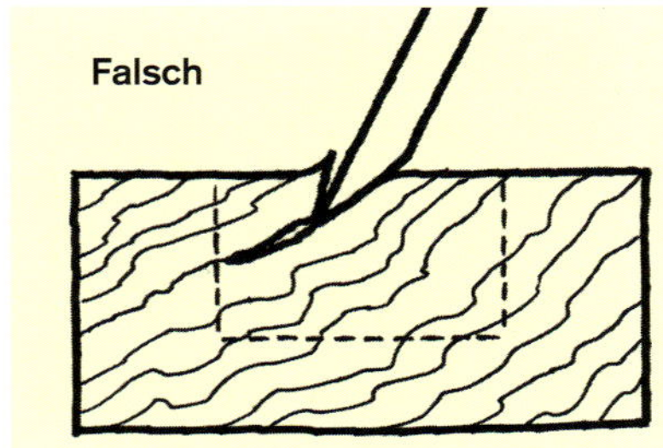

Falsch ist das Stemmen mit der Holzfaser, da hier das Stemmeisen unkontrolliert in die Faser verläuft.

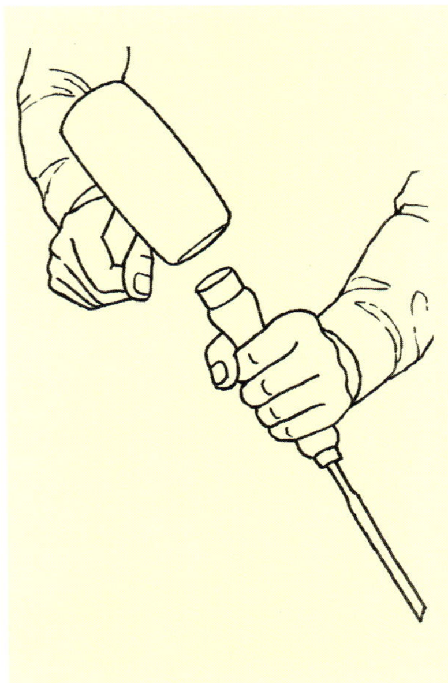

Das Stemmeisen wird mit dem Schlag des Holzhammers in das Holz getrieben.

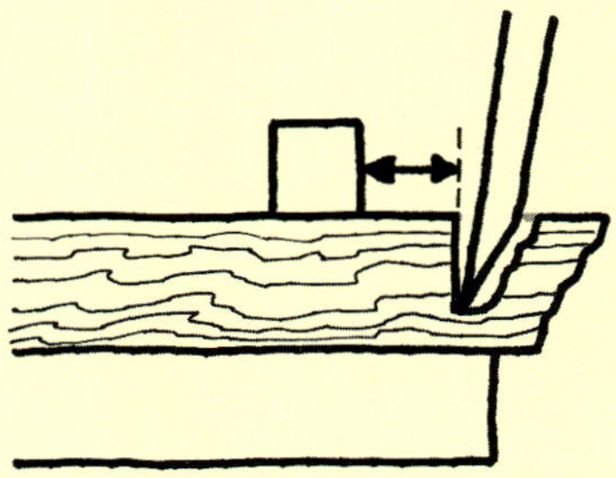

1

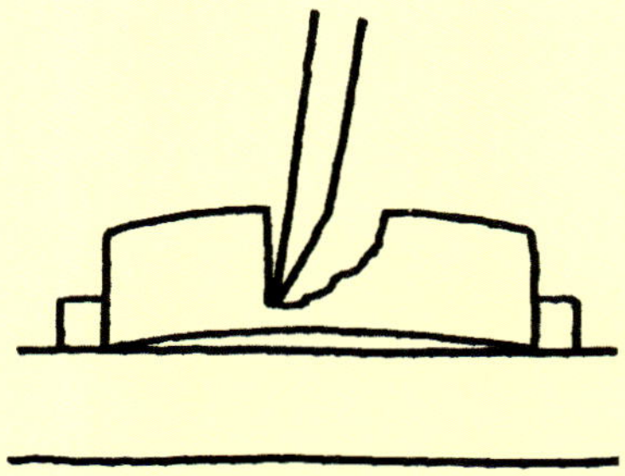

2

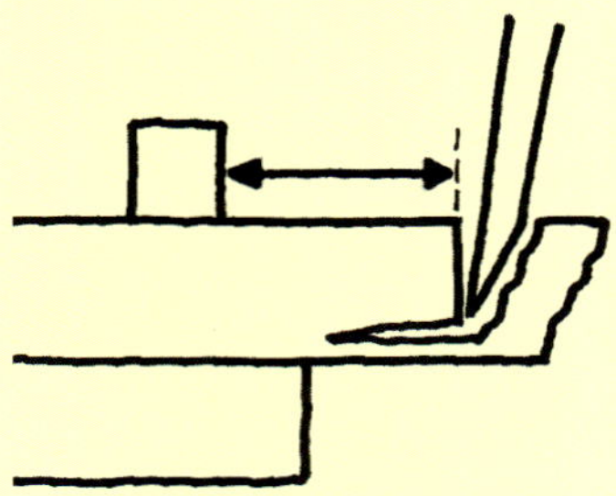

3

1 Beim Stemmen muss das Werkstück in der Hobelbank fest und eben eingespannt werden.

2 Das auszustemmende Holz ist hier zu fest, d. h. „hohl“ eingespannt.

3 Das Holz ist hier falsch eingespannt, da es frei und ohne Unterlage liegt.

von Zeit zu Zeit wieder scharf geschliffen werden. Hierfür lohnt sich die Anschaffung einer elektrischen Schleifmaschine, die es in mehreren Ausführungen für den Trocken- oder Nassschliff gibt. Wird trocken geschliffen, besteht allerdings die Gefahr, dass das Eisen verglüht und unbrauchbar wird.

Beim Kauf einer elektrischen Schleifmaschine ist genau auf die Breite der Schleifscheibe zu achten. Sie sollte 40–50 cm breit sein, da nicht nur Stemmeisen, sondern auch Hobeleisen darauf geschliffen werden. Es ist außerdem wichtig, dass die Schleifmaschine mit einer Einspannvorrichtung oder Auflage für den Schleifvorgang versehen ist, damit die Schneide des Eisens beim Schleifen im richtigen Winkel angelegt werden kann. Dieser Zuschärfwinkel (Keilwinkel) liegt bei etwa 25°.

Schleifscheiben sind entweder aus Siliziumkarbid, Korund (beides Kunstsandsteine) oder einem mehr oder weniger harten, feinkörnigen Naturstein.

Beim Schleifen des Eisens auf dem Schleifstein muss die Spiegelseite möglichst geschont werden, denn entstehen Kratzer oder Scharten, wird man nicht mehr sauber mit dem Eisen ausstechen können. Außerdem muss beim Schleifen darauf geachtet werden, dass das Eisen so wenig wie möglich zurückgeschliffen wird, um annähernd die ursprüngliche Länge beizubehalten. Je kürzer die Klinge, desto schwächer wird die Stemmkraft.

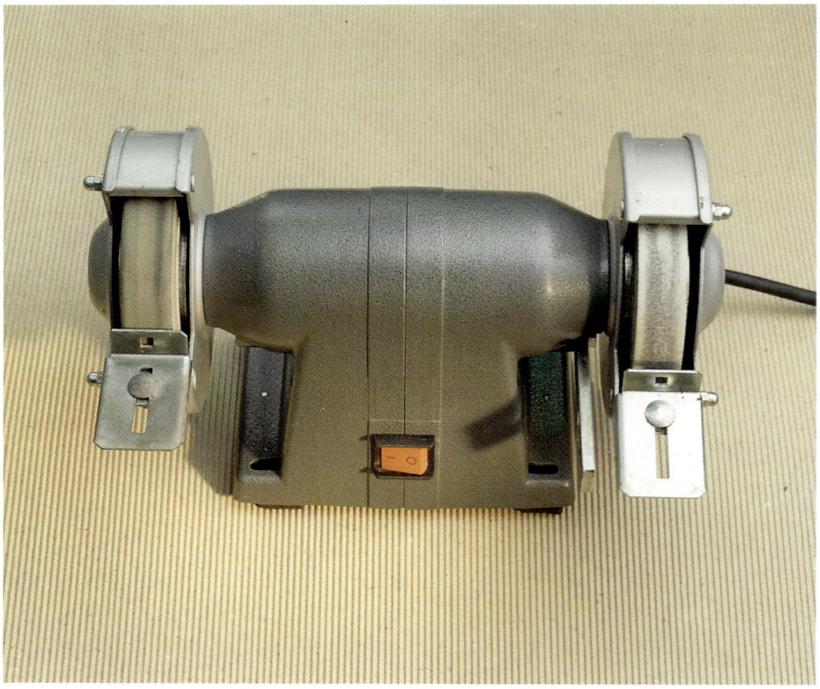

Trockenschleifgerät mit Abziehscheibe

Nachdem das Eisen auf dem Schleifstein im richtigen Winkel vorgeschliffen wurde, muss anschließend auf dem Abziehstein die Fase „abgezogen“ werden. Beim Vorschleifen auf dem Drehstein entstehen Schleifspuren und meist

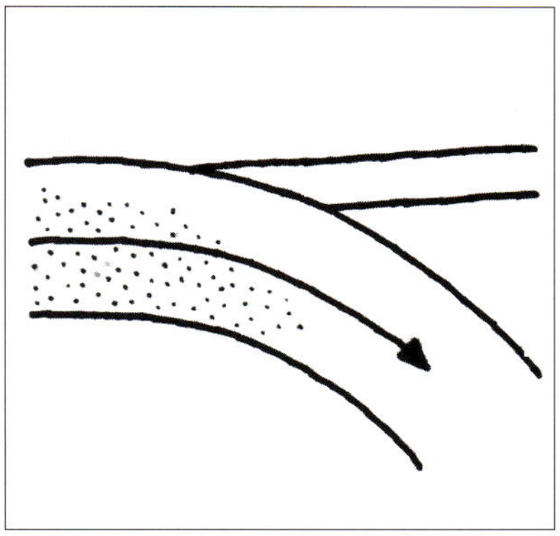

1 Auf dem Schleifstein wird das Eisen in einem Zuschärfwinkel von 25° vorgeschliffen und zwar gegen die Laufrichtung des Schleifsteins.

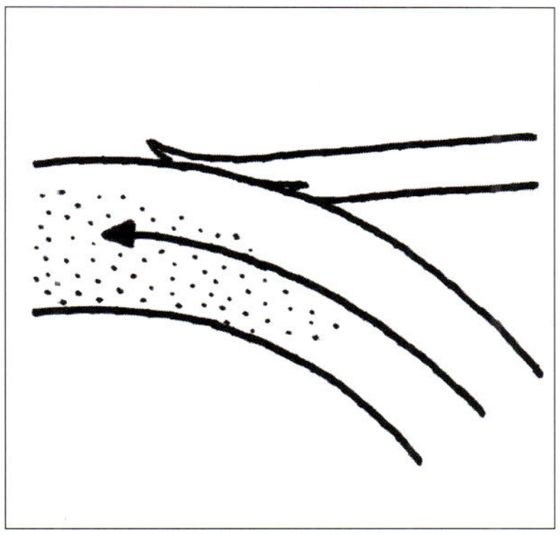

2 Das Stemmeisen darf nicht mit der Laufrichtung des Schleifsteins vorgeschliffen werden.

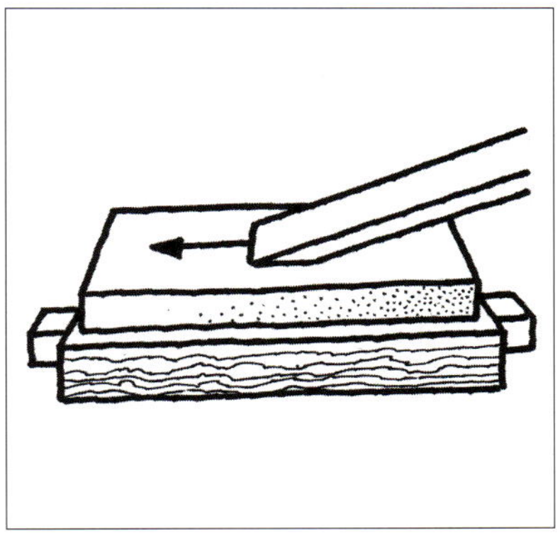

1 Auf dem Abziehstein wird die Fasenseite des Stemmeisens abgezogen.

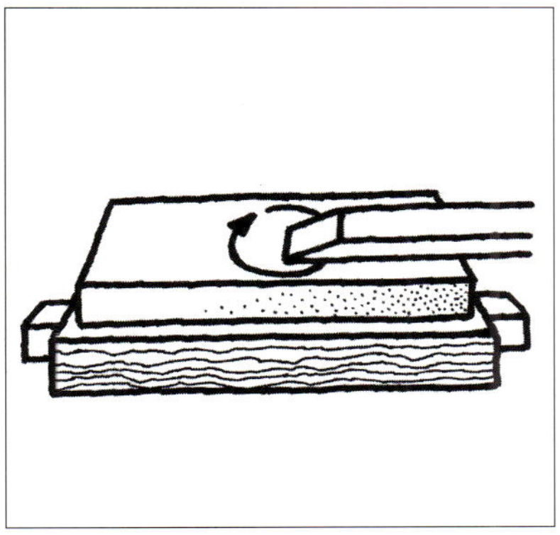

2 Ebenfalls wird die Spiegelseite des Stemmeisens auf dem Abziehstein feingeschliffen und abgezogen.

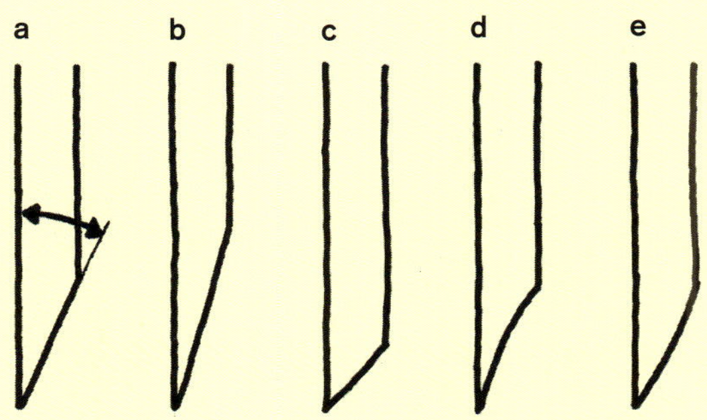

a richtig (Keilwinkel 25°)
b zu schlank
c stumpf
d hohl
e rund

Die Form der Fase entscheidet über sauberes Ausstemmen.

auch ein ungewollter Grat am Eisen. Beides muss wieder feingeschliffen werden. Dieser Feinschliff ist sehr sorgfältig auf einem guten Abziehstein durchzuführen, da er über die eigentliche Schärfe des Stecheisens entscheidet. Je nach Art und Körnung muss man den Abziehstein beim Feinschliff mit Öl oder Wasser einreiben. Ein sehr feinkörniger Naturstein ist z. B. der Arkansasstein – auch Ölstein genannt – der, wie der Name schon andeutet, vor dem Schliff eingeölt werden muss. Auf Pflege-, Benutzungs- und Aufbewahrungshinweise sollte je nach Steinsorte sorgfältig geachtet werden. Zum Feinschleifen wird das Stecheisen mit der Fase flach auf den Abziehstein gelegt, mehrfach vor- und zurückgestrichen und anschließend in kreisenden Bewegungen „abgezogen“. Wenn die Fase gut poliert ist, wird in gleicher Weise – wiederum flach aufgelegt – mit der Spiegelseite verfahren. Das Eisen ist dann scharf, wenn die Schneide in der Draufsicht „nicht sichtbar“ ist.

Fühlt sich das Stech- oder Stemmeisen stumpf an, an der Schneide sind aber keine Kratz- oder Gebrauchsspuren zu erkennen, so schleift man Fase und Spiegelseite, wie beschrieben, auf dem Abziehstein wieder fein und scharf. Ein Abziehstein ist mit den Abmessungen von etwa 6 x 12 cm nicht sehr groß und kann, damit er beim Abziehen nicht verrutscht, in einem entsprechend großen Holzrahmen befestigt werden. Mit diesem Rahmen kann der Stein zur besseren Handhabung auch in die Hobelbank eingespannt werden.

Der Hobel

hobeln
althochd.: Hügel, Höcker beseitigen

Um Holzoberflächen zu glätten, um Formveränderungen zu beseitigen, um dem Holz ein bestimmtes Profil zu geben, benutzt man den Hobel.

Bevor Maschinen wie Bandschleifer, Abrichte oder Oberfräse in die Schreinerwerkstatt Einzug hielten, war der Hobel Symbol und Inbegriff für Maß und Form bei der Holzarbeit, und das wichtigste Werkzeug für die Gestaltung der Holzoberfläche. Für den Restaurator nimmt der Hobel in all seinen Varianten immer noch einen bedeutenden Platz in der Werkstatt ein. Eine besondere Tradition für die Restaurierarbeit hat der Profilhobel. Zur Zeit des üppigen Barocks gab es für jedes zierende wie tragende Holzelement ein besonderes Hobelmesser und falls es fehlte, schliff man sich das gewünschte Profilmesser für den Hobel selbst zu. Das gilt übrigens auch heute noch für geübte Restauratoren. Da wo ein altes Profil ersetzt und nachgearbeitet werden muss, kann man sich die entsprechende Form aus einem neutralen Hobeleisen zurechtschleifen.

Das in einem Holzkasten, dem Hobel, eingekeilte Messer bestimmt durch sein jeweiliges Profil die Form des zu bearbeitenden Holzes. Die Hobelsohle hat in der Mitte eine schmale rechteckige Öffnung, das Hobelmaul, durch welche das Hobelmesser millimeterweise übersteht, um die Holzoberfläche zu bearbeiten. Damit das Hobelmesser in dieser Position verbleibt, muss es durch einen Holzkeil verklemmt werden.

Der gute Schliff des Hobelmessers, sein exaktes Einfügen und

Der Hobel ist Symbol und Inbegriff für Maß und Form bei der Holzarbeit.

Fausthobel, Holzhammer und ein Beispiel für eine verdeckte Schwalbenschwanzzinkung

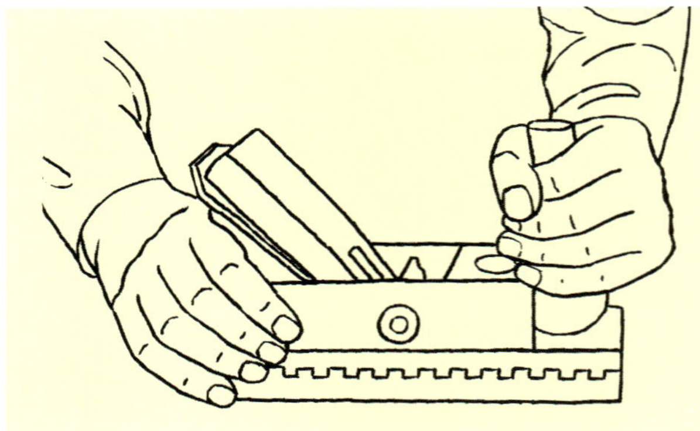

Zur Führung des Hobels mit Druck und Schub sind beide Hände erforderlich.

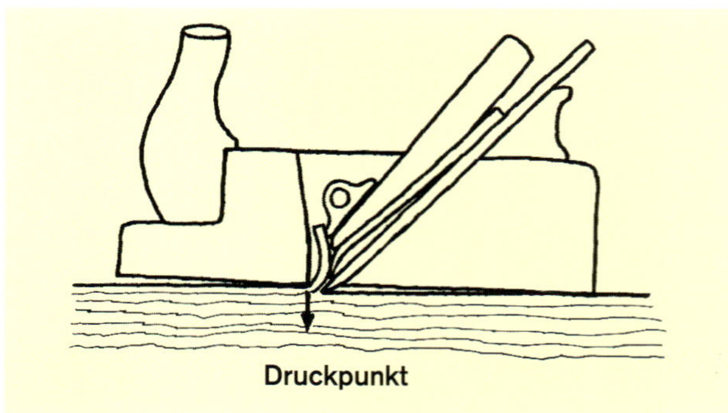

Hobel mit Hobeleisenklappe. Der Hobel hebt sich um die Dicke des abgehobelten Spans von der Holzfläche ab.

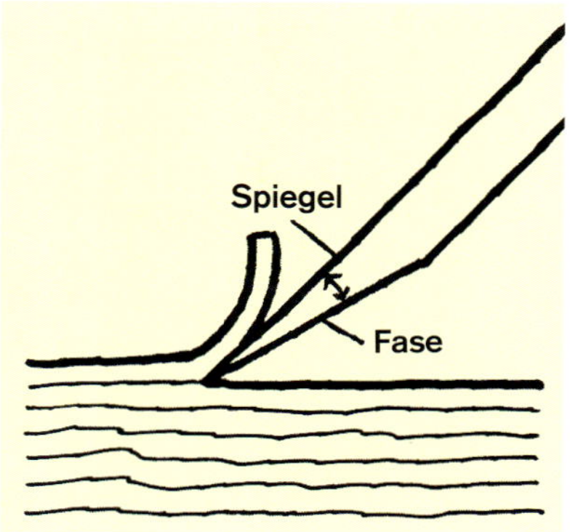

a Das Hobelmesser durchtrennt die Holzfaser am besten bei kleinem Keilwinkel (25°).

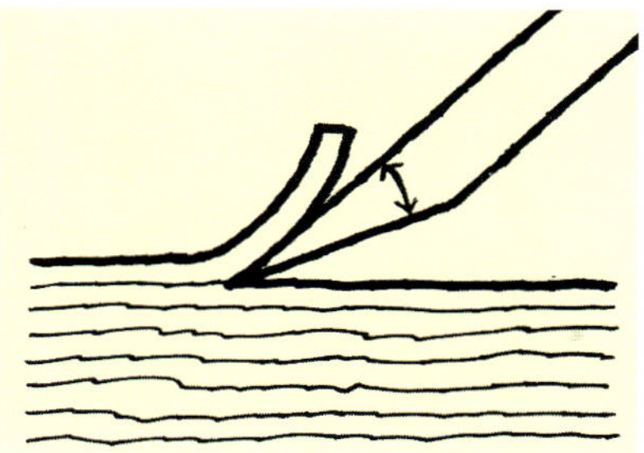

b Bei zu großem Keilwinkel wird die Arbeit erschwert, da das Holz größeren Widerstand bietet.

Verklemmen in den Hobelkasten sowie die Handhabung des Hobels überhaupt, gehören zu den handwerklich anspruchsvollsten Fertigkeiten eines Schreiners.

Für den noch Ungeübten lohnt es sich, auf einer festen Holzplatte das Glätten, Formen und Abrichten von Kanten, Profilen und Oberflächen mit unterschiedlichen Hobeln zu üben.

Das zu hobelnde Holz muss, wie auch beim Stemmen und allen anderen Holzbearbeitungen, fest und sicher in die Hobelbank eingespannt werden. Zur Führung des Hobels mit Druck und Schub sind beide Hände erforderlich. Jeglicher Druck kommt dabei unverkrampft, aber kräftig aus dem Handgelenk. Zu Beginn des Hobelvorgangs übt die linke Hand den Druck aus, während die rechte Hand den Hobel führt. Man nennt dies das „Anstoßen". Beim „Durchstoßen" übernehmen beide Hände Führung und Druck. Beim „Ausstoßen" am Ende des Werkstücks führt die linke Hand durch leichtes Anheben den Hobel ab. Beim Zurückziehen hebt man dann mit beiden Händen den Hobel etwas gekantet hoch, um wieder von vorne anzustoßen.

Anders als beim Sägen, wo die Arbeit „mit" oder „gegen" die Faser kaum Widerstand hervorruft, unterscheidet man beim Hobeln sehr genau zwischen dem Hobeln „mit der Faser", „gegen die Faser" und „vor Hirn". Am leichtesten geht das Hobeln „mit der Faser" von der Hand. Das Hobeleisen zieht dabei lange, glatte Holzspäne ab. Hierbei arbeitet man z. B. mit einem Schlicht- oder Doppelhobel. Beide haben einen Schnittwinkel von 45°. Bei Hölzern mit unregelmäßigem, wildem und wellenförmigem Maserungsbild hobelt man meist „gegen die Faser". Die Schneide des Eisens trifft dabei immer wieder auf einen anderen Faserverlauf. Der Span erscheint unregelmäßig und kurz. Es empfiehlt sich in solchen Fällen, mit einem Putzhobel zu arbeiten, der einen größeren Schnittwinkel (50°) hat und zu den schabenden Hobeln zählt. Das Behobeln von Hirnholz, also das Hobeln „vor Hirn", z. B. bei Zapfen oder Gehrungen, wird mit dem Hirnholzhobel ausgeführt. Die Schärfe und ein möglichst kleiner Schnittwinkel (30°) sind dabei sehr wichtig.

Mehrere Winkel bestimmen die Schärfe eines Hobels:

Der Schnittwinkel

Je steiler das Hobelmesser im Hobel eingekeilt ist, desto größer wird der Schnittwinkel und damit der Widerstand auf die Holzfaser. Beim Zahnhobel z. B. entsteht ein Schnittwinkel von etwa 80°. Bei einem kleinen Schnittwinkel wird

Die richtige Größe des Anstellwinkels beim Hobelmesser ergibt sich aus Keilwinkel und Schnittwinkel.
a Großer Anstellwinkel
b Kleiner Anstellwinkel
c Ist der Anstellwinkel gleich Null, so wird die Schneidwirkung unkontrolliert oder sogar aufgehoben.

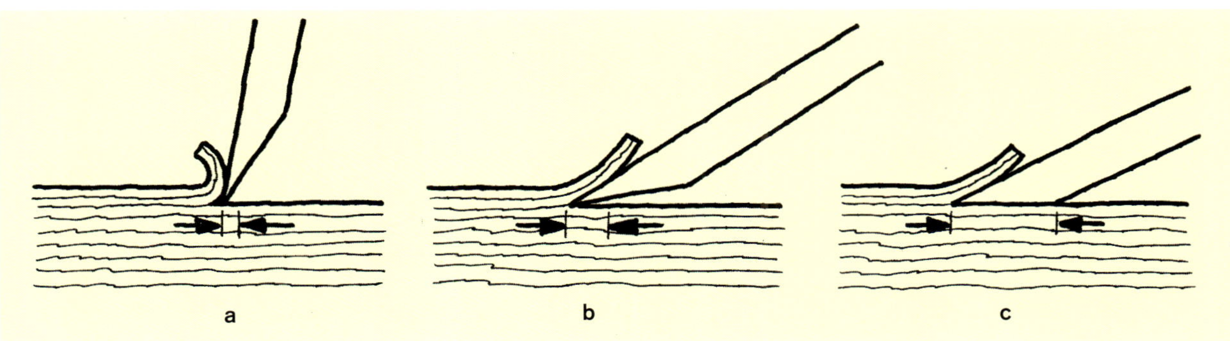

1 Zum Schärfen spannt man die Ziehklinge in den Schraubstock, und feilt mit einer feinen Flachfeile rund um die Kanten.

2 Auf dem Abziehstein werden die Kanten der Klinge fein abgezogen.

3 Es ist wichtig, dass die Ziehklingenkanten auch beim Abziehen rechtwinklig bleiben.

4 Mit dem Ziehklingenstahl wird ein Grat „angezogen“, der die eigentliche Schärfe der Klinge ausmacht.

mit geringem Widerstand gehobelt, und der Span kann leicht gelöst werden.

Der Schnittwinkel bestimmt also die Verwendung der jeweiligen Hobelart, einmal abgesehen von der Profilform eines Hobelmessers.

Der Keilwinkel
Bereits vom Stecheisen her bekannt, ergibt er sich aus der Länge der Fase und liegt bei 25°. Je kürzer die Fase eines Eisens ist, desto größer ist der Keilwinkel.

Der Anstellwinkel
Keil- und Schnittwinkel zusammen ergeben den Anstellwinkel des Hobels, also jenen Winkel, der zwischen Fase und Holzfläche liegt. Je kleiner dieser Anstellwinkel ausfällt, umso geringer ist der Druck auf das Holz.

Schärfen des Hobelmessers
Wie ein Stech- oder Stemmeisen wird auch das Hobeleisen für den richtigen Keilwinkel (25°) auf dem Schleifstein zugerichtet und auf dem Abziehstein feingeschliffen.

Die Ziehklinge

Die Ziehklinge, ein federhartes Stahlblech, wird mit beiden Händen fest über die Holzoberfläche gezogen oder gedrückt. Auf diese Weise zieht man, ähnlich wie beim Hobeln, das Holz in hauchdünnen Spänen ab. Als Schneide wirkt die zu einem Grat umgebogene Kante der Klinge.

Mit der Ziehklinge kann man eine rohe Holzoberfläche glätten oder alte Lack- und Wachsschichten abziehen.

Ziehklingen gibt es in verschiedenen Formen. Die rechteckige Klinge ist für gerade Flächen geeignet, der „Schwanenhals“ sowie ovale Formen werden zum Abziehen von gerundeten und gedrechselten Holzpartien benutzt. Für den Restaurator ist die Ziehklinge ein unentbehrliches Werkzeug, wenn es um die Aufarbeitung alter Holzoberflächen geht. Anders als beim maschinellen Schliff kann man mit der Ziehklinge behutsam und dosiert das alte Holz fein abziehen und säubern, ohne dabei die Patina völlig abzunehmen.

Schärfen der Ziehklinge
Bei der Ziehklinge kennt man keinen Keil- oder Schnittwinkel, den es beim Schleifen zu beachten gilt. Als Schneide wirkt die zu einem Grat umgebogene Kante. Es ist dieser Grat, der die eigentliche Schärfe der Ziehklinge ausmacht, der sich bei der Arbeit abnutzt und daher immer wieder angezogen werden muss. Eine neue Ziehklinge kauft man als Rohling aus mehr oder weniger starkem Stahlblech ohne Schliff und ohne Grat. Zum Schärfen spannt man die Ziehklinge, oder auch gleich mehrere davon, deckungsgleich in einen Schleifkloben oder Schraubstock.

Sodann feilt man mit einer feinen Flachfeile rundum die Kanten. Bei einer neuen Klinge werden auf diese Weise Stanzspuren abgefeilt. Bei der bereits gebrauchten Klinge entfernt man damit Arbeitsspuren und Kratzer, verursacht durch Nägel oder Unebenheiten im Holz. Wichtig dabei ist, dass die Kanten der Ziehklinge beim Feilen rechtwinklig bleiben und auf keinen Fall abgerundet werden dürfen. Anschließend zieht man die Klinge auf dem Abziehstein sehr fein ab, indem man sie zuerst senkrecht und genau im rechten Winkel zum Stein hin- und herbewegt. Damit die Klinge dabei nicht verkantet und ihren rechten Winkel verliert, kann man ein rechtwinkliges Stück Holz als Führung zur Hilfe nehmen. Anschließend werden die Klingenkanten auf dem Abziehstein glatt poliert, indem die Klinge flach auf den Stein gelegt, und mit Daumendruck auf die Kante, hin- und hergeschoben wird.

Sind alle Kanten rechtwinklig, fein gefeilt und abgezogen, kann abschließend der Grat mit dem Ziehklingenstahl „angezogen" werden. Man legt die Klinge dazu flach und etwa 2 cm überstehend auf die Hobelbank und drückt sie mit der linken Hand fest an, so dass die Klinge nicht verrutschen kann. Mit der anderen Hand zieht man mit dem Ziehklingenstahl von rechts nach links in einer durchgängigen Bewegung und sehr festem Druck die überstehende Kante der Ziehklinge ab. Die rechte Faust stützt sich dabei an der Hobelbankzarge ab. Dann dreht man die Ziehklinge um und zieht ebenso ihre andere Kante ab. Der sehr harte Ziehklingenstahl drückt beim Abziehen die Kanten des weicheren Ziehklingenblechs zu einem Grat zusammen. Bei einer rechtwinkligen Ziehklinge kann man alle vier Ecken mit einer Feile abrunden, d.h. „brechen", wie der Schreiner sagt, damit die spitzen Ecken beim Abziehen keine Kratzer im Holz hinterlassen.

Die scharfe Spitze eines Ziehklingenstahls sollte man mit der Eisensäge kappen, um sich beim Abziehen nicht zu verletzen.

Holzschädlinge

Von allen pflanzlichen und tierischen Holzschädlingen, die sowohl das „stehende" (wachsende) als auch das gefällte, gelagerte und bearbeitete Holz befallen und großen Schaden anrichten können, ist besonders der gewöhnliche Nagekäfer, auch Poch- oder Klopfkäfer für alte Möbel gefährlich. Genau genommen sind es die

Vorsicht

mit der Spraydose! Gift, das Insekten tötet, enthält Nervengift, das beim Menschen Kopfschmerzen und allergische Reaktionen hervorruft. Deshalb bekämpft man Schädlinge besser mit probaten Naturstoffen.

Auf die bedauerliche Entdeckung, dass ein Möbel vom Holzwurm befallen ist, sollte man nicht sofort mit starken Insektiziden reagieren, sondern lieber mit ungiftigen Lösungen die befallenen Stellen behandeln.

Lange bevor man ihn von außen wahrnimmt, hat sich der Holzwurm bereits im Innern des Möbels seinen Weg gefressen.

Larven dieses Nagekäfers, landläufig auch Holzwürmer genannt, die das Holz zerfressen. Das Pochen oder Klopfen dieser Nagetierchen im Holz ist in stillen Nächten und für feine Ohren zu hören und wurde früher sogar als das Ticken der „Totenuhr" gedeutet.

Poch- oder Klopfkäfer sind etwa 3–5 mm lang, mittelbraun und haben auf den Flügeldecken feine, längslaufende Punktstreifen. Aber wer bekommt sie schon jemals zu sehen?

Sie leben im Holz und erscheinen nur zur Paarung an der Oberfläche. Ihre Anwesenheit und Tätigkeit erkennt man an den 1–2 mm kleinen Bohrlöchern und Bohrmehlspuren. Das Nagekäferweibchen legt nach der Paarung bis zu 400 Eier in die Risse und Spalten des Holzes. Die Entwicklung vom Ei über die Larve bis hin zum fertigen Insekt kann zwischen drei und sechs Jahre dauern. In dieser Zeit fressen sich die Larven meist unbemerkt durch beträchtliche Teile des Möbels. Die Qualität des Holzes spielt dabei eine entscheidende Rolle. Festes und abgelagertes Kernholz wird in aller Regel nicht befallen. Weiches Frühholz, splintiges oder durch Feuchtigkeit zermürbtes Holz dagegen ist ihre bevorzugte Nahrung. Viele direkt nebeneinander liegende Löcher an der Holzoberfläche sowie Holzmehlhäufchen in oder unter dem Möbel sind ein nicht mehr zu übersehendes Warnzeichen für den Möbelbesitzer, den Schaden näher zu prüfen und alle befallenen Teile auf ihre Festigkeit und Belastbarkeit zu untersuchen. Deutlich angefressene Stellen müssen unbedingt behandelt, zermürbte und nicht mehr tragende Verbindungen durch sorgfältige Restaurierung erneuert werden (siehe auch Kapitel: Typische Restaurierarbeiten).

Besonders im Frühjahr muss man auf diese Holzwurmspuren achten. Dann nämlich hat sich die Larve zum Insekt entwickelt und das Holz zerfressen. Durch ein Bohrloch fliegt der Käfer zur Paarung aus, um anschließend erneut Eier in demselben oder einem benachbarten Möbelstück abzulegen.

Beim Kauf oder bei Besitzwechsel eines Möbel muss man ebenfalls sehr sorgfältig auf frische Bohrwurmlöcher achten. Sie sind sehr deutlich als helle Löcher auf dem alten, patinierten Holz zu erkennen. Eine umfassende Sanierung muss in solch einem Fall realistisch in Betracht gezogen werden.

Auf die bedauerliche Entdeckung, dass das geliebte Möbelstück vom Holzwurm befallen ist, muss man dennoch nicht mit Panik reagieren und umgehend zu starken Insektiziden greifen. Holzwurms Tod durch giftige Sprühmittel bedeutet auch Gefahr für den Besitzer und seine Umgebung. Chemische Holzschutzmittel, ob für trockenes oder feuchtes Holz, ob in wasserlöslicher oder öliger Konsistenz, sind Atemgifte, die nach der Anwendung noch über einen langen Zeitraum schädliche Ausdünstungen abgeben und daher für Möbel und Wohnräume ungeeignet sind. In diesem Zusammenhang muss man auch wissen, dass die sogenannten wetterfesten Lacke, die für Holz in Außenbereichen empfohlen werden, nicht für Möbel im Haus- und Wohnbereich verwendet werden dürfen. Diese Lacke enthalten Insektenvernichtungsmittel. Ungeachtet aller Warnungen und Proteste von Umweltorganisationen und Verbraucherverbänden enthalten viele Lackprodukte für Innen- und Außenbereiche nach wie vor Stoffe, deren Wirkung auf die

1 Auch ungiftige Mittel können den Holzwurm vertreiben: Wermutblätter werden mit Knoblauch in Wasser aufgekocht.

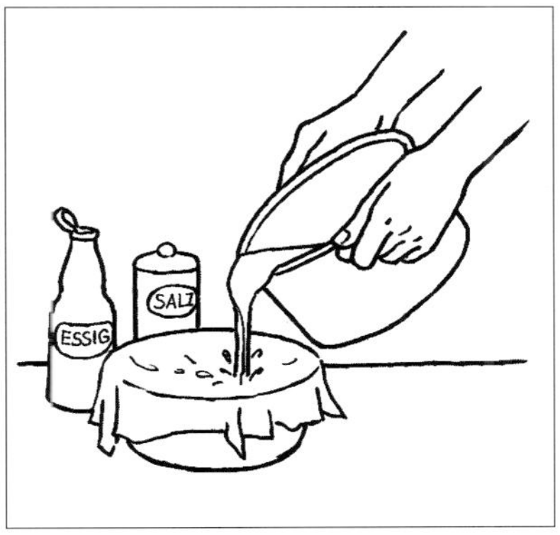

2 Der Sud wird durch ein Leinentuch gefiltert und Essig und Salz dazugegeben.

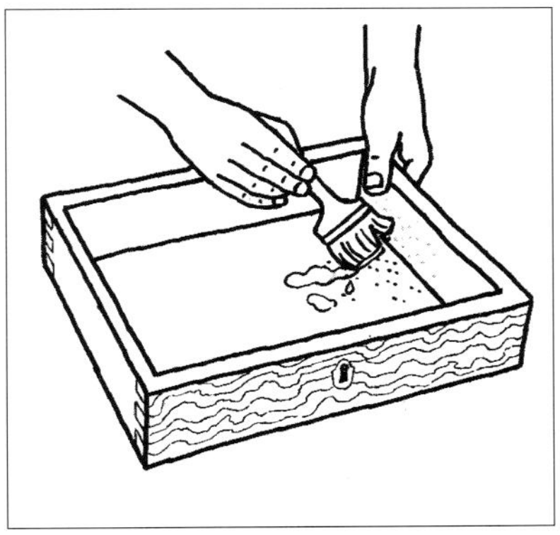

3 Die betroffenen Stellen werden mit dem gefilterten Sud satt eingestrichen.

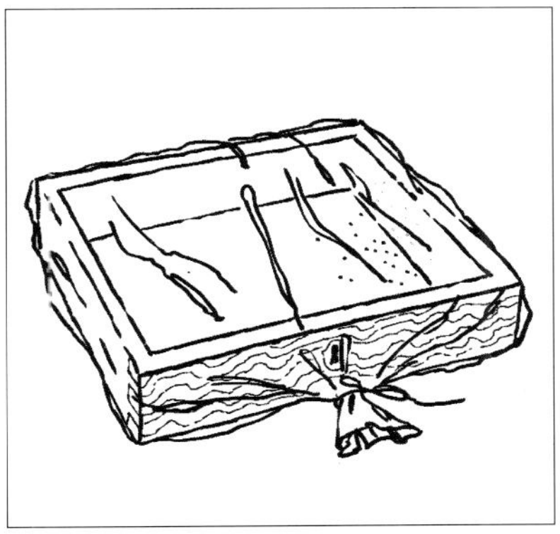

4 Unter Abschluss muss die Lösung mehrere Tage einwirken.

Gesundheit und die Umwelt nicht ausreichend bekannt ist. Diese Stoffe verbleiben nicht im Holz, sondern gasen allmählich aus und können sich im menschlichen Körper anreichern.

Und doch muss der Holzwurm mit geeigneten Mitteln vernichtet werden, denn verständlicherweise möchte man lieber das Möbel als den Holzwurm erhalten.

Schonende und ungiftige Methoden sind zwar für den Restaurator zeitaufwendiger und auch mühsamer in der Anwendung, da sie gegebenenfalls oft wiederholt werden müssen, aber für die eigene Gesundheit sind sie empfehlenswerter.

Bei geringfügigem Holzwurmbefall wird die betroffene Stelle mit einer Lösung aus
1 Teil Essigessenz (25 %)
1 Teil Zitronensaft
satt eingestrichen.

Manchmal wirkt bereits das Befeuchten der Holzwurmlöcher mit einer *Borsalzlösung*. Anschließend müssen die behandelten Stellen noch mit *Wachs versiegelt* werden.

Nach einem alten Rezept kann auch folgende Mischung geköchelt und aufgestrichen werden:
1 Liter Wasser wird mit einer Hand voll Wermutblättern und
2 bis 3 Knoblauchzehen auf die Hälfte eingekocht.
Der Sud wird durch ein Leinentuch geseiht und
1/2 Handvoll Salz sowie
1/2 Tasse Essig daruntergegeben.

Die behandelten Stellen werden mit Folie abgedeckt, so dass die Lösung über mehrere Tage innerhalb des Holzes wirken kann. Ist die Holzoberfläche bereits poliert oder gewachst, so gibt man die Lösung auf die innenliegenden Teile des Möbels.

Muss ein Möbelstück ohnehin von Grund auf behandelt werden, d. h. alte Lackschichten durch Ablaugen oder Abbeizen entfernt werden, reicht dies meist schon aus, um den Wurm abzutöten.

Holzwürmer reagieren auch auf Wärme sehr empfindlich. Bereits bei Temperaturen über 30° C sind sie nicht mehr lebensfähig. Je nach Größe des befallenen Möbels kann man es einige Zeit bei entsprechender Temperatur in eine trockenwarme Sauna stellen oder es an einem heißen Sommertag der Hitze aussetzen. Empfindliches Holz oder Furnier muss dabei aber mit einer Hülle geschützt werden.

Bei starken Holzwurmschäden kann man *Glasstaub* in die Fraßgänge einblasen oder mittels Injektionsspritze verteilen und die Gänge und *Löcher* dann mit *Holzkitt, Wachs, flüssigem Harz oder Warmleim verschließen.*

Müssen Schadstellen am Möbel restauriert werden, ist besonders darauf zu achten, dass das vom Holzwurm zerfressene Holz über die beschädigte Stelle hinaus großzügig mit gesundem, festem Holz ausgebessert wird. Ist das Ausmaß des Befalls so beträchtlich, dass immer wieder neue Holzwurmschäden zu erkennen sind und Behandlungen mit biologischen Mitteln nicht zum Erfolg führen, wird man einen Desinfektor (früher „Kammerjäger“) zu Rate ziehen müssen, der das gesamte Möbel begast und somit sicher den Schädling vernichtet.

Wenn man weiß, wie umfangreich die Schäden an Möbeln sein können, die durch den Holzwurm verursacht werden, so tut man gut daran, rechtzeitig und vorbeugend einige Vorsichtsmaßnahmen zu treffen.

Der Holzwurm nistet sich gern in feuchte Möbel ein, die zuweilen unbenutzt in dunklen Ecken stehen. Also sollte ein altes Möbel luftig, hell und in bewohnter Umgebung stehen und in Benutzung bleiben. Hell heißt in diesem Zusammenhang aber nicht, dass das Möbel dem direkten Sonnenlicht ausgesetzt ist. Durch die UV-Wirkung wird dem Holz Lignin, also jene harzartige Substanz entzogen, die dem Holz Festigkeit verleiht. Das Holz kann dadurch porös werden und somit anfälliger für Feuchtigkeit und in der Folge auch für den Holzwurmbefall.

Besonders wichtig ist ein gutes Raumklima. Da trockenes Holz in aller Regel von Schädlingen verschont bleibt, sind feuchte Stellflächen immer zu vermeiden. Eine Raumtemperatur von etwa 20–21° C und eine Luftfeuchtigkeit von 50–60 % garantiert dem Möbel seine nötige Holzfeuchte von etwa 15 %. Man kann also sagen, dass ein ausgeglichenes Raumklima für ein Möbel ebenso gut ist wie für den Menschen.

Um den Holzwurm fern zu halten, kann man auch die früher so häufig benutzten Mottenkugeln ($C_{10}H_8$ = kristalliner Kohlenwasserstoff) verwenden, die mit ihrem durchdringenden Geruch Insekten fern halten. Stark duftende Lavendelsäckchen erfüllen den gleichen Zweck.

Gefahren für Holz und Möbel

Hohe Luftfeuchtigkeit:
(mehr als 70 %)

Direkte Sonneneinstrahlung:
So wie wir unsere Haut vor starker UV-Bestrahlung schützen müssen, sollten auch alte Möbel nicht ständig dem direkten Sonnenlicht ausgesetzt sein. Selbst durch Fensterscheiben wirkt die Kraft der Sonne und bleicht das Holz aus. Kaum eine Oberflächenbehandlung kann auf Dauer verhindern, dass sich die Farbpigmente in dem Holz unter Einwirkung der UV-Strahlen verändern

Dunkelheit: Dunkle Räume sind meist feucht und begünstigen den Befall und die Entwicklung der Holzschädlinge. Im Dunkeln verändern einige Materialien am Möbel ihren Farbton, z. B. wird Elfenbein gelblich

Hohe Temperaturen und Trockenheit: Überhöhte Raumtemperatur bedeutet meist auch trockene Luft und lässt das Holz reißen. Tagsüber liegt die Durchschnittsraumtemperatur bei etwa 20° C und die Raumfeuchtigkeit zwischen 50–60 %

Holzschädlinge: Die gravierendsten Schäden am Möbel werden durch den Holzwurm und durch Schwammbefall verursacht

Schlechte Behandlung: Unsachgemäße Benutzung des Möbels oder mangelnde Pflege haben oft Schäden zur Folge

Minderwertige Reparaturmaterialien: Ungenügende Qualität der Restauriermaterialien sowie stilistisch unpassende Ergänzungen setzen den Wert des Möbels herab

Unsachgemäßer Transport:
Abrupter Standortwechsel eines Möbels und damit verbundene Klimaschäden sowie Bruchschäden durch unsachgemäßen Transport sind häufig Schadensursachen

Wichtiger Hinweis

Sollte die mechanische Reinigung des Holzes, etwa durch Schleifen oder Abziehen, nicht ausreichen und entscheidet man sich für eine chemische Anwendung, so muss unbedingt beachtet werden, dass viele Lösungsmittel stark ätzend und auch giftig sind.
Die Augen müssen mit einer Schutzbrille und die Hände mit säurefesten Handschuhen geschützt werden. Spritzer auf der Haut müssen sofort mit reinem Wasser oder verdünntem Speiseessig abgewaschen werden. Bei der Anwendung von chemischen Lösungsmitteln sollte die Reaktion des Holzes an einer wenig sichtbaren Stelle vorher ausprobiert werden.

Art der Flecke	Anwendung	Nachbehandlung
Allgemeine Flecke	„Bleichmittel" (Clou), Wasserstoffperoxid 35%, (stabilisiert). Besonders wirksam bei gerbstoffarmen Hölzern wie Ahorn, Birke, Buche, Esche. Bei Eiche (gerbstoffhaltig) nur wasserverdünnt anwenden. Holzseifenlösung.	im Allgemeinen kein Nachwaschen erforderlich
Alkohol	siehe Grauschleier	
Brandflecke	siehe Tinte	
Eisenverfärbung (schwärzlich) durch angrenzende Beschläge	Oxalsäure (Kleesalz), 20–30 g in 1 l heißem Wasser, Flüssigkeit einige Minuten auf die Verfärbung einwirken lassen	mit klarem Wasser gut nachwaschen
Fett, Öl, Wachs	Zelluloselackverdünnung, Holzseifenlösung	
Gips, Kalk, Zement	Salzsäure, 1:10 wasserverdünnt	nach kurzer Einwirkzeit mit klarem Wasser nachwaschen, nicht mit Metall in Verbindung bringen
Grauschleier	Alkohol oder Feuchtigkeit ist unter die Oberflächenbehandlung gelangt und hat die Lackschicht etwas angehoben. Feuchtigkeit muss gut verdunsten, bevor feingeschliffen und ausgebessert wird. Möglichst kein „Grauweg" oder sonstige chemische Mittel verwenden.	feinschleifen, Oberflächenbehandlung ausbessern
Harz	Zelluloselackverdünner, „Entharzer" (Clou), Holzseifenlösung	trocknen, feinschleifen
Leimdurchschlag, chemischer Leim (Weißleim)	mechanisch, da nicht mehr anzulösen,	trocknen, feinschleifen
Organischer Leim	Holzseifenlösung oder Erwärmung	
Öl	siehe Fett	
Rost	siehe Eisenverfärbung	
Teer	siehe Fett	
Tinte	10%ige Zitronensäure, Essig (Haushaltsessig) 5–6%ig, Eau de Javelle, 5%iger Kampfer, gelöst in Olivenöl, wasserverdünnt (eventuell mit 3 % Salmiakgeist)	gerbsäurehaltiges Holz eventuell mit 10%iger Salzsäure nachwaschen und etwa 12 Stunden einwirken lassen; trocknen, feinschleifen
Verschmutzung, allgemein	Holzseifenlösung; bei Eichenholz: warmes Bier	trocknen, feinschleifen

Bezeichnung	Chemische Bedeutung	Wirkung	Anwendung bei/ Lösungsmittel von
Aceton	farblos, flüchtig, flüssig, leicht brennbar	rasch wirkendes Lösungsmittel, Terpentinersatz verzögert die Wirkung, Kerosin stoppt die Wirkung	spiritushaltige Lacke, Farben, Wachse
Alaun	Aluminiumsulfat	farbintensivierend	färben und beizen
Alkohol	Brennspiritus (vergällter Äthylalkohol), Äthylalkohol 95 % (unvergällt), Methylalkohol (sehr giftig), Isopropylalkohol	rasch wirkendes Lösungsmittel	spiritushaltige Lacke, Farben, Wachse
Ammoniak	gasförmige Verbindung von Stickstoff und Wasserstoff, meist als Salmiakgeist in10%iger Wasserverdünnung	säubernd, bleichend	in Verbindung mit Gerbsäure (bei Eiche), dunkelfärbend, intensiviert wasserlösliche Beizfarben
Ätznatron (Kaustische Soda)	Natriumhydroxid	scharf, ätzend	laugt 5–10%ig in Wasser gelöst alte Farbe ab, entfernt Flecke
Borax (Borsalz)	Natriumtetraborat (Natriumsalz)	Lösungsmittel, Wasch- und Desinfektionsmittel, (wassergelöst: milde Lauge)	entfernt Säureflecke, imprägnierend
Brennspiritus (siehe Alkohol)	Äthylalkohol (pyridinvergällt)	lösend	Lösungsmittel für Spirituslacke und Wachse
Essig	Essigsäure (100 %) Essigessenz (25–80 % Säure), Speiseessig (5–10 % Säure)	bleichend, neutralisierend	Fleckentferner (z. B. Tinte)
Eau de Javelle (das „Fleckenwasser unserer Großmütter“)	Natriumhypochlorit	stark ätzend, bleichend	wasserlöslicher Fleckentferner (möglichst nur im Freien verwenden: Chlorgas)
Holzseife	alkalifreies Seifenpulver	fettlösend	milde Seifenlauge, löst normale Verschmutzung auf rohem Holz
Holzgeist	Methylalkohol (giftig)	Lösungsmittel	löst Spirituslacke
Kali	Kaliumdichromat (Salze des Metalls Kalium)	Lösungsmittel, färbend, ätzend	wasserlösliche orangegelbe Kristalle; der gewünschte Farbton wird durch den Verdünnungsgrad bestimmt

Bezeichnung	Chemische Bedeutung	Wirkung	Anwendung bei/ Lösungsmittel von
Kampfer	harzartige Ausscheidung des exotischen Kampferbaums	Lösungsmittel	5%ige Lösung von Kampfer in Olivenöl, entfernt Tinte, Alkohol (Anwendung nur empfehlenswert, wenn Holz anschließend geölt wird)
Kaustische Soda (siehe Ätznatron)	Natriumhydroxid		
Kleesalz	Natriumoxalat, organische Säure aus Salzen	Lösungsmittel, schwach giftig	löst Rost, Tintenflecke; gut nachwaschen
Magnesium („gebrannte Magnesia")	Magnesiumoxid	Lösungsmittel	Brei aus Magnesium und Aceton; löst Fett und Schmieröl
Methylalkohol (siehe Alkohol)	Methanol	siehe Alkohol	siehe Alkohol
Oxalsäure (siehe Kleesalz)			
Salmiak (siehe Ammoniak)	Ammoniumchlorid (Salz des Ammoniaks mit Salzsäure)	siehe Ammoniak	siehe Ammoniak
Salmiakgeist (siehe Ammoniak)	Lösung von Ammoniak in Wasser	siehe Ammoniak	siehe Ammoniak
Salzsäure	38%ige Chlorwasserstofflösung	ätzend, giftig, bleichend	stark wasserverdünnt, bleicht Flecke im Holz aus
Soda (siehe Ätznatron)	Natriumcarbonat	leicht ätzend, bleichend	bleicht Flecke im Holz aus, als „feine, kalzinierte Soda" im Handel erhältlich
Spiritus (siehe Alkohol)	Äthylalkohol (unvergällt) 95 %	Lösungsmittel	löst spiritushaltige Lacke, Wachs, Harz
Wasserglas	Natrium- oder Kaliumsalz	Lösungsmittel	löst Farbe, Firnis, Öl
Zitronensäure	Kieselsäure	bleichend	als 10%ige Lösung in Wasser zum Bleichen allgemeiner Flecke

Vorbereitungen zum Restaurieren

Restauriervorhaben und Sanierungsmaßnahmen laufen immer nach den gleichen Überlegungen ab. Es ist daher empfehlenswert, die Arbeiten nach einer Checkliste Schritt für Schritt zu planen und durchzuführen.

Bei der Aufarbeitung und Instandsetzung alter Möbel kann der Restaurator mit vielen Möglichkeiten von Zerfall, Beschädigung und Abnutzung konfrontiert werden. Es ist beinahe unmöglich, alle diese Beispiele der konstruktiven Sanierungsarbeit aufzuzählen und für jeden nur denkbaren Schadensfall den genauen Ablauf der Restauriermaßnahmen zu beschreiben.

Der Zustand und die Geschichte des Möbels, seine Holzart, das Alter, die Stilart, das Ausmaß des Schadens, aber auch handwerkliches Können, Übung und Sachverstand des Restaurators, Beschaffungsmöglichkeiten von authentischen Restauriermaterialien, all dies sind nur einige Faktoren, die den Ablauf eines Restauriervorhabens bestimmen und beinahe jeden Schadensfall individuell beeinflussen. Dennoch kann der Restaurator bei der Instandsetzung von abgebrochenen Beinen, wackelnden, gelösten oder gar ausgerissenen Holzverbindungen, durch Wurmfraß, Feuchtigkeit oder äußere Beschädigungen zerstörtem Holz, defekten Scharnieren oder Laufleisten, immer mit den gleichen Überlegungen vorgehen, den Restaurierablauf planen und den Schaden sanieren.

Fast alle konstruktiven Sanierungsmaßnahmen erfolgen also nach einem ähnlichen Ablauf, so dass man sich dabei gut an einer „Checkliste" orientieren kann. Dies ist übrigens auch bei allen Restauriervorhaben in Museen üblich. Der Restaurator oder das Restauratorenteam erarbeitet einen Maßnahmenkatalog, nach dem dann die Restaurierung Schritt für Schritt vorgenommen wird.

Checkliste für das Restauriervorhaben

Beurteilung des Möbels

▷ Genaue Feststellung des Schadensausmaßes und Beurteilung der Eigenleistung
▷ Bestimmung der Holzverbindungen und eventuelles Zerlegen einzelner Verbindungen
▷ Genaue Stileinschätzung und Beschaffung von fehlenden Zierteilen und Beschlägen
▷ Zerlegen des Möbels, falls dies zur besseren Bearbeitung erforderlich ist
▷ Nummerieren der einzelnen Teile
▷ Alte Nägel entfernen
▷ Beschläge und Schlösser lösen

Oberflächenreinigung

▷ Chemische Reinigung
▷ Manuelle Reinigung
▷ Maschinelle Reinigung
▷ Erkennen der Holzart und sorgfältige Auswahl von Ersatzholz (-furnier), passend nach Sorte, Maserung, Struktur und Farbe des Originalholzes

Schadensstelle freilegen und säubern

▷ Beschädigtes Holz rund um die Schadensstelle wegstemmen („so viel wie nötig, so wenig wie möglich")
▷ Alte Leimreste entfernen
▷ Angelöstes Furnier abheben
▷ Unregelmäßig ausgebrochenes Furnier begradigen (z. B. oval oder in Dreiecksform)

Ersatzstück zuarbeiten

▷ Umriss der begradigten Schadensstelle auf das Ersatzholz übertragen
▷ Fehlende und abgebrochene Teile (Zierleisten, Gesimse, Beine, Laufleisten) nach der Form des Originals aus dem in Maserung und Farbe passenden Ersatzholz anfertigen
▷ Alle Hilfsmittel wie Leim, Zwingen, Zulagen und nötiges Werkzeug bereitlegen
▷ Ersatzteil genau ein- oder anpassen, verleimen und verzwingen
▷ Trockenzeiten einhalten

Abschließende Oberflächenbehandlung

▷ Feinschliff
▷ Oberflächenbehandlung

Zerlegen des Möbels

Nachdem die Beurteilung des Möbelstücks nach Stil, Qualität, Beschaffenheit und Schadensausmaß erfolgt ist und auch andere Vorbereitungen wie Trocknung, Ersatzholz- und Furnierbeschaffung, Werkstattplanung erledigt sind, muss man sich der eigentlichen Bearbeitung, nämlich dem Zerlegen oder dem teilweisen Auseinandernehmen des alten Möbels, widmen. Diese sehr heikle Vorarbeit ist ein wichtiger und schwieriger Arbeitsschritt beim Restaurieren; da sich beim Auseinandernehmen Bruchstellen häufig noch vergrößern, müssen hier die eigenen Möglichkeiten und der Aufwand bei even-

Beim Ausstemmen von beschädigtem Holz gilt immer: so viel wie nötig, so wenig wie möglich.

tuell daraus entstehenden Folgearbeiten sehr kritisch eingeschätzt werden. Dies besonders dann, wenn noch festgefügte, verzapfte oder verzinkte Verbindungen auseinander zu nehmen sind. Dabei ist für den noch nicht so geübten Restaurator immer wieder so etwas wie eine „Angstschwelle“ zu überwinden, um sich einerseits die Arbeit zu erleichtern, sich andererseits aber nicht durch neue Bruchstellen zusätzliche Arbeit zu verschaffen. Zudem können sich die ab- oder auseinander genommenen Teile während der Bearbeitungszeit stark verziehen und somit ein späteres Einsetzen erschweren. Es wird also nicht nur Feingefühl, Sachverstand und handwerkliche Routine von dem Restaurator verlangt. Der Ablauf der Restaurierarbeit hängt zudem wesentlich von der Zeit ab, die überhaupt für die Restaurierarbeit aufgewendet wird, mit welchem Anspruch das Möbel restauriert und wie es später genutzt werden soll. Wird es zum täglichen Gebrauch wiederhergestellt? Soll es als Ausstellungsstück restauriert werden? Soll ein Stuhl lediglich als Sammlerobjekt aufgearbeitet werden oder tatsächlich zum Sitzen taugen? Soll ein Stück so rationell wie möglich „aufgemöbelt“ werden, um es günstig im Handel veräußern zu können?

Hier sind eben nochmals alle Überlegungen zum stilgetreuen Restaurieren anzustellen, besonders unter dem Aspekt: Restaurieren und das Alter respektieren …

Bei allen Bedenken gegen ein radikales Auseinandernehmen des alten Möbels steht doch fest, dass eine sorgfältige Sanierung in typischen Fällen nur erfolgen kann, wenn lose Verbindungen, wackelige Beine, beschädigtes Furnier, angebrochene Zierleisten, Scharniere und Beschläge, rostige Nägel und abgebrochene Schrauben vollständig gelöst oder entfernt werden.

In der Regel verläuft das Auseinandernehmen der Holzverbindungen immer nach dem gleichen schrittweisen Vorgehen:

Man versucht zuerst, die lose oder wackelnde Verbindung vollständig zu lösen, indem man sie kräftig mit den Händen – also ohne Einsatz von Werkzeug – gegeneinander bewegt. Besteht die Gefahr, dass dabei ein Teil der Verbindung ab- oder ausreißt, wird das Holz an dieser Stelle abgefangen, indem man es mit festgezwingten Holzplättchen unterstützend verstärkt. Dies kann besonders bei Zapfenverbindungen der Fall sein, wenn das eventuell nur dünnwandig ausgestemmte Zapfenloch auszubrechen droht. Hat man nur die Alternative, dass entweder der Zapfen oder das Zapfenloch beim Auseinandernehmen brechen könnte, sollte man sich eher für den Zapfen entscheiden, der leichter zu erneuern ist als ein ausgebrochenes Zapfenloch.

An diesem Beispiel wird sehr deutlich, dass man sich bei Einschätzung des handwerklichen Restaurieraufwandes von zwei Übeln für das kleinere entscheiden sollte. Hält die gelöste Verbindung dennoch fester zusammen als vermutet, muss geprüft werden, ob die defekte Verbindung zusätzlich noch durch Leimreste, Dübel, Nägel oder Schrauben gehalten wird. Sind es nur noch Leimreste, die die brüchige Verbindung zusammenhalten, wird man diese – soweit zugänglich – mit dem Stemmeisen auskratzen bzw. wegstemmen. Handelt es sich um Knochenleim, kann man versuchen, diesen mit einem Lötkolben zu erwärmen oder mit Spiritus anzuweichen. Dazu treibt man mit dem Holzhammer vorsichtig ein Holzkeilchen in die klaffende Fuge und bringt die Verbindung damit auseinander. Es kann dennoch vorkommen, dass der defekte Zapfen nicht aus der Verbindung zu lösen ist. Man muss dann entscheiden, ob man den Zapfen mit einer feinen Säge absägt. Unter Absicherung der

Besonders bei den üppig geschmückten Möbeln im historischen Stil fehlen oft Zierelemente oder Schnitzereien sind ausgebrochen.

Stehpult aus dem Biedermeier (Nussbaum, massiv). Oft kann eine sorgfältige Sanierung nur erfolgen, wenn lose Verbindungen völlig auseinander genommen werden.

Zapfenlochstelle schafft man mit Hilfe eines Keils etwas Abstand, um die Säge ansetzen zu können. Wenn man sicher ist, dass eine geleimte Verbindung nicht zusätzlich durch Dübel, Nägel oder Schrauben gehalten wird, kann man sie in den meisten Fällen durch Gegeneinanderbewegung, leichte Schläge mit dem Holzhammer oder behutsames Auseinanderspannen lösen. Eine Verbindung, die mit Warmleim (Haut- oder Knochenleim) verbunden wurde, lässt sich gut lösen, da Warmleim sie beim Erwärmen oder beim Einspritzen von Alkohol wieder „freigibt". Bei mit Weißleim (Kunstharzleim) verbundenen Teilen ist die Verbindung nur mit Gewalt zu lösen oder muss aufgesägt werden.

Erkennungsmerkmale einer verleimten Verbindung

Warmleim

Warmleim trocknet hart und gelblich-transparent auf. Erwärmt man ihn oder schleift ihn ab, riecht er deutlich nach organischen Abfällen. Warmleim löst sich kristallin auf, wenn er mit Alkohol benetzt wird. Er lässt sich in aufgetrocknetem Zustand gut mit dem Stemmeisen vom Holz abstemmen.

Kunstharzleim

Kunstharzleim trocknet hart und weißlich-durchsichtig auf. Er ist geruchlos. Nach dem Abbinden ist er weder mit Wasser noch mit Alkohol wieder anzulösen. Kunstharzleim lässt sich in aufgetrocknetem Zustand gut mit dem Stemmeisen vom Holz abstemmen. Beim Lösen von Kunstharzleimverbindungen ist immer mit Beschädigung des Holzes oder des Furniers zu rechnen.

Alte Dübel, Schrauben und Nägel lösen

Oft kommt es vor, dass eine geleimte oder „trocken" zusammengefügte Verbindung zusätzlich noch verdübelt wurde. Meist sind diese Holznägel auch von außen erkennbar. Bevor man die geleimte Verbindung löst, müssen die eventuell schon morschen oder auch noch intakten Holzdübel ausgebohrt werden. Dies geschieht entweder mit der elektrischen Bohrmaschine oder mit dem Handbohrer. Man kann auch versuchen, den Dübel mit dem Körner (oder einem Gegenstand mit gleichem Durchmesser wie der Dübel) herauszutreiben. In das sauber ausgebohrte Dübelloch kann nach abgeschlossener Sanierung der betroffenen Verbindung erneut ein handgeschnitzter Dübel aus dem gleichen Holz eingesetzt werden. Verzichtet man darauf, muss das sichtbare Loch ausgebessert werden.

Dübelverbindung bei einem Stuhl aus Nussbaum aus der Zeit um 1800

Ist die Verbindung an einem alten Möbel verschraubt, so kann man davon ausgehen, dass dies eine nachträgliche Reparaturmaßnahme ist (ausgenommen sind Thonet-Möbel, wo dies ein Konstruktionsmerkmal ist). Lässt sich die Schraube nicht ohne weiteres herausdrehen, weil der Schlitz des Schraubenkopfs schadhaft ist, kann man – wenn zugänglich – mit einer kleinen Metallsäge einen neuen Schlitz in den Schraubenkopf einarbeiten, um dann die Schraube mit dem Schraubenzieher packen und herausdrehen zu können. Lässt die Schraube sich nicht bewegen, weil sie verrostet ist, kann man versuchen, über Nacht ein rostlösendes Mittel einwirken zu lassen. Ist der Schraubenkopf abgebrochen, muss man probieren, die Reste der Schraube mit dem Metallbohrer auszubohren. Das entstandene Loch wird mit einem Dübel aus passendem Holz ausgebessert.

Sehr häufig wurden und werden unter Missachtung aller Restaurierregeln Nägel als Hilfsmittel bei gelösten oder wackelnden Verbindungen verwendet. Da diese Nägel zudem in den seltensten Fällen gestaucht wurden, reißt das Holz an den betroffenen Stellen auf, und der Schaden wird noch größer.

Um diese Nägel wieder zu entfernen, versucht man durch vorsichtige Schläge mit dem Hammer oder durch Eintreiben eines Keilchens zwischen die vernagelte Verbindung den Nagel zu bewegen, um ihn dann zu ziehen. Ist der Nagel verrostet, sollte man versuchen, ihn – genau wie bei verrosteten Schrauben – mit Rostlöser zu lockern. Meist aber bricht der rostige Nagel beim Herausziehen ab. Mit Hilfe eines Versenkers oder Hammers kann man versuchen, den Nagel von der Unterseite des Holzes her

Alte Holzverbindungen sind oft mit einem Holznagel sichtbar verdübelt.

Verrostete Nägel brechen beim Herausziehen leicht ab; hier kann Rostlöser helfen.

nach vorne herauszuschlagen, um ihn dann mit der Beißzange zu ziehen. Man packt dazu den Nagel so knapp wie möglich über der Holzfläche und zieht ihn langsam und seiner Krümmung folgend, Stück für Stück heraus.

Zur Schonung des Holzes legt man dabei einen Lappen oder ein dünnes Holzbrettchen unter die Zange. Es gibt auch noch die Möglichkeit, das Holz rund um den Nagelkopf etwas freizustemmen, um den Kopf besser packen und ziehen zu können. Das dabei beschädigte Holz muss später wieder ausgebessert werden.

Häufig genug aber bewegen diese Maßnahmen den alten Nagel überhaupt nicht. So bleibt nur noch die Möglichkeit, den Nagel mit dem Versenker etwas tiefer in das Holz zu treiben oder mit dem Metallbohrer auszubohren. In beiden Fällen muss das Loch anschließend ausgebessert werden.

Lösen von Schlössern, Beschlägen und Scharnieren

Vor dem Aufarbeiten eines Möbels, besonders bei der Oberflächenrestaurierung, müssen meist auch Metallteile wie Beschläge, Scharniere und Schlösser entfernt werden. Dies ist nötig, um entweder eine ausgebrochene Befestigung zu sanieren, oder um diese Metallteile oder das angrenzende Holz für die Dauer der Aufarbeitung zu schonen. Rostige Eisenbeschläge kann man während der Bearbeitungszeit in Petroleum legen, um sie anschließend mit feiner Stahlwolle mehr oder weniger blank zu reiben.

Das Lösen von verleimtem Furnier wird ausführlich im Kapitel „Furnier“ beschrieben.

Armlehnstuhl (Kirschbaum).

Bei dieser Ausbesserung hebt sich das ausgebesserte Ersatzholz zu deutlich vom Originalholz ab.

Unsachgemäße Restaurierarbeiten entfernen

Ein schwieriger Schritt bei den vorbereitenden Arbeiten ist die Entscheidung, ob und welche Restaurierfehler eines Vorbesitzers wieder entfernt werden sollen. Dazu sollte man prüfen:

▷ Ist die Oberflächenbehandlung auffallend schlecht oder unpassend für die Holz- und Stilart ausgeführt worden?
▷ Muss man Beschläge oder Einfassungen, die nicht zum Stil des Möbels passen, abnehmen? Kann man sich stilechtes Material beschaffen?
▷ Kann ein schlecht verleimtes Furnier (Blasen, Wellen) an Ort und Stelle saniert werden, oder muss man das Furnier vollständig lösen?
▷ Verläuft das in die Holzoberfläche eingeflickte Ersatzholz gegen die Maserung, weicht es zudem deutlich in Farbton und Struktur vom Originalholz ab, und kann man es, ohne größeren Schaden anzurichten, herauslösen? Verfügt man über ein genau passendes Ersatzholz?
▷ Alle gelösten Teile sollten der Reihenfolge nach gekennzeichnet werden. Oft ist es hilfreich, sich eine Skizze des Möbels anzufertigen und darauf alle Veränderungen zu markieren.

Alle diese Überlegungen sollten eigentlich schon bei der Beurteilung des Möbels gemacht werden, (siehe „Checkliste“). Aber man muss während der Arbeit am Möbel auch immer wieder auf neue Entdeckungen gefasst sein und eventuell wieder neue Wege und Lösungen finden.

Alte Oberflächenbehandlungen entfernen

Das Entfernen von dickem Kunststofflack auf altem Holz ist eine mühevolle Arbeit beim Restaurieren. Um mit geeigneten Mitteln die alten Oberflächenbeschichtungen abzulösen, muss man die Art des Holzes und die seiner Beschichtung kennen.

Abbeizen von Kunstharzlacken

Ein großes Ärgernis für den Restaurator ist ein mit Kunststofflack beschichtetes, altes Holz. Das Entfernen ist meist mit erheblichem Zeitaufwand verbunden. Ist der Lack zudem noch farbig und dick aufgetragen und die Farbe tief in die Holzporen eingezogen, wird nicht nur das Holz, sondern auch die Geduld des Restaurators auf eine starke Belastungsprobe gestellt. Um das richtige Mittel oder die geeignete Technik zum Ablösen der Oberflächenbeschichtung herauszufinden, muss man zuerst die Holzart bestimmen sowie die Art der Beschichtung erkennen.

Grundsätzlich könnte man alle alten Lacke manuell oder maschinell abschleifen oder mit einer Ziehklinge abziehen. Allerdings kann der Arbeitsaufwand dabei so groß sein, dass man den Einsatz chemischer Lösungsmittel vorzieht. Der Handel bietet viele Sorten von Abbeizern an, die je nach Zusammensetzung des Mittels mehr oder weniger aggressiv auf die alte Lackschicht einwirken. Vor Benutzung (besser noch vor dem Kauf) sind die Anwendungsvorschriften genau zu lesen. Außerdem muss man bei derart stark wirkenden chemischen Mitteln das betreffende Holz an einer verdeckten Stelle auf seine Reaktion prüfen, bevor man anfängt, größere Flächen damit zu bearbeiten.

Um sehr harte und dicke Kunststofflackschichten abzulösen, gibt es die sogenannten „Universalabbeizer", die in den meisten Fällen den alten Lack nach einiger Zeit so aufweichen, dass man ihn mit einem Spachtel abschieben kann. Diese sehr wirksamen Abbeizer enthalten keine ätzenden Bestandteile und sind deshalb auf allen Hölzern anwendbar. Selbst bei gerbsäurehaltigen Hölzern tritt bei ihrer Anwendung keine Holzverfärbung auf.

Vorkehrungen beim Arbeiten mit Abbeizern und anderen chemischen Mitteln

Ist man sicher, dass es sich bei der abzulösenden alten Lackschicht um eine Beschichtung handelt, die nur mit einem Abbeizer zu lösen ist, sollte man sich einen Arbeitsplatz einrichten, der gut belüftet ist und möglichst über einen Wasseranschluss verfügt. Da die chemischen Mittel für diese Abbeiz- und Säuberungsarbeiten mehr oder weniger giftig sind, ist unbedingt daran zu denken, dass die Abfälle und Rückstände als Sondermüll entsorgt werden müssen. Für den eigenen Schutz sollten immer eine Brille und säurefeste Handschuhe getragen werden. Ein Mundschutz ist bei derartigen Arbeiten empfehlenswert. Die meisten Abbeizer sind zwar geruchlos, was aber nicht darüber hinwegtäuschen darf, dass die Dämpfe gesundheitsschädlich sind. Daher sollten Abbeizarbeiten möglichst im Freien ausgeführt werden.

Arbeitsweise

Bevor man mit dem eigentlichen Abbeizen beginnt, empfiehlt es sich, nicht nur das Holz, sondern auch den zu lösenden Lack auf seine Reaktion zu prüfen. Es kann sein, dass der alte Lack sehr rasch auf den Abbeizer reagiert und sich leicht mit dem Spachtel abschieben lässt. Es kann aber auch sein, dass Stunden vergehen, ehe der Lack aufgeweicht ist.

Das Abbeizmittel wird mit einem alten Pinsel satt auf den Lack aufgetupft. Lässt sich der Lack in wenigen Minuten anlösen, bestreicht man die abzubeizende Fläche in kleinen Abschnitten. Sind längere Einwirkzeiten nötig, können ohne weiteres größere Partien mit dem Abbeizer behandelt werden. Über die mit Abbeizer bestrichenen Stellen kann man während einer längeren Einwirkzeit einen Karton stülpen. So verdunstet das Abbeizmittel auf relativ kleinem Raum.

Mit einem Spachtel, der an den Ecken etwas abgerundet ist, damit er das Holz nicht beschädigt, prüft man in kürzeren Abständen die

1 Mit einer Mischung aus Ätznatron (Kaustische Soda) und Wasser (1:10) löst man Leim- oder Ölfarben von alten Weichholzmöbeln ab.

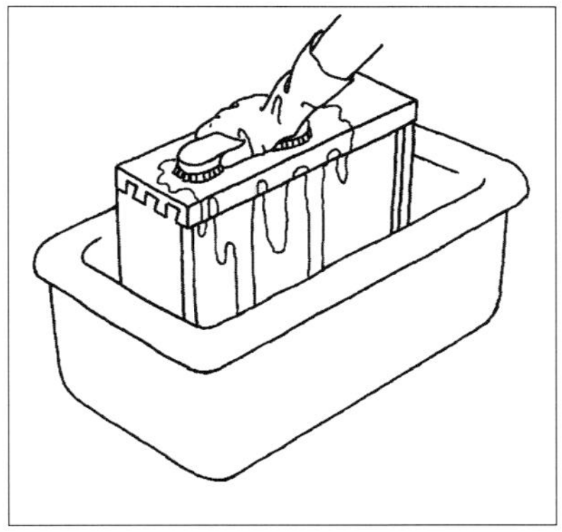

2 Mit der Wurzelbürste wird die lauwarme Lauge auf dem Holz verrieben.

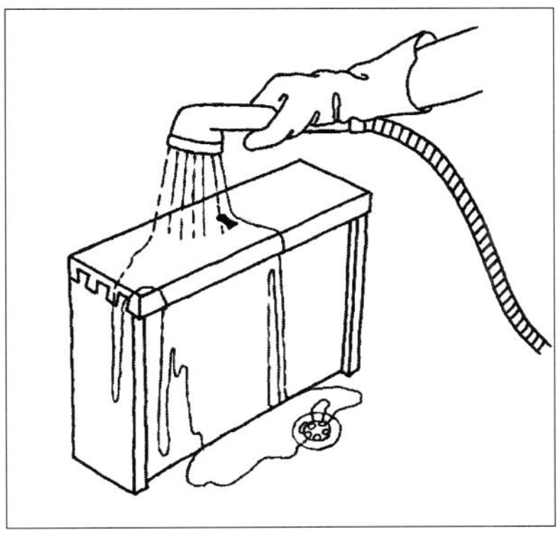

3 Unter fließendem Wasser wird die gelöste Farbe abgebürstet und das Holz mit klarem Wasser saubergewaschen.

4 An gedrechselten Stellen kann man mit Kleinwerkzeug (z. B. Zahnarztwerkzeug, Bürstchen, Messerchen) Ecken und Rundungen säubern.

Reaktion des Lacks und schiebt die gelöste Schicht ab, sobald sie sich kräuselt oder kleine Blasen bildet. Soll besonders hartnäckiger Plastiklack entfernt werden, der in mehreren Schichten aufgetragen wurde, muss man den Lack in den meisten Fällen auch in mehreren Schichten ablösen.

Bei gedrechselten, geschnitzten oder verzierten Teilen am Möbel kann es bisweilen schwierig werden, den Lack abzulösen. Manchmal ist es dann einfacher, diese Partien „trocken“ mit einer Ziehklinge (z. B. einem Schwanenhals) abzuziehen. Hat man den Lack an diesen gedrechselten oder verzierten Stellen mit Abbeizer oder anderen Lösungsmitteln aufgeweicht, muss man allerlei Kleinwerkzeug (z. B. ausrangiertes Zahnarztwerkzeug, Bürstchen, Stöckchen oder Messerchen) zu Hilfe nehmen, um Ecken und Rundungen zu säubern.

Je nach Struktur des Holzes ist es möglich, dass der Lack zwar von der Oberfläche gut abgelöst werden konnte, aber weiße oder farbige Lackspuren tief in den Poren zurückgeblieben sind. Es ist nicht einfach, auch diese Lackreste sauber aus den Poren zu entfernen. Bei Weichholz etwa, das häufig weiß gestrichen wurde, ist ein tief in die Maserung eingezogener Lack mit Universalbeizer kaum zu entfernen. In solchen Fällen kann man versuchen, das Holz in einer Wanne abzulaugen (siehe Ätznatron).

Laubholz, wie Kirsche, Eiche, Nuss, sowie furniertes Holz ist für solche Behandlungen ungeeignet, da es sich stark verfärben kann oder das Furnier sich ablöst. Letzte Reste von weißem oder farbigem Lack in den Poren müssen hierbei ausgeschliffen oder ausgebürstet werden.

Nach dem Abbeizen muss das Holz einige Tage gut auslüften, bevor man mit der neuen Oberflächenbehandlung beginnen kann. Um eventuell noch letzte Reste des Abbeizers zu entfernen oder zu neutralisieren, muss das Holz nachbehandelt werden. Bei Weichholz oder massivem Laubholz kann die Oberfläche mit einer Holzseifenlösung (siehe Holzseife) oder mit Essigwasser „nachgewaschen" werden. Hierbei ist mit Fingerspitzengefühl abzuwägen, wieviel Nässe das Holz vertragen kann.

Trockenzeiten vor einer weiteren Behandlung müssen eingeplant werden. Bei furniertem Holz kann die Oberfläche mit Spiritus oder Zelluloselackverdünner nachgesäubert werden. Bei Knochenleimverbindungen muss aber daran gedacht werden, dass Spiritus die Verleimung anlösen kann. Oft aber kann man sich durch langes Auslüften und sehr gründliches Feinschleifen diese Nachbehandlungen ersparen.

Ablösen von Leim- und Ölfarben

Etwa um 1920 setzten sich in der Lackindustrie Kunstharzprodukte mit Nitro- oder Zelluloseverdünnung durch, so dass man davon ausgehen kann, dass Möbel aus der Zeit davor noch mit wasser-, öl- oder spirituslöslichen Farben und Lacken behandelt wurden. Hat man es allem Anschein nach mit einer „Vor-Kunststoff-Beschichtung" zu tun, gibt es dafür verschiedene Möglichkeiten. Wie immer ist es wichtig, vorher die Holzart sowie die Lack- oder Farbenart näher zu bestimmen

Im Unterschied zu den meisten Universalabbeizern, die keine ätzenden Bestandteile enthalten, ist Ätznatron (Kaustische Soda) nur bei Weichholz geeignet. Bei Harthölzern treten starke Verfärbungen auf. Ebenso ist bei furniertem Holz die Behandlung mit Ätznatron ungeeignet.

Ablösen von Leim- und Wasserfarben (Weichholz)

Ätznatron wird in einem Mischungsverhältnis von etwa 1:10 (also 1 Teil Ätznatron auf 10 Teile Wasser) in einem säurefesten Behältnis in warmes Wasser gegeben und mit einem Stöckchen verrührt. Achtung, immer nur die Säure in das Wasser geben, nie umgekehrt!

Man stellt das zu behandelnde Teil in eine säurefeste Wanne und verreibt die noch warme Lauge mit einer Wurzelbürste auf dem Holz. Je nach Farbkonsistenz zeigt sich eine mehr oder weniger rasche Wirkung. Braune Farbanstriche (sogenannte Bier- oder Maserungsfarben) lösen sich schnell ab und können meist mühelos abgebürstet werden. Bei dicken Öllacken kann es Stunden dauern, bis eine chemische Reaktion sichtbar wird. In diesen Fällen muss man von Zeit zu Zeit die Oberfläche prüfen und das Holz gelegentlich erneut mit der Lauge nässen.

Die gelöste Farbe wird möglichst unter fließendem Wasser abgebürstet, und das Holz mit klarem Wasser sauber gewaschen. Die mit Ätznatron gesäuberten Holzteile bedürfen danach einer Trockenzeit von mehreren Tagen. Die Trockentemperatur sollte dabei gemäßigt sein (Raumtemperatur oder weniger), und auf keinen Fall durch stärkere Hitzeeinwirkung beschleunigt werden, da das Holz dabei unweigerlich reißt.

Weitere Möglichkeiten zur Entfernung von Ölfarben, Wachs, Leim- und Wasserfarben, Schelllackpolituren und allgemeinen Verschmutzungen:

(Alle hier beschriebenen Mischungen sollten in einem verschließbaren Glas- oder Porzellangefäß – also keinem Plastikbehälter – angerührt und aufbewahrt werden.)

Ablösen von Leim- und Wasserfarbe, Ölfarbe (alle Holzarten):
1 Teil Kaliumcarbonat (Pottasche),
2 Teile Vollwaschpulver,
2 Teile Weizenmehl.

Alle diese Bestandteile in lauwarmem Wasser zu einem dicklichen Brei verrühren, mit dem Pinsel satt auf die Holzoberfläche streichen, Reaktion abwarten und die gelöste Farbe mit dem Spachtel abschieben.

Diese schöne Maserung (Esche) kam nach dem Entfernen einer dicken weißen Lackschicht hervor.

Ablösen von Leim- und Wasserfarbe, Ölfarbe (für Weichholz):

Wasserglas (Kaliumsalz der Kieselsäure) im Verhältnis 2:1 in abgekochtem lauwarmem Wasser auflösen und die Holzoberfläche damit einpinseln. Meist zeigt sich rasch eine Reaktion, d.h. die Farbe kann abgebürstet oder abgezogen werden.

Ablösen von Ölfarbe (alle Holzarten):

Terpentin wird mit Aceton (oder Spiritus) zu gleichen Teilen vermischt und dünn aufgestrichen. Meist löst dies die Farbe rasch an, so dass sie abgezogen werden kann. Da Aceton oder Spiritus auch Knochenleimverbindungen anlöst, sollte man diese Mischung in solchen Fällen nicht zu lange auf der Oberfläche einwirken lassen.

Ablösen von Polituren (alle Holzarten):

Harze wie Schelllack, Mastix, Dammar, Sandarak oder Kolophonium lösen sich gut in Alkohol. Dies kann aber auch von Nachteil für mit Glutin (Knochenleim) verleimte Intarsien, Marketerien oder für das Furnier sein, denn man bewirkt hierbei nicht nur das Anlösen der Politur, sondern gleichzeitig auch von Furnier oder einzelnen Intarsienteilchen.

Einige Harze wie Kolophonium, Sandarak und eventuell auch Schelllack lassen sich auch mit Aceton anlösen, das rascher als Alkohol verdunstet und daher die Glutinleimung weniger angreifen kann. Ist es dennoch nötig, mit Spiritus auf furnierten oder intarsierten Flächen zu arbeiten, muss sehr zügig vorgegangen werden.

Ablösen von Schelllackpolitur, Wachs, allgemeiner Verschmutzung (alle Laubhölzer):

Brennspiritus und Salmiakgeist werden im Verhältnis 1:1 gemischt und mit dem Pinsel auf die vergilbte oder verschmutzte Oberfläche aufgetragen. Die Politur wird dadurch sehr schnell angelöst und kann mit der Ziehklinge abgezogen werden.

Ablösen von Wachs (alle Holzarten):

Ein im Handel erhältlicher sogenannter „Abwachser" löst alte Wachsschichten. Dicke Wachsschichten werden mit der Ziehklinge abgezogen oder können auch mit in Spiritus getauchter Stahlwolle verrieben werden. Soll die Fläche später mit Schelllack poliert werden, kann man durchaus eine dünne Wachsschicht belassen und darüber polieren.

Ablösen allgemeiner Verschmutzungen (alle Holzarten, massiv):

Holzseifenflocken (ein mildes, alkalifreies Reinigungsmittel) werden in warmem Wasser aufgelöst und mit der Bürste auf das rohe, verschmutzte oder fleckige Holz satt aufgetragen, verrieben und mit klarem Wasser nachgebürstet. Zur besseren Wirkung kann der Seifenlösung noch etwas Salmiakgeist zugegeben werden. Holzseife kann mehr oder weniger konzentriert oder genau nach Vorschrift angesetzt werden.

Schnitzereien, Profilleisten oder auch Intarsienteilchen sind im Laufe der Jahre oft stark verschmutzt. Sie kann man schonend mit einer „Netze" (bekannt aus der Vergolderarbeit) aus 2 Teilen destilliertem Wasser (lauwarm) und 1 Teil Alkohol (oder Spiritus), und eventuell noch etwas verdünnter

Leimlösung, säubern. Man tupft diese Lösung auf, lässt sie nur kurz anziehen und reibt mit einem weichen Lappen nach.

Holzschliff

Bei der Aufarbeitung alter Möbel kommt dem Schleifen eine große Bedeutung zu. Wenn hier vom Schleifen die Rede ist, so bedeutet dies in den meisten Fällen die Schleifarbeit mit der Hand. Der Einsatz von elektrischen Schleifmaschinen hat sich – und das muss immer wieder betont werden – bei der Oberflächenbehandlung als problematisch erwiesen, da oft zu radikal oder unregelmäßig abgeschliffen wird. Geeignet für den maschinellen Oberflächenschliff sind in der Regel alle Weichhölzer und gegebenenfalls massive Laubhölzer. Ungeeignet sind furnierte Flächen, gedrechselte und verzierte Möbelpartien sowie Hölzer, bei denen man behutsam mit der Patina umgehen muss.

Wie bereits im Abschnitt Werkstatteinrichtung erwähnt, gibt es dennoch immer wieder Beispiele, wo bei vorbereitenden Schleifarbeiten das maschinelle Schleifen große Arbeitserleichterung bedeuten kann. Band- oder Winkelschleifer sind durchaus geeignet, rückseitige und innenliegende Flächen, aber auch Weichholz oder massive Harthölzer (z. B. Eiche) so zu schleifen, dass sie für den weiteren Feinschliff mit der Hand gut vorbereitet sind. Auf kleinen Flächen wie Kanten, Rundungen, Winkeln und Ecken kann man sich mit dem sogenannten „Feinschleifer“ oder „Deltaschleifer“ die Arbeit vereinfachen. Es muss aber immer wieder darauf geachtet werden, dass das alte Holz dabei nicht zu radikal abgeschliffen wird. Für Bohrmaschinen gibt es im Handel einige Aufsatzgeräte, wie z. B. den „Luftschleifer“, der für Rundungen und unebene Oberflächen geeignet ist, den „Schleif-Blitz“, für Kanten und Rundungen, oder feine Drahtbürsten, mit denen grobporiges Holz bis in die Poren gereinigt werden kann.

Die Schleifrichtung wird von der Holzmaserung bestimmt. Ist sie ohne spezifische Richtung, also wellig oder wirbelig, so schleift man mit runden Bewegungen.

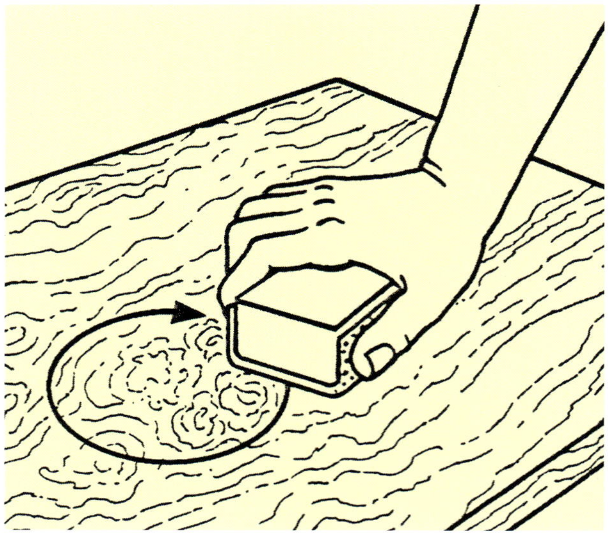

In den meisten Fällen ist es allerdings doch der Handschliff, der mit viel Geduld und Sorgfalt die Holzoberfläche säubert, feinschleift und somit das Holz bestens für die abschließende Oberflächenbeschichtung vorbereitet.

Schleifpapiere sind nach Stärke und Feinheit – man nennt dies Körnung – eingeteilt. Bei Restaurierarbeiten sollte man immer über den für Schreiner üblichen oder vom Hersteller empfohlenen Feinheitsgrad hinaus weiterschleifen. Schleifpapier wird ab Körnung 60 (sehr grob) aufwärts über 80, 120, 240, 320, 400, 600, 800 bis zu Körnung 1000 für den allerfeinsten Schliff angeboten. Für die meisten Schreinerbetriebe und die gewerbliche Verarbeitung endet der Holzfeinschliff meist schon bei der Körnung 240. Für Oberflächen, die poliert werden sollen, ist dagegen ein Feinschliff bis zur Körnung 1000 zu empfehlen.

Wie bei vielen anderen Artikeln ist auch das Angebot der verschiedenen Hersteller von Schleifpapier sehr umfangreich und für den Laien vielleicht verwirrend. Die Qualität eines Schleifpapieres wird bestimmt durch die Art der Körnung und deren Verleimung auf dem Trägermaterial. Maschinenschleifband hat z. B., da es stärker beansprucht wird, Leinen oder anderes reißfestes Gewebe als Trägerschicht. Abgesehen von ihrem Feinheitsgrad kann die Körnung aus verschiedenen Materialien bestehen, und diese bestimmen letztlich auch die Qualität, etwa Granat, Korund, Aluminiumoxyd, Flint oder Schmirgel.

Alle Körnungen sind für den Holzschliff geeignet. Manche Körnungen schleifen etwas härter als andere, einige setzen sich schneller mit Schleifstaub zu, andere wiederum sind nicht so ergiebig in ihrer Schleifkraft. Man muss dies bei der jeweiligen Holzsorte ausprobieren und hat am besten immer einen ausreichenden Vorrat verschiedener

Körnungen und Qualitäten zur Verfügung. Ab der Körnung 400 sind einige Schleifpapiersorten mit dem Zusatz „für Nassschliff" (Metall) versehen. (Dieser Hinweis ist nicht zwingend, und sie sind ebenso für Holztrockenschliff geeignet.) Das früher gebräuchliche Glaspapier mit einer Glaskörnung wird heute kaum noch im Handel angeboten.

Der Restaurator kennt viele Mittel für den Holzfeinschliff (siehe auch „Schelllackpolitur"). Besonders oft wird mit Stahlwolle feingeschliffen. Es ist dabei allerdings zu bedenken, dass die Stahlfasern leicht in einer noch nicht beschichteten, großporigen Maserung hängen bleiben und Verfärbungen im Holz bewirken können. Stahlwolle ist daher zum Feinschliff von bereits grundiertem Holz geeignet.

Nach reinigenden Vorarbeiten wie Ablaugen, Abbeizen, Säubern mit Holzseife, Abziehen von alten Farbresten, Wachs und Polituren muss die Holzoberfläche vor jeder Weiterbehandlung immer sorgfältig geschliffen werden. Ebenso wichtig ist aber auch der sogenannte Zwischenschliff bei fast allen Oberflächenbeschichtungen. Ob nun gewachst, mattiert, lackiert oder poliert wird, immer wieder muss nach jedem Arbeitsgang der aufgetrocknete Überzug mit feiner Körnung (z. B. 600) oder mit Stahlwolle (000) geglättet werden.

Es erfordert ein wenig Übung, um zu erkennen, mit welcher Körnung man einen Schleifvorgang beginnt. Geht es darum, allgemeine Verschmutzungen oder Flecke mit Handschliff zu entfernen, so muss gröber (Körnung 180) angeschliffen werden, als wenn man das bereits mit der Ziehklinge abgezogene Holz noch feiner schleifen möchte (Körnung 240). Auf jeden Fall ist zu beachten, dass das Schleifen in der richtigen Reihenfolge fortgesetzt wird. Man muss also mit einer groben Körnung (180) beginnen, mit einer mittleren Körnung (240 – 400) fortfahren und mit einer feinen Körnung den Schleifvorgang (600 – 1000) beenden und dabei jede Körnung anwenden. Bei den feinsten Körnungen (600 – 1000) ist die Schleifarbeit jedoch nur noch ein behutsames Glätten und nicht mehr mit dem oft mühsamen Vorschliff zu vergleichen.

Um das gesäuberte und noch unbehandelte Holz noch effektiver zu schleifen, kann man die rohe Holzoberfläche zwischen jedem Schleifdurchgang leicht anfeuchten. Die Holzfasern saugen diese Feuchtigkeit auf, richten sich dadurch etwas hoch und können im folgenden Arbeitsgang wieder abgeschliffen werden. Dieses „Wässern" und feiner Weiterschleifen kann bis zu der feinsten Körnung durchgeführt werden. Je nach Holzsorte wird man selbst entscheiden, wann das Holz ausgeschliffen, d.h. feinstgeschliffen ist. Schleifpapier kann man über einen Schleifkork legen oder direkt „über Hand" schleifen. Die Schleifrichtung wird von der Holzmaserung bestimmt. Ist sie geradlinig, so schleift man mit der Faser – nie aber quer dazu. Ist die Maserung ohne spezifische Richtung, also wellig oder wirbelig, so schleift man mit runden Bewegungen. Nach jedem Schleifgang entstaubt man das Holz mit einem weichen Lappen oder einer feinen Bürste. Den dabei anfallenden Schleifstaub sollte man in einem Gläschen sammeln. Man kann sich später daraus einen passenden Holzkitt herstellen (siehe „Rezepturen") und kleine Löcher im Holz damit ausfüllen.

Rezepturen und Anwendungen

Mittel zur Holzwurmbeseitigung:

▷ Heiße Luft (50° C, manchmal bereits 30° C) wird etwa 15 – 20 Minuten auf die betroffene Stelle geblasen. Dadurch werden die Larven abgetötet.
▷ Borsalzlösung auf das rohe Holz streichen und anschließend die Holzwurmlöcher mit Wachs verschließen.
1 Liter Wasser,
1 Handvoll Wermuthblätter,
2 – 3 Knoblauchzehen
auf die Hälfte einkochen, durch ein Tuch gießen mit ½ Handvoll Salz und
½ Tasse Essig vermischen und auf das Holz streichen.
▷ Glasstaub in die Fraßgänge oder Löcher blasen oder reiben und die Löcher anschließend mit Wachs verschließen.
▷ Stark duftende Essenzen wie Zypressenöl, Lavendelöl, oder Mottenkugeln können manchmal den Holzwurm vertreiben.
▷ Die Erzeugung hochfrequenter Wellen (mit einem „HirsTec-Gerät"), kann die Larven abtöten, ohne das Holz zu belasten.

Kitt- und Füllmittel:

▷ Holzmehl mit Weißleim zu einer dicklichen Paste vermischen.
▷ Warmen Knochenleim, aufgeweichte Seidenpapierschnipsel, Kreidepulver und einige Tropfen Leinöl zu einem dicklichen Brei vermischen und eventuell mit Farbpulver einfärben.
▷ Schelllackpolitur (dickflüssig) mit etwas Bimsmehl zu dicklichem

Brei verrühren und eventuell mit Farbpulver einfärben.
▷ 1 Bienenwachsplatte (etwa 100 g), 10 g Kolophonium, 10 g Schelllack im Wasserbad verschmelzen und eventuell mit Farbpulver einfärben.
▷ 2 Gewichtsteile Bienenwachs, 7 Gewichtsteile Kolophonium im Wasserbad verschmelzen.

Lösungsmittel für alte Oberflächenbehandlungen:

▷ Salmiakgeist und Spiritus zu gleichen Teilen vermischen (löst alte Spirituslacke an).
▷ Holzseifenflocken etwa 1:10 in heißem Wasser auflösen und etwas Salmiakgeist dazugeben (reinigt verschmutzte rohe Holzflächen).
▷ 50 g Ätznatron in einem Liter warmem Wasser auflösen (löst Ölfarben und Leimfarben auf Weichholz).
▷ 50 g Soda und 10 g Schmierseife in einem Liter warmem Wasser auflösen (löst alte Leimfarben).
▷ Kaliumsalz der Kieselsäure (Wasserglas) im Mischungsverhältnis 2:1 in abgekochtem Wasser auflösen (löst alte Ölfarben und Leimfarben).
▷ 1 Teil Kaliumcarbonat (Pottasche), 2 Teile Waschpulver und 2 Teile Weizenmehl in lauwarmem Wasser zu einem dicklichen Brei verrühren (löst alte Leimfarben, eventuell auch Ölfarben).

Braune Färbung:

▷ Holzessig (5 – 10%ig) mit Alkohol verdünnen (das Verhältnis muss je nach gewünschter Färbung ausprobiert werden), auf Nussbaumholz streichen, einziehen lassen und mit etwas verdünntem Salmiakgeist aktivieren, ergibt Patina für Nussbaumhölzer.

▷ Äußere Schalen von frischen Walnüssen trocknen und in einer Lauge (Pottasche) köcheln. Je nach Konzentration ergibt dies einen dunkelbraunen bis schwarzen Farbsud.

▷ Äußere Schalen der frischen Walnüsse zu einem Sud kochen und etwas Alaun hinzufügen.

▷ Teeblätter (schwarzer Tee) oder Schalen der gelben Zwiebel etwa eine Stunde auskochen.

Schwarze Färbung:

▷ Zwirn (Naturfaser) in Leinöl tauchen, anzünden und abbrennen lassen, indem man ein Kupfergefäß darüber hält. Den rußigen Niederschlag in Spiritus oder Leinöl lösen. Ebenso eignet sich der in Leinöl oder Spiritus aufgelöste Ruß einer guten Wachskerze.

Glutinleim (Grundrezept):

▷ 1 Teil Leim in 5 Teilen Wasser aufquellen lassen (etwa 48 Stunden). Bei Bedarf die Leimmasse im Wasserbad bis zu 70° C erhitzen und eventuell unter Zugabe von Wasser etwas verdünnen.

Andicken von zu flüssig gewordenem Glutinleim mit Füllpulver:

▷ Schlemmkreide, Roggenmehl, Fichtenholzmehl zu gleichen Teilen in Wasser zu einem dicklichen Brei anrühren, unter die warme, zu flüssig gewordene Leimlösung rühren.

Anfärben von Glutinleim:

▷ Füllpulver (z. B. Schlemmkreide) mit Farbpulver (Erdfarben) vermischen und unter die warme Leimlösung rühren.

Feinschliff–Poliersalbe:

▷ Wiener Kalk mit Tripel zu gleichen Teilen in säurefreiem Öl zu einer salbenartigen Paste verrühren.

Wachspaste:

▷ Bienenwachs, Karnaubawachs, Leinöl, Terpentinöl zu gleichen Teilen im Wasserbad schmelzen lassen und gut verrühren.

Verschiedene Harzsorten

Benzoe
Harz des „Laurus Benzoe", weich, rötlich-gelb

Bernstein („Gelbe Ambra")
Fossiles Harz von Nadelbäumen, sehr hart, gelblich-bräunlich

Drachenblut
Harz des Drachenbaums (Peru), hart, rötlich

Elemi
Tropisches Baumharz, weich, weiß-grünlich

Kopal
Harz verschiedener tropischer Bäume, hart, bernsteinähnlich

Mastix
Harz des Mastixbaumes (Mittelmeerraum), weich, hell

Kolophonium
Durch Destillation von Fichtenharz gewonnen, spröde, gelb-braun

Sandarak
Harz des Wacholderbaums, hart, hell

Schelllack
Harzabsonderung der Lackschildlaus, hart, gelb bis rötlich

Terpentin
„Venezianisch", Harz der Lärche, hart, hell

Politurmischungen (für die Handpolitur):

60 g Mastix (flüssig),
15 g Sandarak,
30 g Elemi,
120 g Venezianisch Terpentin in
1 Liter reinem Alkohol (96 %)
oder Polierspiritus auflösen.

120 g Sandarak,
120 g Schelllack,
60 g Kolophonium in
1 Liter reinen Alkohol (96 %) oder Polierspiritus auflösen, 2 – 3 Stunden in lauwarmem Wasserbad erwärmen und durch ein Leinentuch filtern.

120 g Schelllack,
30 g Kopal,
20 g Drachenblut in
1 Liter reinem Alkohol (96 %)
oder Polierspiritus auflösen.

110 g Schelllack,
20 g Mastix (flüssig),
20 g Kolophonium in
1 Liter reinem Alkohol (96 %)
oder Polierspiritus auflösen.

120 g Kolophonium,
10 g Mastix,
30 g Sandarak,
15 g Venezianisch Terpentin in
1 Liter reinem Alkohol (96 %)
oder Polierspiritus auflösen.

2 Gewichtsteile Sandarak,
1 Gewichtsteil Bernstein,
1 Gewichtsteil Mastix (flüssig) in
3 Gewichtsteilen Alkohol (96 %)
oder Polierspiritus auflösen.

2 Gewichtsteile Benzoe,
1/2 Gewichtsteil Terpentin (Harz) in
2 Gewichtsteilen Alkohol (96 %)
oder Polierspiritus auflösen.

Alle Rezepturen für die Poliermischungen sind alten Polierbeschreibungen entnommen.
Die Mengenangaben können auch leicht abgewandelt werden.
Die Verdünnung in Alkohol richtet sich nach dem jeweiligen Poliervorgang. Die Mischungen ergeben je nach Harzsorte und -menge einen mehr oder weniger harten oder glänzenden Polierlack (siehe auch „Die Schelllackpolitur").

Barockschrank, Augsburg, Nussbaum, 17. Jh. (mit Schelllack handpoliert).

Wichtige Holzverbindungen

Bei allen Holzverbindungen wird deutlich, dass Holz nicht eingeengt werden darf, sondern seinem urwüchsigen Arbeitsprozess, dem Schwinden und Quellen, ausreichend Raum gelassen werden muss. Die genaue Kenntnis der holzgerechten Verarbeitung ist Voraussetzung für jede Schreiner- und Restaurierarbeit.

Es ist schon viele Jahrhunderte her, seit Schreiner und Zimmerer das Holz, diesen großartigen lebenden Werkstoff, in seiner vielfältigen, konstruktiven Bedeutung erkannt, und diesen immerwährenden Prozess seines Lebens durch einige geniale Verbindungen bei der Verarbeitung gewissermaßen gezähmt haben. So ist es nur allzu verständlich, dass es selbst im vielfältigen Wandel der vergangenen Stilepochen immer bei diesen elementaren und typischen Holzverbindungen geblieben ist. Jeder Stil musste sich diesen konstruktiven Erkenntnissen und Regeln unterwerfen, oder wie es heute heißt: form follows function. Die genaue Kenntnis um eine holzgerechte Verarbeitung ist für jeden Schreiner Voraussetzung und Forderung zugleich beim Bau oder der Restaurierung eines qualitätvollen Möbels.

Um Konstruktionsprinzipien und Verbindungen, Statik und Stabilität an einem Möbel zu verstehen und es, wenn es aus den Fugen geraten ist, auch wieder reparieren zu können, sollen einige der wichtigsten Holzverbindungen des klassischen Möbelbaus erklärt werden.

Bei allen Holzverbindungen wird deutlich, dass Holz bei der Verarbeitung in seinem natürlichen Arbeitsprozess nicht eingeengt werden darf, sondern das Schwinden und Quellen der miteinander verbundenen Teile immer möglich bleiben muss.

Holznagel oder Dübel

Aus dem Nagel entstanden ist der Dübel, die einfachste Holzverbindung überhaupt. Unentbehrlich für den Schreiner war der Holznagel für die zusätzliche Festigung der früher oft „trockenen", d. h. unverleimten Schlitz-Zapfen- oder Feder-Nut-Verbindung. Die meisten alten Brett-, Rahmen- und Stollenmöbel haben diese zusätzliche, nach außen sichtbare Verdübelung mit Holznägeln.
Im Gegensatz zum geschmiedeten Nagel ist der Holznagel nicht anfällig für Rost und lässt das Holz nicht reißen. Besonders bei der sehr beanspruchten Schlitz-Zapfen-Verbindung des Stuhls bringt der

Aus dem Nagel ist der Dübel entstanden. Es ist die einfachste Holzverbindung überhaupt.

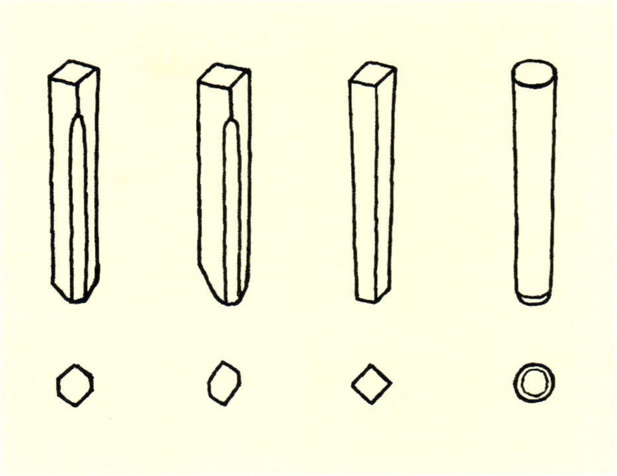

Holznagel eine zusätzliche Verstärkung der winkligen Verbindung von Pfosten (Beinen) und Zargen.

Die Form der früher üblichen Holznägel war den handgeschmiedeten Nägeln nachempfunden, nämlich kantig. Aus freier Hand wurden diese Dübel grob zurechtgeschnitzt. Beim Einschlagen in die mit dem Spiralbohrer vorgebohrten Löcher mussten sich die Kanten des Dübels fest in das Holz einpressen können. Restauratoren und Hobbyschreiner schnitzen sich auch heute noch gerne Dübel in passender Stärke selbst zurecht. Entweder nimmt man dafür das gleiche Holz, aus dem das zu restaurierende Möbelstück ist, oder Birken-, Weiden- oder Lindenholz, da diese Hölzer sehr zäh sind und sich leicht zusammenpressen lassen.

Fertigdübel sind heute aus Buchenholz hergestellt und für die sichtbare Verdübelung wenig geeignet – es sei denn, für Möbel aus Buchenholz. Überall dort, wo zwei stumpf gegeneinander verleimte Teile eine starke Belastung aushalten müssen, ist die Verstärkung der Leimfuge durch Dübel zu empfehlen. So sollte beispielsweise eine geleimte Gehrung zusätzlich noch verdübelt werden.

Es ist darauf zu achten, dass die Dübellöcher nicht zu nah an der Holzaußenkante gebohrt werden, da das Holz sonst ausbrechen kann. Sollen mehrere Dübel nebeneinander gesetzt werden, bohrt man die Dübellöcher leicht versetzt, um ein Reißen des Holzes zu verhindern.

Schlitz und Zapfen

Bereits die alten Ägypter hatten im Möbelbau erkannt, dass man das Arbeiten des Holzes mit gegenläufig gefügten Verbindungen buchstäblich im Rahmen und damit unter Kontrolle halten mußte.
In eine durch Schlitz und Zapfen verbundene Rahmenkonstruktion wurden dünnere Holzfüllungen eingelegt, d.h. in eine Nut eingefügt. Diese Holztafeln waren meist dekorativ gestaltet und hatten keine konstruktive, also tragende Funktion zu erfüllen. Sie konnten quellen oder schwinden, ohne dass das Möbel in seiner Standfestigkeit Schaden erlitt. Die Möglichkeit sich zu werfen, war damit unterbunden, denn die Tafeln (oder Füllungen) wurden in der Nut des Rahmens gehalten.

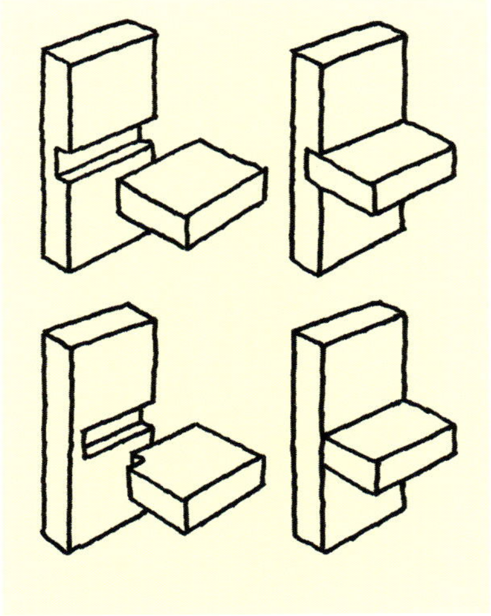

Nut- und Feder-Verbindung.

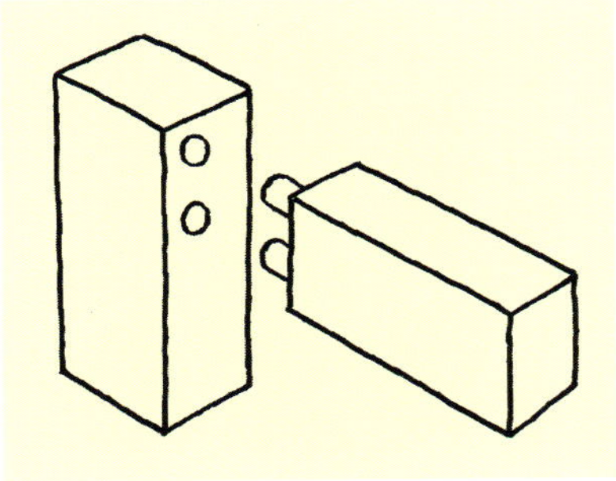

Wo zwei stumpf gegeneinander verleimte Teile starke Belastung aushalten müssen, ist die Verstärkung der Leimfuge durch Dübel zu empfehlen.

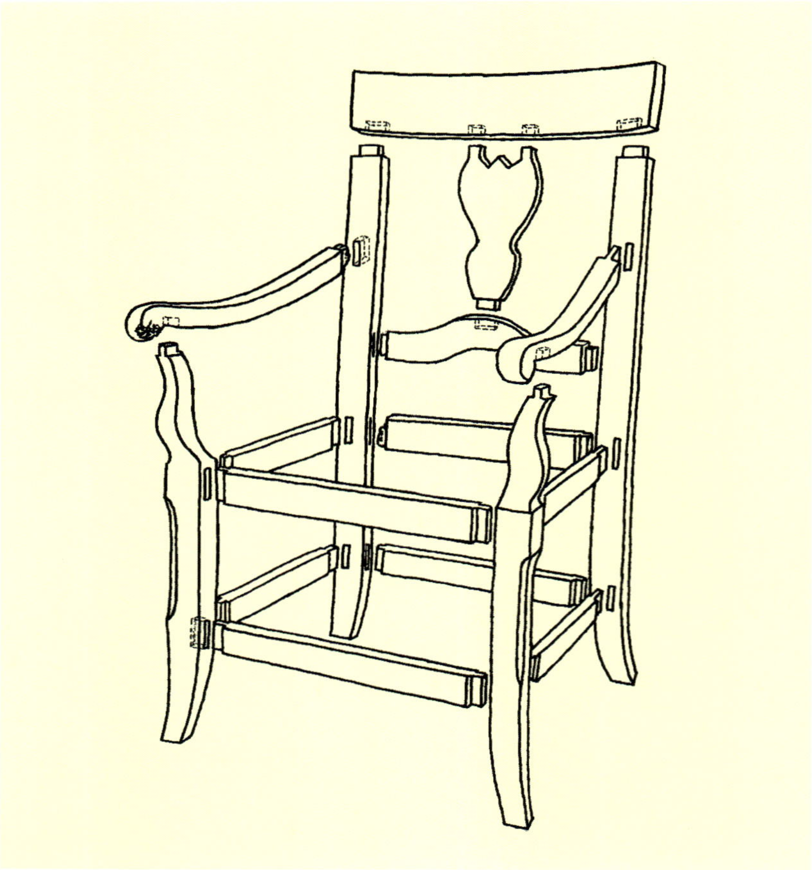

Schlitz und Zapfen:
Auch beim Stuhl hält diese Verbindung Zarge und Bein zusammen.

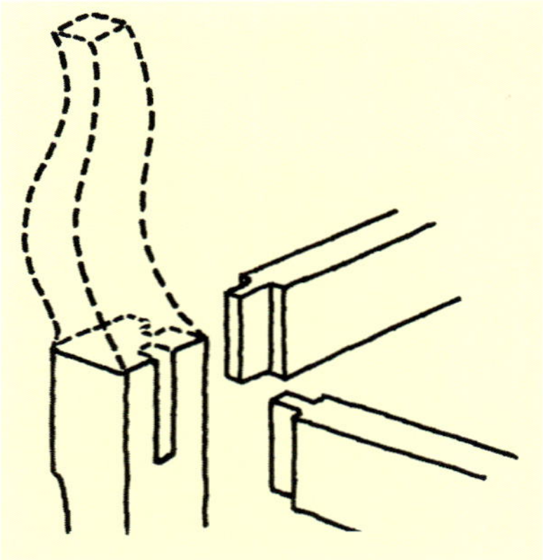

Schlitz-und-Zapfen-Verbindung.

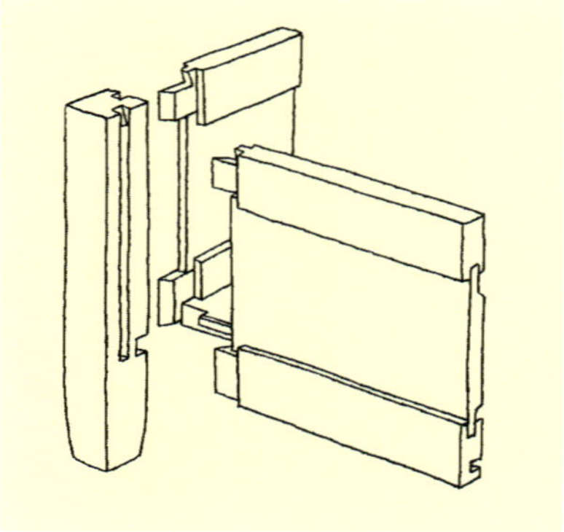

In eine durch Schlitz und Zapfen verbundene Rahmenkonstruktion sind dünne Holzfüllungen in eine Nut eingefügt.

Überplattung

Die Überplattung ist eine einfache Verbindung für Rahmen, Gehrungen, Eckverbindungen, Sprossen oder Ansatzstücke. Je nach Belastung wird man diese Verbindung beim An- oder Zusammenfügen abgebrochener Beine, Pfosten oder Querverbindungen verwenden.

Man unterscheidet zwischen verschiedenen Überplattungen:

▷ gerade Plattung,
▷ gerade Überplattung,
▷ Eckplattung,
▷ überplattete Gehrung.

Schwalbenschwanzzinkung

Die aus Schwalbenschwanz und Zinken zusammengesetzte Eckverbindung gilt als die beste und haltbarste Verbindung im Schreinerhandwerk. Man wendet sie an bei Seitenteilen mit Böden, bei Kästen und bei Schubladen. Die Verzinkung trägt ebenso wie die Zapfenverbindung der Tatsache Rechnung, dass Holz immer arbeitet. Für den Schreiner ist eine sauber ausgestemmte Schwalbenschwanzverbindung immer noch der Prüfstein für handwerkliches Können.

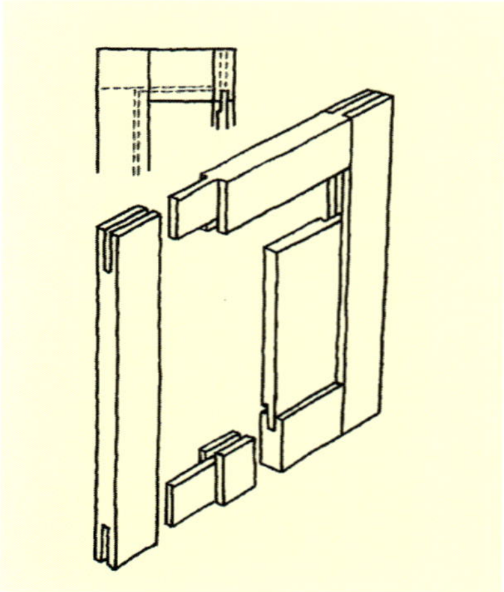

Eine durch Schlitz und Zapfen verbundene Rahmenkonstruktion.

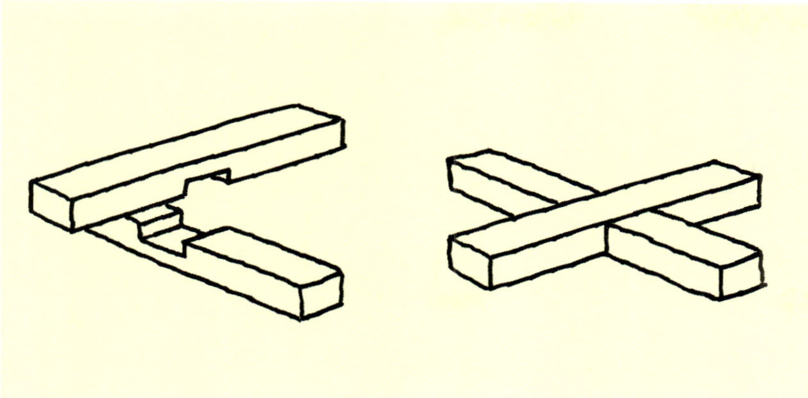

Gerade Überplattung

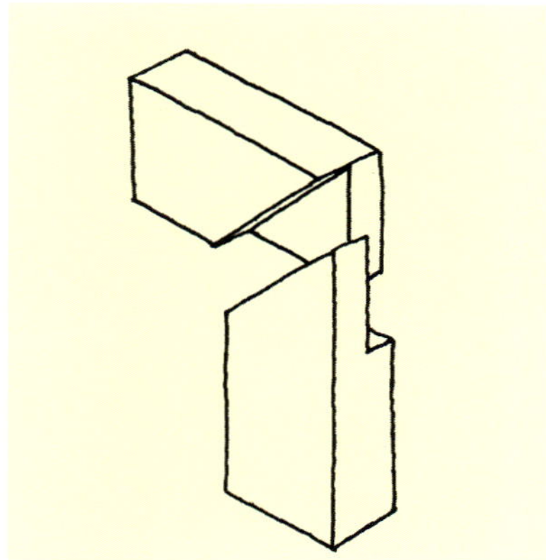

Überplattete Gehrung

Verzinkungen können heute maschinell hergestellt werden. Sie unterscheiden sich in ihrer Regelmäßigkeit jedoch deutlich von der handgestemmten Verzinkung. An der Ausführung einer verzinkten Verbindung lässt sich besonders gut erkennen, ob es sich um ein neues oder altes Teil am Möbel handelt. Eine Verzinkung verläuft immer „über Hirn", d. h. die Zinkung wird an den Hirnholzkanten ausgestemmt. Die Tiefe der Zinken entspricht immer der Stärke des Gegenholzes mit den Schwalbenschwänzen. Die Höhe der Schwalbenschwänze gleicht der Stärke des gezinkten Bretts. Die Schwalbenschwänze befinden sich immer auf der Brettfläche, die dem größeren Zug oder Druck ausgesetzt ist (z. B. die Schubladenvorderfront).

Man kennt drei Arten der Schwalbenschwanzzinkung:

▷ einfache Zinkung (offene Zinken, d. h. sichtbare Zinkung)
▷ einfach-verdeckte Zinkung
▷ doppelt-verdeckte Zinkung auf Gehrung.

Verzinkungen bei alten Möbeln sind häufig, wie auch Holzdübel, nur trocken (ohne Leim) eingefügt.

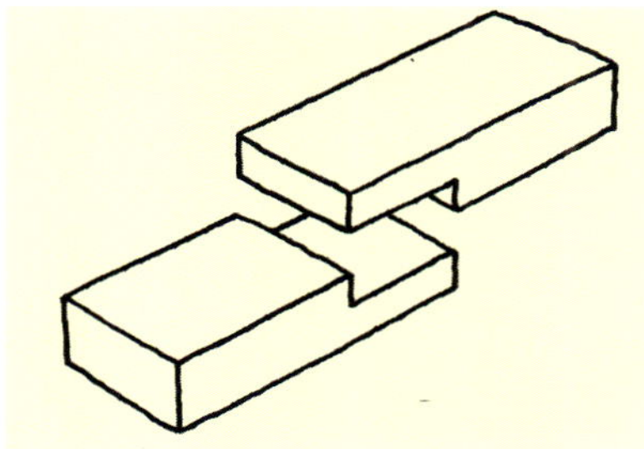

Gerade Plattung

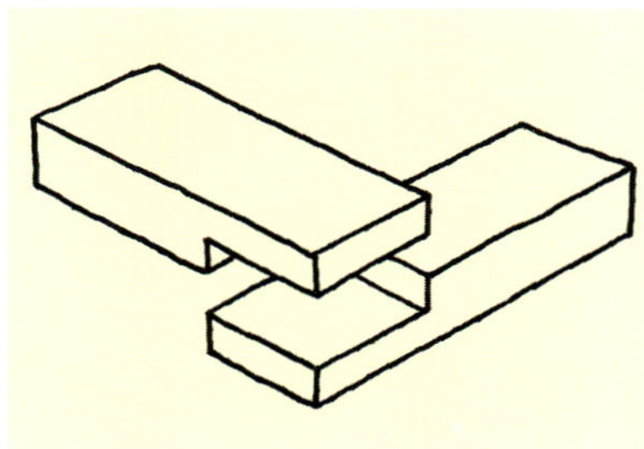

Eckplattung

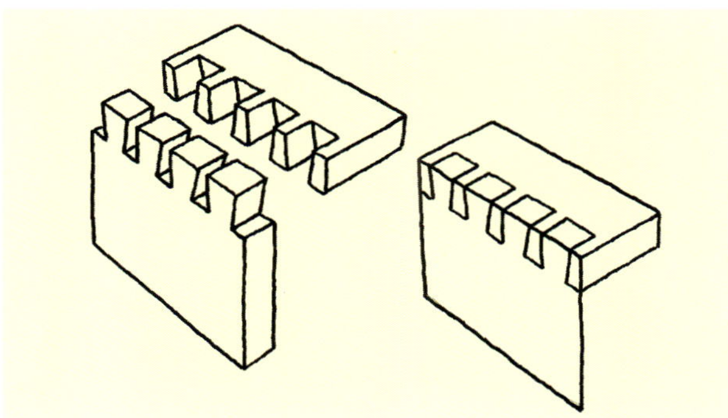

Einfache Zinkung (offene Zinken)

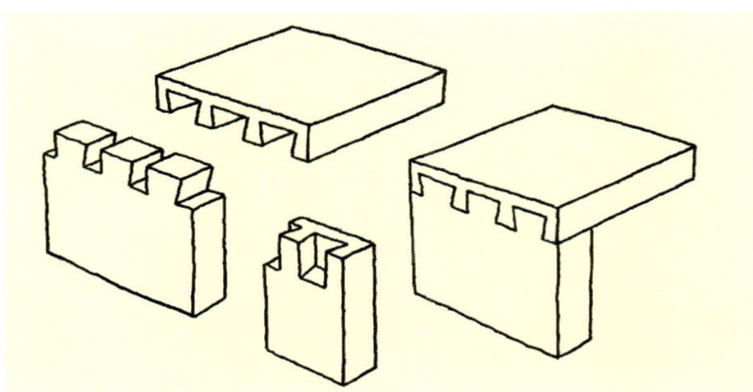

Einfach verdeckte Zinkung

Für den Schreiner und Restaurator ist das Stemmen einer Schwalbenschwanzzinkung der Prüfstein für handwerkliches Können.

Doppelt verdeckte Zinkung auf Gehrung

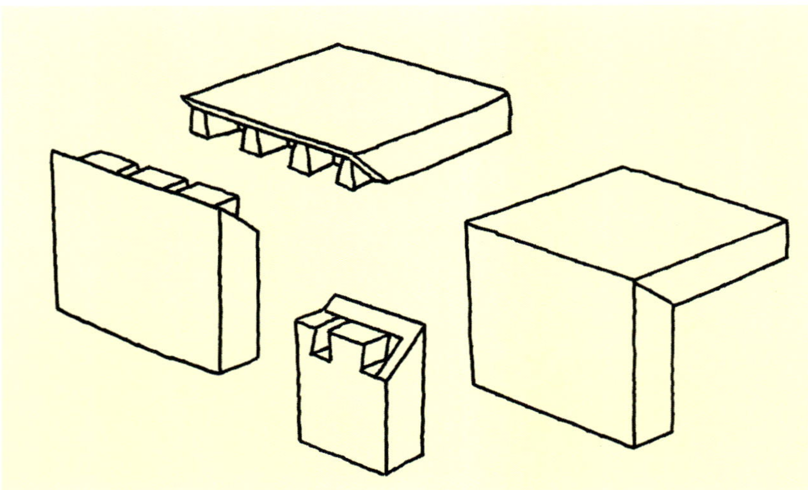

Nut und Feder

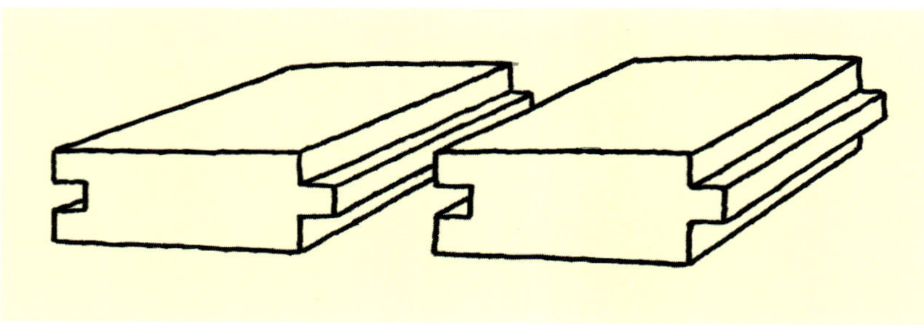

Nut und Feder

Die Nut- und Feder-Verbindung ist in der modernen Holzverarbeitung eine der häufigsten maschinell hergestellten Verbindungen. Man kennt diese Verbindung schon seit langem und verwendete sie, wie schon in dem Abschnitt über Schlitz und Zapfen beschrieben, für Rahmenkonstruktionen der Kastenmöbel, bei denen die Holzfüllung in der Nut des Rahmens steckt.

Die Nut, also die durch senkrechte Kanten (Nutwangen) begrenzte Vertiefung im Holz, wird mit dem Nuthobel hergestellt. Das Gegenstück, die Feder, wird mit dem Feder- oder Spundhobel gehobelt. Für die Herstellung in bogenförmigen Stücken verwendet man den Bogennuthobel.

Schreibschrank, Frühbiedermeier, Deutschland, Kirsche, erstes Viertel 19. Jh.

Verspannen und Verleimen

Nur wenn das verleimte Ersatzholz fest verspannt wird, ist die restaurierte Holzverbindung haltbar. Zwingen, Gurte, Leimzangen, Winkelspanner, Sandsäckchen und Pressklötze zum Schrauben und Klemmen für Rundungen, Zargen und Kanten können dem Restaurator die Arbeit erleichtern.

Verspannen

Beim Einspannen und Verzwingen frisch verleimter Arbeiten muss der Restaurator oft sehr erfinderisch sein, um die Leimung unter Druck abbinden lassen zu können. Das muss er besonders dann, wenn es sich um Rundungen, Winkel, Gehrungen, Ecken oder gar Verzierungen handelt. Oft müssen erst die passenden Pressklötze in der entsprechenden Form zugearbeitet werden, um die Arbeit fest verzwingen zu können. Nur wenn das eingeleimte Ersatzholz passgenau und fest verzwingt antrocknen kann, ist die Stabilität der restaurierten Holzverbindung auch gewährleistet. Vor dem Einleimen einer Ausbesserung soll man genau ausprobieren, wie die Zwingen oder die Verspannung angesetzt werden können. Sind die Holzflächen einmal eingeleimt, muss man rasch verzwingen. Es ist daher empfehlenswert, in einem Probelauf (also noch ohne Leim) die Zwingen anzusetzen, um zu prüfen, ob die Verspannung richtig sitzt und ob die passenden Pressklötze untergelegt werden können.

Im Abschnitt „Allgemeine Grundausstattung“ wurden bereits die gebräuchlichsten Arten der Schraub- und Klemmzwingen vorgestellt. Am häufigsten im Gebrauch sind „Momentschraubzwingen“ aus Stahl, die es in leichter, mittelschwerer und schwerer Ausführung in Spannweiten von 20 cm bis 2 m gibt. Für leichte, verleimte Teile, z. B. Furnierausbesserungen, kann man mit Modellschraubzwingen (aus Stahl) oder den sehr handlichen Holzzwingen (aus Buchenholz) arbeiten. Letztere sind mit einer schützenden Korkauflage versehen und lassen sich mit einem Exzenterhebel leicht aufspannen.

Als einfach, aber doch sehr wirkungsvoll haben sich feste Kordeln oder Gurte zum Verspannen bewährt.

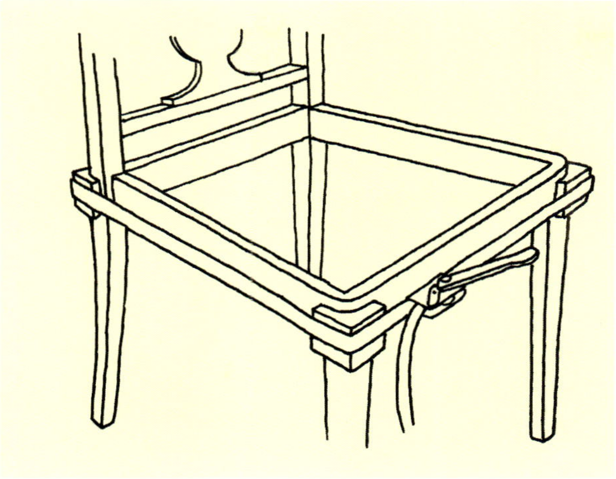

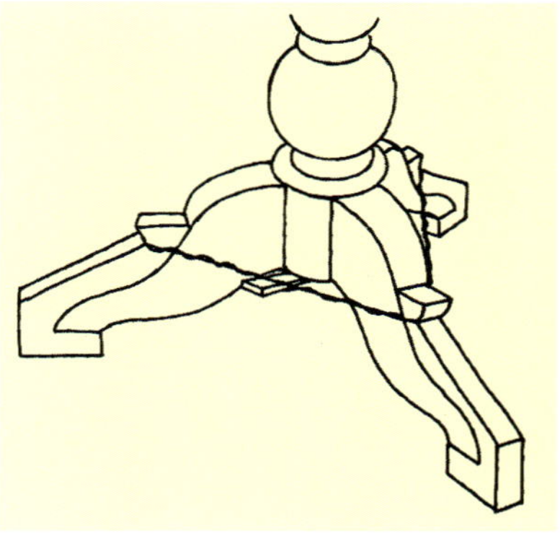

Die Gurte werden um Rundungen oder auch Stuhl- und Tischzargen gelegt und mit Stöckchen festgedrillt.

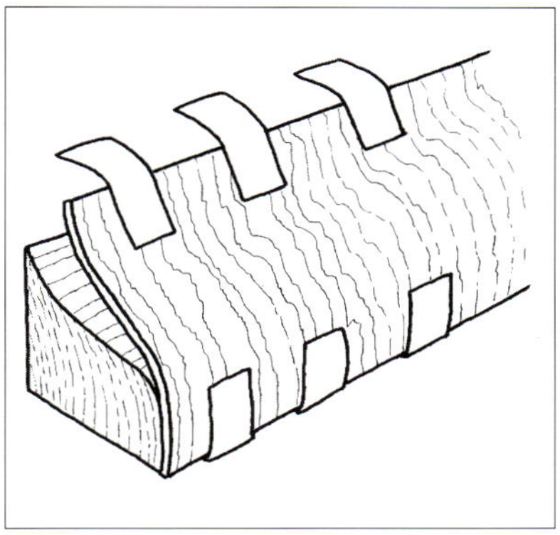

1 Auf geschwungenen Zierteilen finden Zwingen keinen festen Halt. In solchen Fällen wird das verleimte Furnier mit Tesakrepp befestigt.

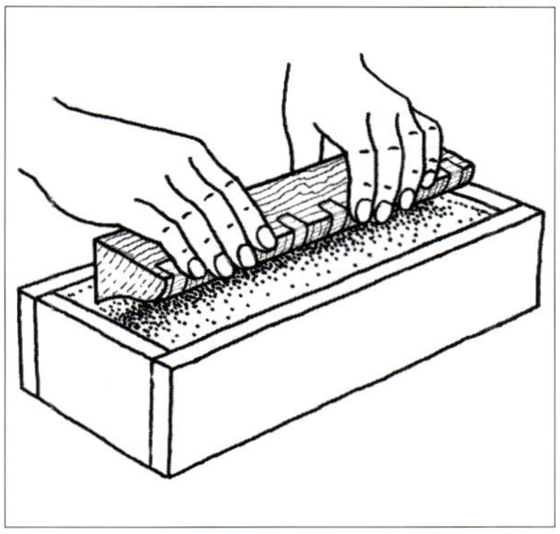

2 In eine mit warmem Sand gefüllte Form wird das furnierte Holzteil eingelegt.

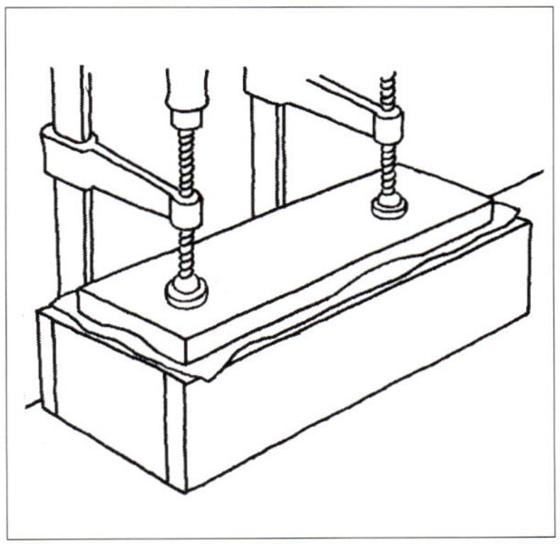

3 Mit Zwingen und einer geraden Zulage kann die Rundung unter Druck abbinden.

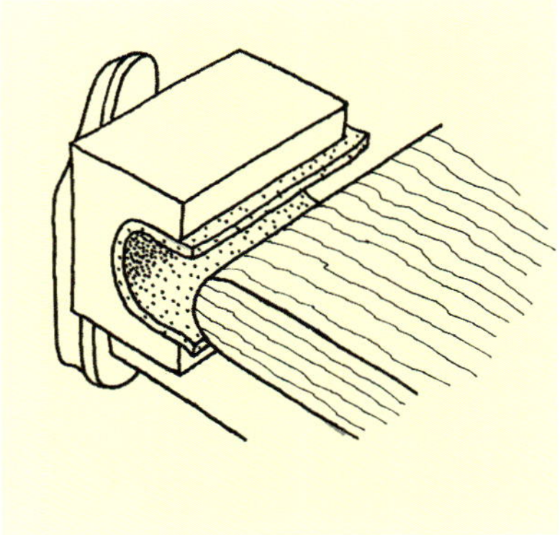

Neben einer reichhaltigen Auswahl von Zwingen braucht man die entsprechenden Pressklötze.

Ebenfalls aus Holz ist das sogenannte „Kantenstück“, eine Kantenzwinge. Gute Unterstützung beim Verleimen bieten auch „Hilfszwingen“, die man direkt auf eine „Momentschraubzwinge“ setzt, wodurch man sich eine Vielzahl zusätzlicher Einspannmöglichkeiten schaffen kann. Leichte „Leimzangen“ mit Druckpolster können sehr hilfreich sein und das Werkstück so lange zusammenhalten, bis die eigentliche Verzwingung fest sitzt. Gehrungszwingen, Korpuszwingen, Spannmobil, Winkelspanner – alles sind Hilfsmittel, mit denen beim Einspannen der nötige Druck auf das verleimte Möbelteil ausgeübt werden kann.

Die wichtigste Einspannvorrichtung in der Werkstatt aber ist die Hobelbank. Nicht nur um das Holz besser bearbeiten zu können, wird es in die Hobelbank eingespannt, auch beim Verleimen bietet sie viele Möglichkeiten. Große, über die Hobelbank hinausragende Werkstücke können durch einen „Bankknecht“ abgestützt werden. Als einfache, aber doch sehr wirkungsvolle Verspannungshilfen haben sich feste Kordeln oder Gurte bewährt. Sie werden um

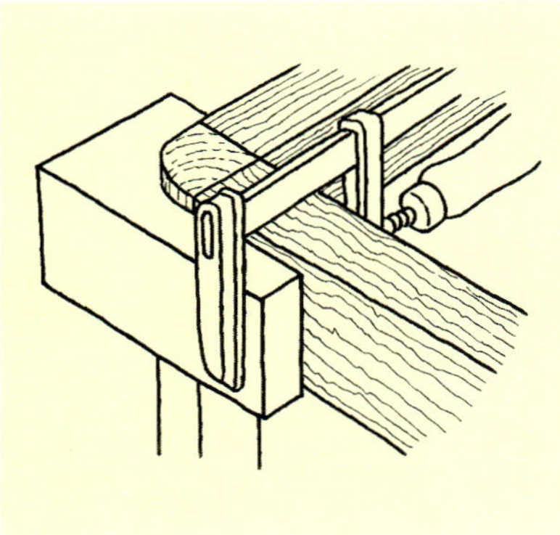

Um eine Rundung fest verzwingen zu können, muss man sich den passenden Pressklotz herstellen.

Hier wird ein angefeuchteter Riemen um die furnierte Rundung gewickelt, damit das verleimte Furnier bei Wärme unter Druck abbinden kann.

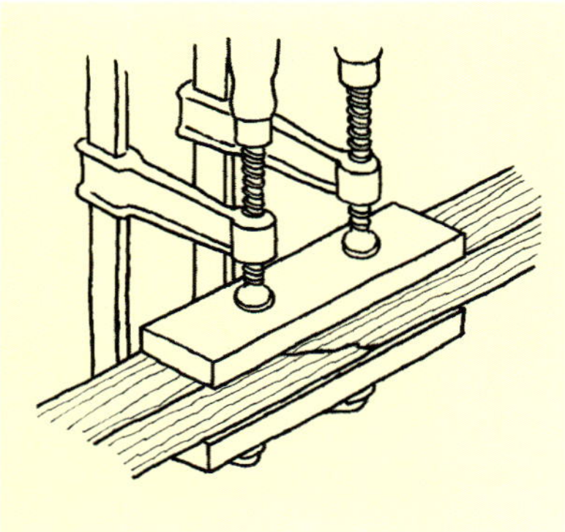

Ein zu verleimendes Holz muss immer unter Druck abbinden.

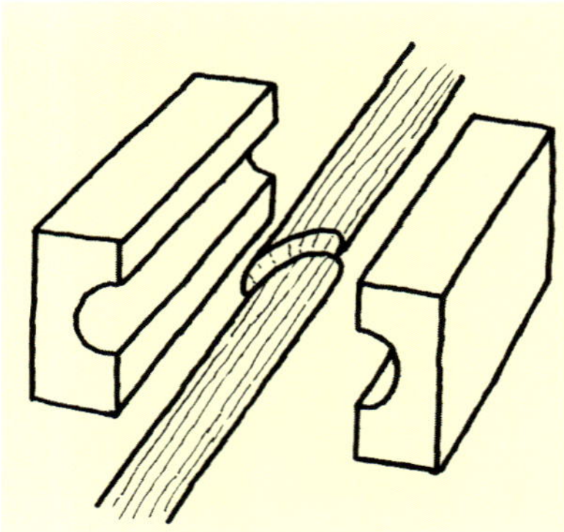

Eine Negativform der zu verleimenden Rundung erleichtert das Verzwingen.

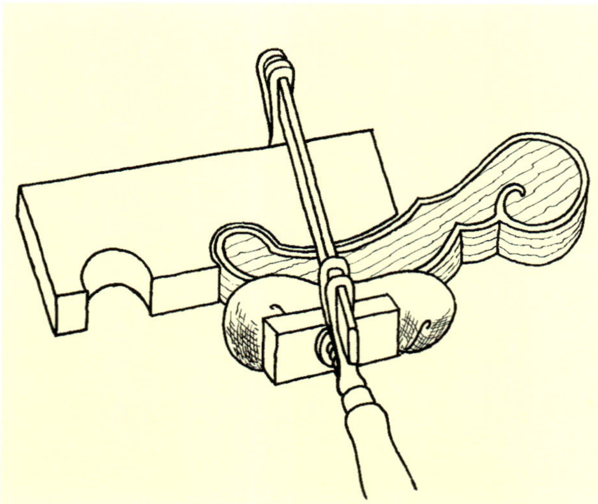

Die „Sandsäckchenmethode" hat sich besonders bei Furnierarbeiten mit Knochenleim bewährt.

Rundungen oder auch Stuhl- und Tischzargen gelegt und mit Stöckchen festgedrillt.

Ebenso wichtig wie eine reichhaltige Auswahl an Zwingen, sind die entsprechenden Pressklötze, auf denen die Zwingen angesetzt werden können. Auf geschwungenen, gedrechselten oder mit Zierleisten abgesetzten Möbelteilen finden Zwingen oft keinen Halt und rutschen immer wieder ab. Um sie fest verleimen und verspannen zu können, muss man sich aus einfachem Holz (z. B. Weichholz oder Buchenholz) eine Negativform des zu verleimenden Möbelteils aussägen.

Meist kommt man mit einer Standardauswahl dieser Pressklötze aus, die man immer wieder an den typischen, konvexen oder konkaven Formen beim Verleimen und Verspannen unterlegen kann.

Ein schon seit langem gebräuchliches Hilfsmittel, um das mit Knochenleim verleimte Furnier auf geschwungenem Holz aufzupressen, ist die „Sandsäckchenmethode". Ein mit warmem Sand gefülltes Säckchen wird mit einer Zwinge und einer geraden Zulage fest in oder auf die betreffende Rundung verzwingt, so dass der Leim unter Wärme und Druck gut abbinden kann.

Bei großen oder geschwungenen Holzteilen wird das Ansetzen der Zwinge erleichtert, indem man dünnes, biegsames Sperrholz auflegt, um darauf, als Ansatzpunkt für die Zwingen, einzelne Pressklötze zu nageln.

Hat man es beim Verleimen mit einer sehr komplizierten geschwungenen Form zu tun, kann man sich aus Gips oder Kunstharz einen Abdruck davon herstellen, um das zu verleimende Holzteil darin zu verzwingen.

Beim Verleimen von Furnier auf rundem Holz, z. B. Säulen, Beine, sollte man sich entweder zwei entsprechende Negativformen herstellen, in denen die Rundung verzwingt werden kann, oder man umbindet das verleimte Furnier auf der Rundung mit Riemen aus Naturfaser. Dazu wird das Furnier angefeuchtet, um die mit Knochenleim bestrichene Rundung gelegt, mit Tesakrepp oder kleinen Furniernägeln punktweise fixiert, mit dem Riemen umwickelt, der dann mit Wasser befeuchtet wird. In der Nähe einer Wärmequelle bewirken Hitze und Dampf, dass der Leim warm abbindet, während sich der Riemen beim Austrocknen fest um die verleimte Rundung zieht.

Der etwas brenzlige Geruch aus dem Knochenleimtopf ist typisch für eine Restaurierwerkstatt.

Verleimen

Glutinleim (Warmleim)

Wichtig für gute „Verleimfestigkeit" bei Holzarbeiten ist eine gleichmäßige Temperatur sowie eine normale Holzfeuchte von 8 – 12%. Bei zu feuchtem Holz ist die Verleimung nicht dauerhaft, zu trockenes Holz dagegen saugt die Feuchtigkeit des Leims zu rasch auf, so dass die Leimfuge „verhungert".

Ähnlich wie bei den Lacken für die Oberflächenbehandlung ist auch die Auswahl bei den Leimen groß. Restauratoren bevorzugen für Holzleimarbeiten dennoch traditionell den Tischlerleim (auch Glutin-, Warm- oder Knochenleim genannt), ein aus tierischen Knochen- oder Hautabfällen gewonnener organischer Leim. Sein Hauptbestandteil ist eine Eiweißverbindung, das Glutin. Restauratoren ziehen diesen Glutinleim dem synthetischen Kaltleim (Weißleim) deswegen vor, weil die mit Warmleim verbundenen Holzteile nach dem Abbinden immer wieder durch Wärme oder Alkohol gelöst werden können, ohne dass das Holz dabei beschädigt wird. Dies hat sich besonders bei Furnierarbeiten bewährt.

Bei Warmleim unterscheidet man zwischen Haut- und Knochenleim. Die aus den jeweiligen aufgekochten Abfällen gewonnene Brühe wird gefiltert und nach dem Erkalten zu Leimpulver, Leimkörnern oder Leimtafeln verarbeitet. An der Farbe des Leims (hellgelb bis dunkelbraun) kann man die Qualität erkennen (siehe: Tabelle Leimarten). Knochenleim bindet physikalisch ab, d. h. sein Lösungsmittel (Wasser) verdunstet, während die Leimsubstanz auf dem Holz auftrocknet. Etwa 24 Stunden nach dem Aufleimen ist eine feste und harte Verbindung mit dem Holz entstanden.

Die Zubereitung einer Tischlerleimmischung, der sogenannten Leimflotte, ist einfach, wenngleich einige Regeln zu beachten sind. Da frisch gekochter Leim nicht immer zufriedenstellend abbindet, kann man ihn folgendermaßen vorbereiten:

Leimperlen oder in kleine Stücke zerbrochene Leimtafeln werden über Nacht in Wasser (etwa im Verhältnis 1:5) eingeweicht – der Tischler legte früher Wert darauf, dass dies in einem Kupfergefäß geschah. Überschüssiges Wasser wird danach abgeschüttet. Die kalte, aufgequollene Leimmasse wird dann im Wasserbad (oder einem eigens dafür vorgesehenen Leimtopf) etwa 3 bis 4 Stunden bei 60 bis 70° C bis zur Schmelze erhitzt und dabei mehrmals abgeschäumt. Ist der Leim zu einer dicklichen Konsistenz zusammengeschmolzen (der Leim darf nicht kochen), schüttet man die warme Masse in flache Behältnisse um, lässt sie erkalten, trocknen, und schneidet oder bricht sie dann in größere Teile. Diese Leimbrocken können ohne weiteres für einige Monate auf Vorrat angelegt werden. Bei Bedarf kann man dann davon soviel im Wasserbad erhitzen, wie man für die jeweiligen Leimarbeiten benötigt. Dieser vorerhitzte und zur Verleimung wieder frisch

Leimart	Nähere Bezeichnung	Inhaltsstoffe/Farbe
Glutinleim (Tischlerleim, Warmleim)	Hautleim	ausgekochte, tierische Abfälle (Häute, Sehnen, Knorpel), braun-trüb
	Knochenleim	ausgekochte, tierische Abfälle (Knochen, Knorpel), hell-durchsichtig
Glutin – Kaltleim	Fischleim	ausgekochte Häute und Gräten
Kaltleim	Kaseinleim	Kasein, d.h. Eiweißstoff der Milch und gelöschter Kalk
Kunstharzleim (Kaltleim, Weißleim)	Polivinylacetatleim (Dispersionsleim)	Kunstharze, mit und ohne Härterzusatz, weiß

erwärmte Leimansatz bindet am besten ab. Leim kann man über längere Zeit warm halten oder erneut aufwärmen, doch verliert er dabei allmählich an Bindekraft. Auf keinen Fall darf der Tischlerleim durch zu starkes Erhitzen schwarz werden.

Glutinleim wird, noch warm, beidseitig auf die zu verleimenden Holzteile aufgestrichen und soll etwa 12 bis 24 Stunden unter Druck und bei Wärme abbinden, d.h. die Raumtemperatur muss mindestens 20° C betragen. Mit einer zusätzlichen Wärmequelle (z.B. Lötlampe, Ofen, angewärmte Sandsäckchen, Wärmeplatten oder Bügeleisen, vorgewärmte Pressklötze) kann man das Abbinden unterstützen (siehe: Verleimen von Furnier).

Zum Leimauftrag geeignet sind metallfreie Pinsel, Handwalzen, Kämme, Kunststoffspachtel und Furnierstreifen.

Weißleim (Kaltleim)

In Schreinerwerkstätten und der holzverarbeitenden Industrie sind Glutinleime schon lange durch Kunstharzleime ersetzt worden. Diese Kalt- oder Weißleime sind gebrauchsfertig und können jederzeit auch bei niedrigen Temperaturen und mit kurzen Abbindezeiten verarbeitet werden.

Weißleim ist ein synthetischer Klebstoff aus Kunstharz, der in Wasser gelöst – also auch mit Wasser verdünnbar – bei richtiger Lagerung lange haltbar ist.

Der Leim trocknet elastisch und feuchtfest auf und benötigt, je nach Anteil seines Härterzusatzes, mehr oder weniger lange Abbindezeiten.

Weißleime ohne Härterzusatz können nach dem Auftrocknen bei etwa 50° C wieder aufgeweicht werden. Weißleime mit Härterzusatz sind bis 150° C wärmebeständig.

Lange „offene" Zeiten und seine einfache Verarbeitung sind die Vorteile des Kaltleims, die durchaus den Vorzügen eines Warmleims standhalten, nämlich, dass er nach dem Abbinden problemlos wieder lösbar ist, ohne das Holz zu beschädigen. Der Restaurator muss also von Fall zu Fall entscheiden, mit welchem Leim er arbeiten möchte. Weißleim bindet z.B. bei „fetten" Hölzern wie Rosen-, Amarant-, Veilchen- oder Palisanderholz nicht immer zufriedenstellend ab.

Andere Kunststoffleime, wie Heißschmelzkleber, Kontaktkleber, Harnstoffharzleime, Resorcinharzkleber oder Epoxidharzkleber, sollten bei Restaurierarbeiten nicht verwendet werden.

Daniel Alcouffe, ein Restaurierexperte, schreibt in seinem Buch „Möbel": „Es ist indessen nicht unsere Absicht, alle neuen Produkte systematisch schlecht zu machen, wenn sie die Arbeit gefahrlos

Temperatur bei Verarbeitung	Abbindezeit	Besondere Eigenschaften
warme Verarbeitung (Raumtemperatur bei 20° C Leimtemperatur bis + 60° C	12 bis 24 Stunden, physikalisches Abbinden (Verdunstung), lange „offene Zeit“	natürlicher, organischer Leim, bindet ohne Holzverfärbung ab, säurefrei, Leimdurchschlag leicht zu entfernen, nicht wärmebeständig, daher wieder anlösbar, nicht feucht- und schimmelfest
wie Hautleim	wie Hautleim	wie Hautleim, jedoch säurehaltig, daher Verfärbung möglich
kalte u. warme Verarbeitung (Raumtemperatur oder bis +10° C)	über Nacht	wie Hautleim
kalte Verarbeitung (Raumtemperatur oder bis +10° C)	über Nacht, chemisches Abbinden	hartes Auftrocknen, feucht- und schimmelfest durch alkalische Wirkung, Verfärbung im Holz möglich
kalte Verarbeitung (Raumtemperatur oder bis + 5° C)	physikalisches/chemisches Abbinden, je nach Wasser oder Härterzusatz von 20 Minuten bis über Nacht	synthetischer Leim, feuchtfest, keine Verfärbung im Holz, wärmebeständig bis 60 oder 150° C je nach Härterzusatz, Leimdurchschlag mit Aceton zu entfernen

erleichtern können. Es gibt Restauratoren, die mit einigen dieser Produkte zufrieden sind, weil sie es verstanden haben, deren Verwendung an die Erfordernisse der Restaurierung anzupassen“

Fachbegriffe beim Verleimen

Abbindezeit
Aushärtungszeit des Leims. Der Leim oder Kleber ist nach dieser Zeit „fugenfest“

Füllstoffe
Anorganische Stoffe ohne eigene Klebekraft, die dem Leim zur Verlängerung beigemischt werden können, z. B. Schlämmkreide, Gips, Holzmehl

Leimdurchschlag
Nach dem Abbinden noch sichtbare Leimreste auf der Holzoberfläche

Leimflotte
Leimansatz. Fertige Leimmischung aus Wasser (oder Härter), Streck- und Füllmitteln

Offene Zeit
Zeit nach dem Leimauftrag bis zum Beginn des Abbindens. In dieser Zeit muss die verleimte Arbeit unter Druck kommen

Presszeit
Zeitraum, in der der Leim unter Druck abbindet

Reifezeit
Zeitraum vom Ansetzen bis zum fertigen Gebrauch der Leimflotte

Streckmittel
Quellfähige, organische Stoffe mit eigener Klebekraft, die dem Leim beigemischt werden können, um ihn zu strecken z. B. Getreidemehl, Stärke oder wasserlösliche Zellulose

Topfzeit
Gebrauchsdauer der fertigen Leimmischung

Verhungern
Bezeichnung für einen Vorgang, bei dem zu trockenes Holz den Nassfilm des Leims zu rasch aufsaugt („die Leimfuge verhungert“)

Wartezeit
Zeit zwischen Verleimen und dem endgültigen Verzwingen oder Pressen (je nach Leimsorte und Härter)

Weißpunkt
Bezeichnung der Konsistenz des Weißleims, wenn er bei weniger als +3° C keinen geschlossenen Leimfilm mehr bildet, spröde wird und an Bindekraft verliert

Typische Restaurierarbeiten

Lose Scharniere, ausgebrochene Schlüssellochblenden, klemmende Schubladen und abgenutzte Laufleisten, vom Holzwurm zermürbte Stuhlbeine und wackelnde Holzverbindungen – viele Beschädigungen können auftauchen. Fast jedes alte Möbel hat durch ständige Benutzung oder schlechte Behandlung im Laufe der Jahre Schäden erlitten, die restauriert werden müssen.

Lose oder ausgebrochene Scharniere

Bewegliche Teile an einem Möbel wie Türen, Klappen und Deckel werden in der Regel durch Zapfenbänder, Klappenscharniere, Schrankbänder („Fitschen- oder Fischband"), gerollte Scharniere und Schnappverschlüsse aus Messing oder Eisen gehalten. Fast jedes alte Möbel hat durch die ständige Benutzung im Laufe der Jahre gerade an diesen Verbindungen Schaden erlitten. Oft lockern oder lösen sich die Schrauben oder Stifte dieser Scharniere, so dass in der Folge das betroffene Holz falsch belastet wird und ausbricht. Ist das Scharnier selbst abhanden gekommen und Ersatz in der gleichen Größe nicht mehr zu finden, muss man die Schadstelle vergrößert ausstemmen, um ein neues Scharnier einsetzen zu können.

Entweder stemmt man dem Umriss des größeren Scharniers entsprechend aus, oder man begradigt die jeweilige Schadstelle, bessert sie bündig mit einem passenden Ersatzholz aus, um dann ein der ursprünglichen Größe entsprechendes Scharnier neu einzupassen.

Es empfiehlt sich, alte Beschläge, Schlösser (möglichst mit Schlüsseln) und Scharniere zu sammeln und sich einen Fundus davon anzulegen (siehe auch: Nützliche Adressen). Auf Floh- und Trödelmärkten sollte man stets nach kleinteiligem Ersatzmaterial Ausschau halten.

Die seitlichen Schreibklappenhalterungen haben sich an diesem Sekretär gelockert und müssen wieder befestigt werden (Esche mit Ahorn, um 1815).

Mit Eichenholz ausgebessertes Scharnier an einem Vorratsschrank, um 1800.

Die kleinen Messingscharniere an dem Deckel des Stehpults sind ausgebrochen, Nussbaum um 1820.

Ein ausgebrochenes Scharnier ersetzen

Die Scharnieraussparung an einem kleinen, halbrunden Tisch mit aufklappbarer Platte ist ausgerissen, das Messingscharnier selbst fehlt. Da es einfacher ist, die Aussparung etwas vergrößert neu auszustemmen, anstatt auf die alte Größe auszuflicken, sollte man auch das andere Scharnier an dieser Klappe gegen ein größeres auswechseln.

Diese Art der Klappscharniere wird in vielen Abmessungen aus Messing oder Eisen hergestellt und ist im Fachhandel erhältlich.

Es kann vorkommen, dass man den Umriss für das Scharnier nicht vergrößern kann und die ursprüngliche Aussparung erhalten muss. Das ausgerissene Holz wird also ausgebessert, um das Originalscharnier wieder einschrauben zu können.

Ausgerissenes Scharnier an einem halbrunden Tischchen (Demi Lune), Nussbaum, um 1830.

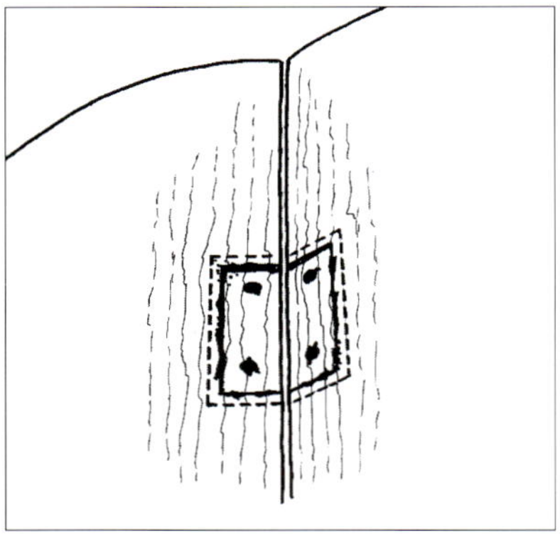

1 Der Umriss des neuen Scharniers wird mittig über der alten Aussparung markiert, so dass die Rolle genau zwischen beiden Klappen sitzt.

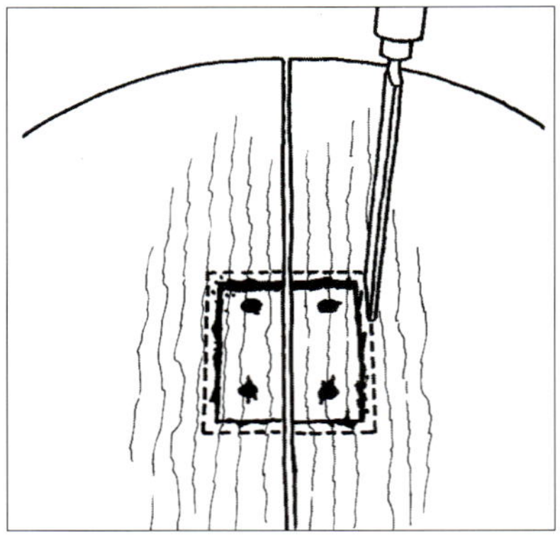

2 Die Aussparung wird in ihrer vergrößerten Form ausgestemmt.

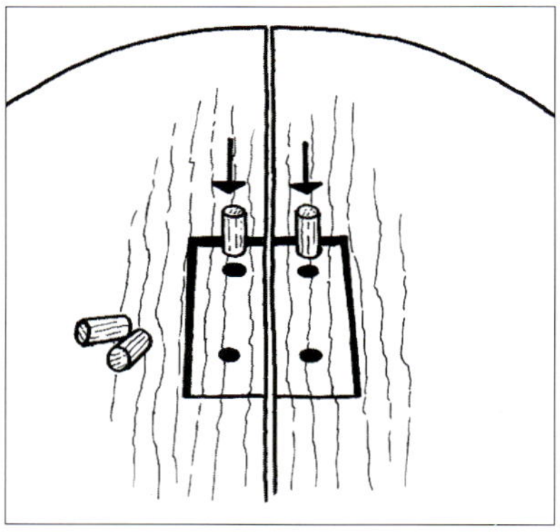

3 Entsprechen die alten Schraubenlöcher nicht denen des neuen Scharniers, werden sie mit Dübeln verschlossen.

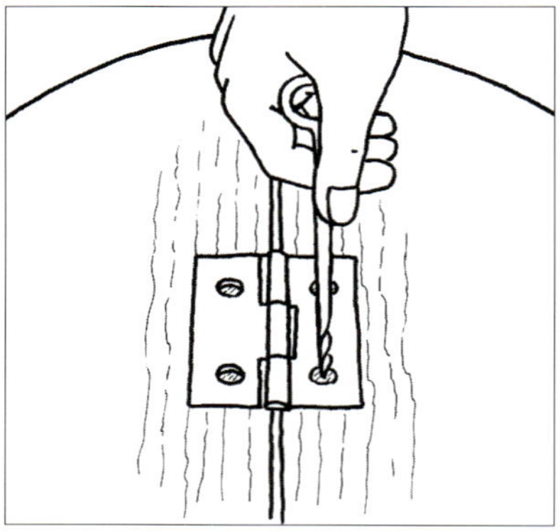

4 Die Schraubenöffnungen des neuen Scharniers werden in der Aussparung markiert und mit dem Schneckenbohrer vorgebohrt.

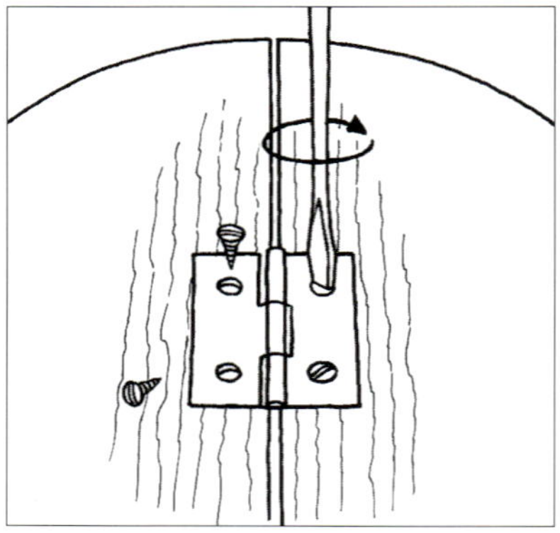

5 Die Schrauben werden mit dem Scharnier eingedreht. Das zweite Scharnier wird in gleicher Weise eingesetzt.

Ausgerissenes Fischband (Fitschen) wieder einsetzen

Das Fischband (Fitschen) ist eine Scharnierform bei Türen und Fenster. Es ermöglicht, den schwenkbaren Teil auszuhängen.

Mit einem besonderen Stemmeisen, dem Fitscheisen (ficher; franz.: einschlagen) werden die Schlitze für die Lappen der Fischbänder ausgestemmt und mit Stiften im Holz befestigt.
Den Schlitz für ein Fischband auszustemmen ist keine leichte Arbeit, da dabei immer die Gefahr besteht, dass das Holz aufplatzt. Deshalb muss der Schlitz beim Ausstemmen mit beidseitig festgezwingten Hölzern abgesichert werden. Auch ist darauf zu achten, dass alle Späne nach dem Ausstemmen aus dem Schlitz entfernt werden, um den Lappen mühelos einschieben zu können.

Ein ausgerissenes Fitschenband wurde wieder eingebessert.

1 Die Bruchstelle wird ausgestemmt. Dabei wird das Stemmeisen schräg angesetzt, um das Ersatzholz keilförmig einpassen zu können.

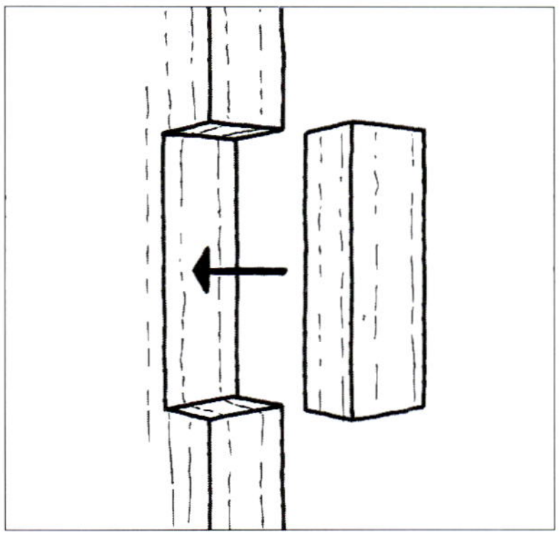

2 Die neuen Abmessungen werden auf das Ersatzholz übertragen; es wird keilförmig ausgesägt und eingepasst und unter Druck eingeleimt.

Detail der Schranktür eines Eckschranks mit beschädigtem Schloss und Schlüssellochblende.

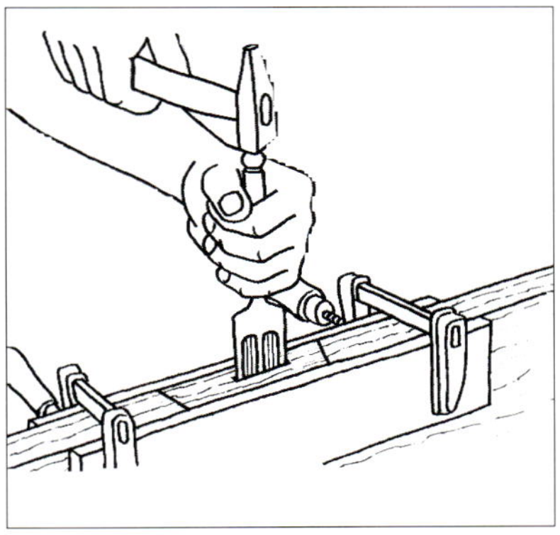

3 Mit dem Fitschen-Stemmeisen stemmt man die entsprechend angerissenen Schlitze für die Lappen aus, wobei das Holz abgesichert sein muss.

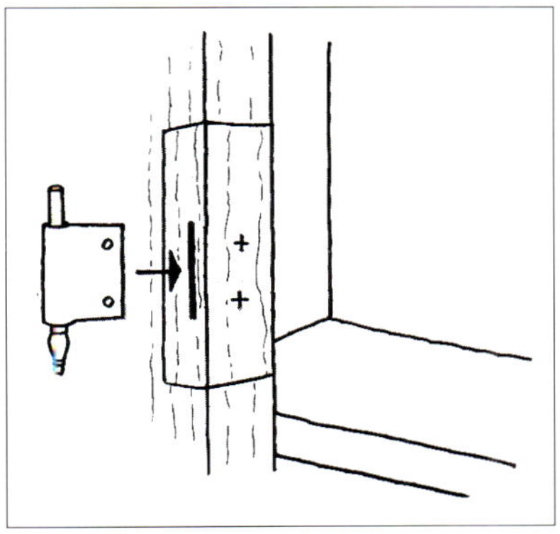

4 Der Fitschenlappen wird in die Öffnung gesteckt und von aussen mit Schrauben fixiert. Das ausgebesserte Holz wird geschliffen und beigefärbt.

Schlüssellochblende aus Nussbaum in einer Kirschbaumschublade.

Ausgebrochene Schlüssellochblenden

Schlösser, Beschläge und Schlüssellochblenden sind deutliche Erkennungsmerkmale der jeweiligen Entstehungszeit eines Möbels. Es gab Stilepochen, in denen aufwendiges Kunsthandwerk am Möbel den Entwurf des Ebenisten völlig in den Hintergrund drängte, und Ornamente aus Messing, Bronze, Eisen, Silber oder anderen Materialien mit überschwänglichen Formen das Möbel beherrschten (z. B. im Rokoko). Es gab aber auch Stile, bei denen mit Dekors am Möbel sehr sparsam umgegangen wurde. Im Biedermeier oder bei rustikalen Möbeln sind Schlüssellochblenden oft das einzige Zierwerk. Ist eine Blende in das Holz eingelassen, so ist dies häufig bald eine Schadensstelle, denn üblicherweise wird die Schublade am Schlüssel aufgezogen, und die Blende reißt dabei aus. Aufgesetzte Beschläge dagegen können leicht wieder mit kleinen Nägeln oder Schrauben befestigt werden, wenn sie sich gelockert haben. Sind sie abhanden gekommen, kann man

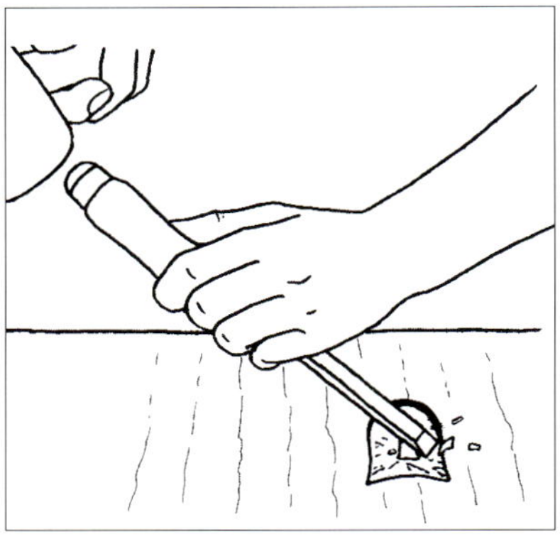

1 Die ausgebrochene Schlüssellochblende wird sauber ausgestemmt.

2 Die offene Form der Blende wird auf Pergamentpapier übertragen.

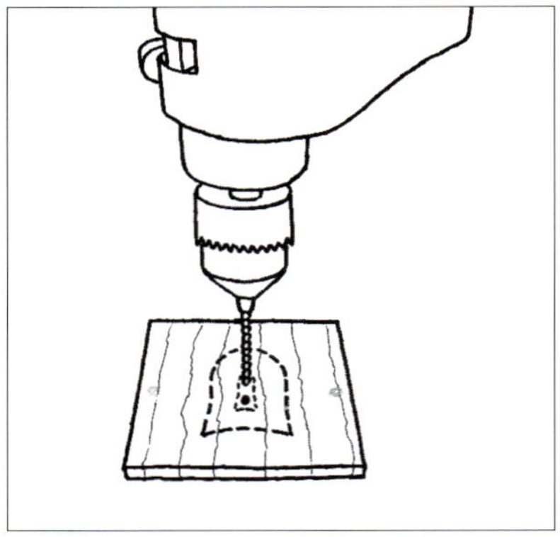

3 Vom Pergamentpapier wird die Form auf das ausgewählte Ersatzholz kopiert. Für die Schlüssellochöffnung werden zwei Löcher vorgebohrt.

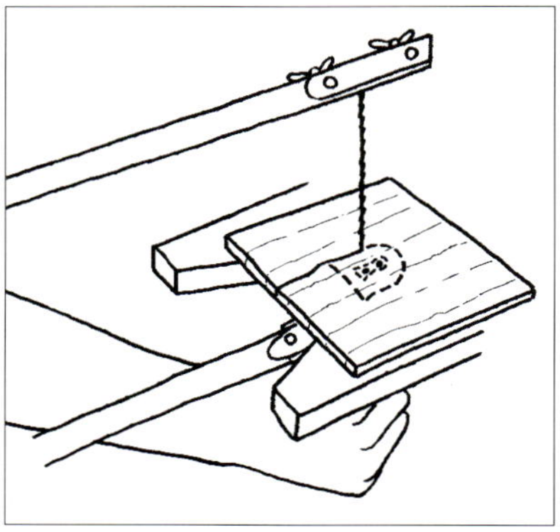

4 Zum besseren Einpassen wird die Blende mit der Laubsäge keilförmig ausgesägt. Die Kanten können auch nachträglich mit grobem Schleifpapier abgeschrägt werden.

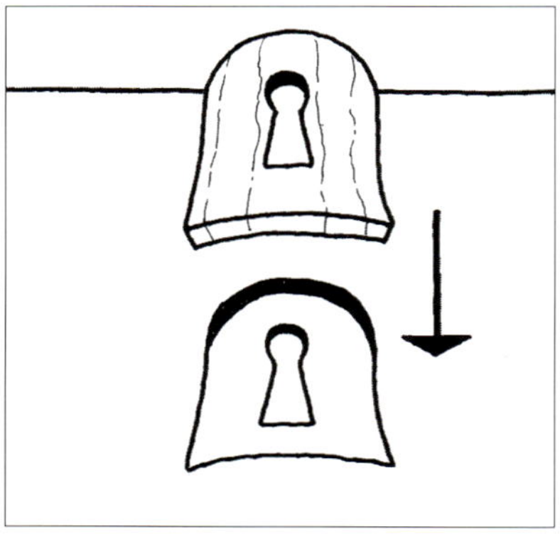

5 Erst wenn die Blende passgenau sitzt, wird sie eventuell gefärbt und unter Druck eingeleimt.

aus dem großen Angebot an Beschlägen aller Stilepochen nach Originalvorlagen leicht Ersatz besorgen. Etwas schwieriger wird es, eine in das Holz eingelassene Schlüssellochblende zu ersetzen, wenn sie ausgerissen ist. Doch auch hier gibt es eine reichhaltige Auswahl an Blenden aus Ebenholz, Mahagoni, Büffelhorn und Elfenbein. Man kann sich aber auch selbst aus feinem Holz (z. B. Birne, Ahorn, Wurzelholz) die der Schublade angemessene Blendenform zusägen und eventuell einfärben.

Unter Umständen ist das Holz um den Schlüssel durch die starke Beanspruchung so tief ausgerissen, dass das darunterliegende Steckschloss sichtbar wird und somit keine Holzleimfläche mehr verbleibt. In diesem Fall müsste man die neue Schlüssellochblende aus entsprechend dickem Holz aussägen, damit sie bündig (oder auch etwas überstehend) mit Zweikomponentenkleber eingesetzt werden kann.

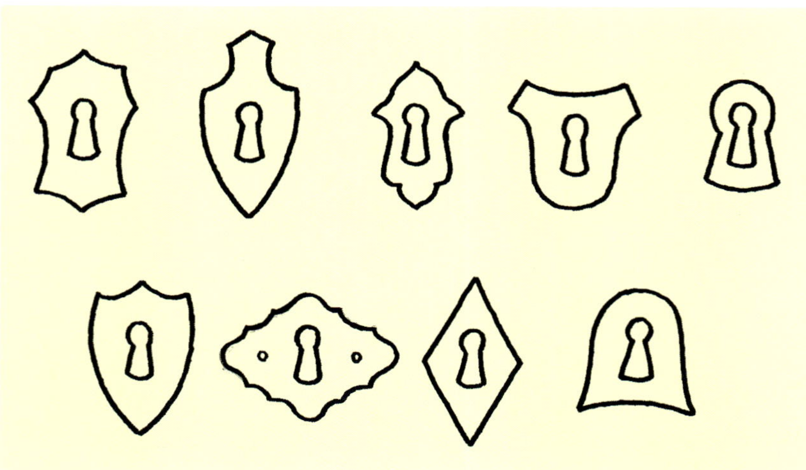

Man kann sich selber aus feinem Holz (z.B. Birne, Ahorn, Wurzelholz) die der Schublade angemessene Schlüssellochblende aussägen und eventuell schwarz einfärben.

Ein loses Scharnier befestigen

Bei einem Sekretär haben sich die Befestigungsschrauben für die Klappenhalterung (Eisen) gelöst und müssen wieder Halt bekommen, bevor das Holz ausreißt.

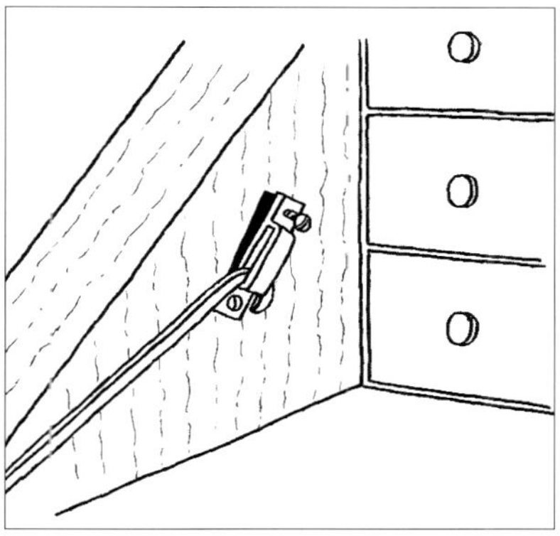

1 Die Halterung wird vollständig ausgeschraubt.

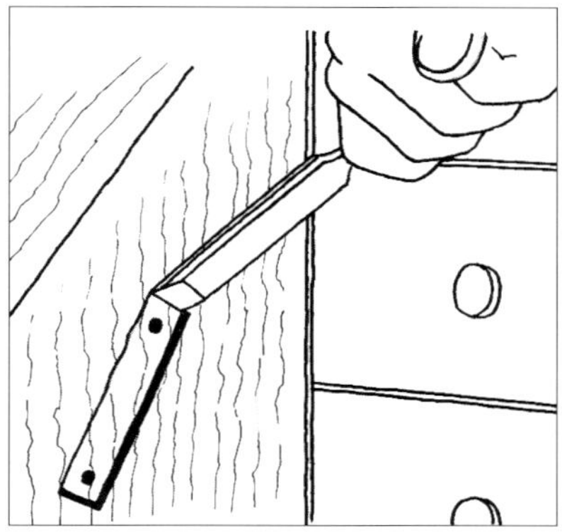

2 Die Aussparung wird mit einem Stemmeisen vorsichtig gesäubert, ohne die Aussparung dabei zu vergrößern.

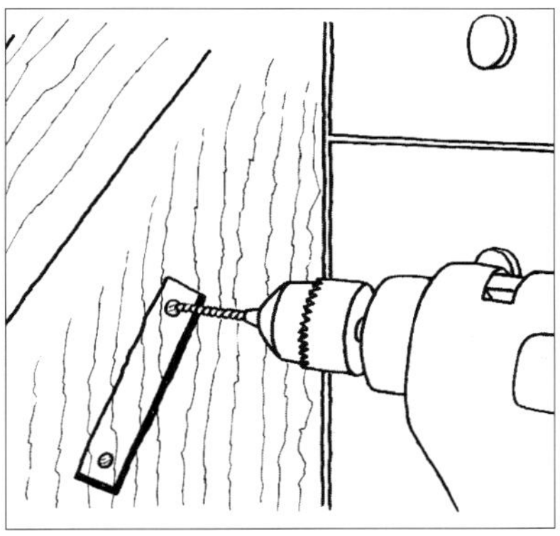

3 Die Schraubenlöcher werden in Schraubentiefe ausgebohrt.

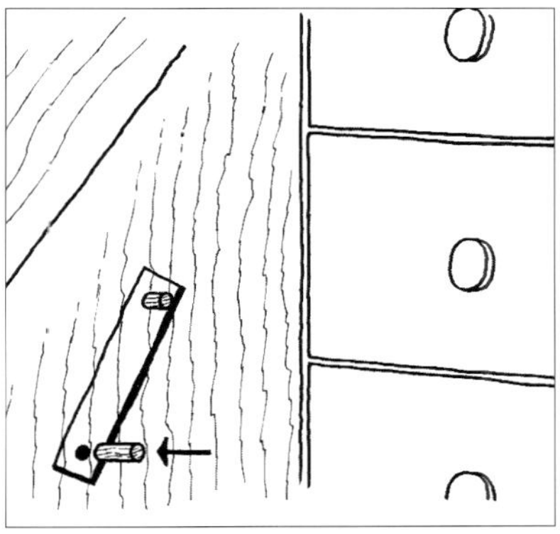

4 Entsprechende Dübel (selbst zugeschnitzte oder Fertigdübel aus Buchenholz) werden bündig eingepasst.

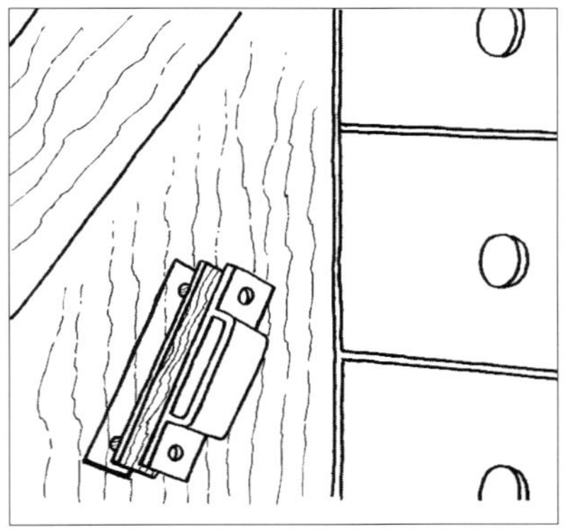

5 Wenn die Halterung zu tief im Holz sitzt, muss die Aussparung mit einem passenden Stück Furnier oder Pappe etwas aufgefüttert werden.

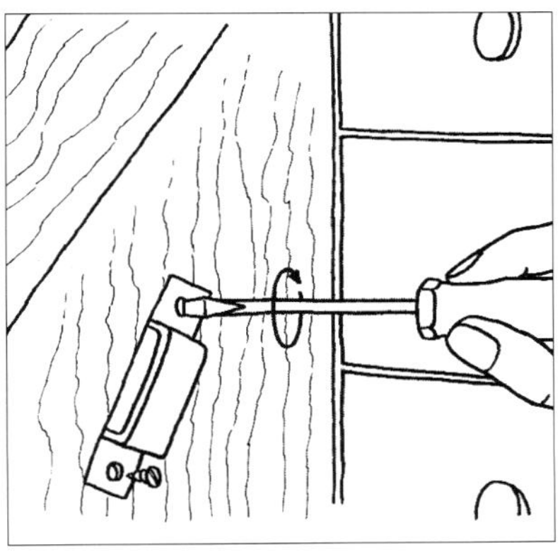

6 Die Schraubenlöcher der Halterung werden vorgebohrt und die etwas eingefetteten Schrauben erneut eingedreht.

Klemmende Schubladen und abgenutzte Laufleisten

Oft hat man als Besitzer einer alten Kommode oder eines Sekretärs Mühe mit den Schubladen. Sie verkanten beim Aufziehen, klemmen und sind überhaupt nur noch schwer zu bewegen. Auch hier spielen wieder Alter und Abnutzung des Holzes eine Rolle. Dennoch kann in solchen Fällen der Schaden behoben werden, obwohl dies für den Restaurator eine der unscheinbarsten und zeitaufwendigsten Arbeiten ist. Zuerst einmal muss man sich mit der Bauart einer Schublade, die in einem Korpus beweglich sein soll, auseinandersetzen. Die Schublade selbst ist ein an allen vier Teilen verzapfter, oben offener Kasten, dessen Boden in einer Nut der Seitenwände und der vorderen Blende sitzt. Um nicht zu verkanten, gleitet die Schublade beim Aufziehen auf Lauf- und Kippleisten und wird je nach Konstruktion noch durch zusätzliche Streichleisten gehalten. Schon daraus ergeben sich genug Schadens-

Bei großen, breiten Schubladen besteht der Schubladenboden meist aus mehreren Brettern, die mit der Vorderfront und den Seitenteilen vernutet sind. Bei schwerer Belastung verbiegt sich der Boden. Durch unterseitige Verstärkung, die mit der Schubladenfront verzapft und am hinteren Bodenteil verschraubt ist, wird der Boden abgestützt.

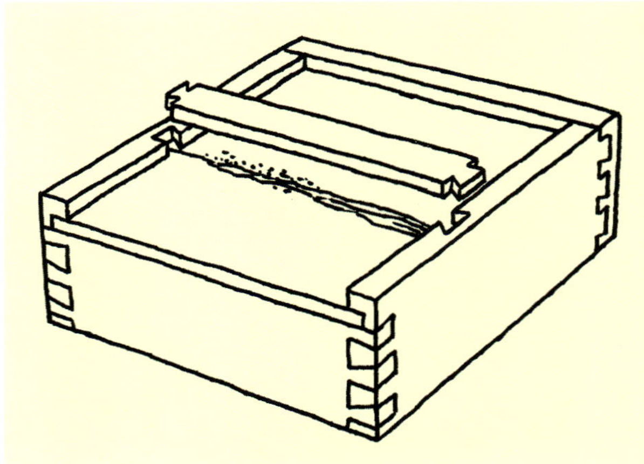

Schubladen mit Lauf-, Kipp- und Streichleisten.

Um nicht zu verkanten, gleitet eine Schublade beim Aufziehen auf Lauf- und Kippleisten.

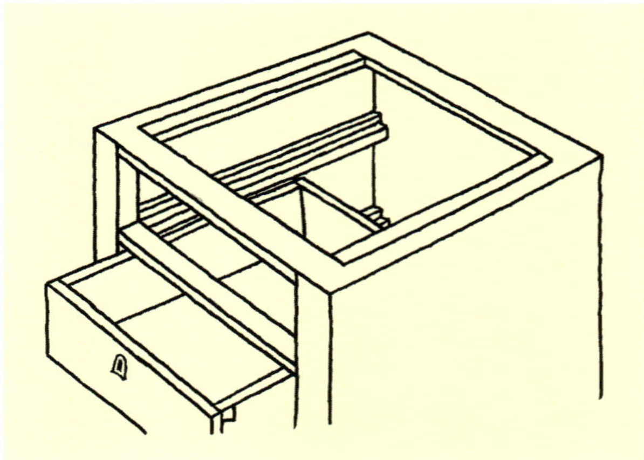

und Abnutzungsmöglichkeiten. Auch kann sich der Schubladenboden gelöst haben, wenn er, wie bei großen Schubladen üblich, aus mehreren Brettern besteht. Dadurch wiederum kann sich die ganze Schublade verzogen oder in ihrer Verbindung gelöst haben. Da die innenliegenden Teile eines Möbels meist aus Weichholz gefertigt sind, arbeiten diese Teile bei Feuchtigkeit oder großen Temperaturschwankungen stärker als das Hartholz des Korpus. Manchmal kann es auch ein Nagel sein, der den Lauf der Schublade behindert.

Um die Reibung der Schublade gegen den Korpus, und damit auch die Abnutzung, zu vermindern, hat schon der große Möbelbauer David Roentgen im 18. Jahrhundert Schubladen im Korpus auf Rollen gleiten lassen, um ihren Lauf so leicht wie möglich zu halten.

Bei der Prüfung eines Schadens sollte man sich als Erstes die Reibungsflächen der Schubladenseitenteile mit dem Korpus des Möbels ansehen. Dort findet sich häufig die Ursache. An beiden Reibungsflächen – also Schublade und Korpus – wird mit Schleifpapier, der Ziehklinge oder auch mit dem Hobel etwas Holz abgenommen. Hat man auch die eventuell gelösten Schwalbenschwanzverbindungen der Schubladenseitenteile wieder verleimt und verzwingt, so wird man dennoch in den meisten Fällen feststellen, dass es die Laufleisten sind, die sich abgenutzt haben und die erneuert werden müssen.

Meist kann man schon von außen am schiefen und nach hinten abkippenden Sitz der Schublade in geschlossenem Zustand den Schaden erkennen.

Hinweis

Um ein erneutes rasches Abnutzen zu verhindern, darf das Holz der Laufleisten nicht weicher sein als das der Schublade.

Laufleisten ausbessern

Häufig sind Abnutzungsspuren von vorn auf der Traverse zu erkennen, da hier beim Aufziehen und leichten Abkippen der Schublade eine starke Reibung entsteht, besonders wenn die Schublade nicht durch Streich- und Kippleisten gut geführt wird.

Nicht immer wird es einfach sein, im Inneren eines Möbels maß zu nehmen, z.B. wenn es darum geht, die Breite der aufzuleimenden Streichleisten festzulegen. Mit Kreide kann man sich das Gleiten der Schublade auf den Laufleisten markieren.

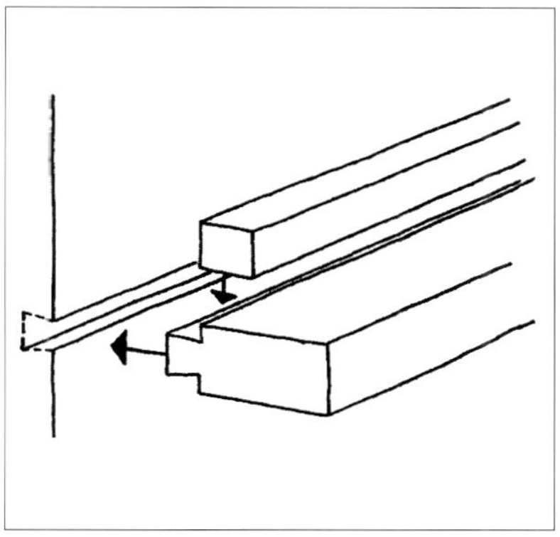

1 Laufleisten sind durch Nuten mit der Seitenwand verbunden, Kippleisten sind üblicherweise nur aufgeleimt.

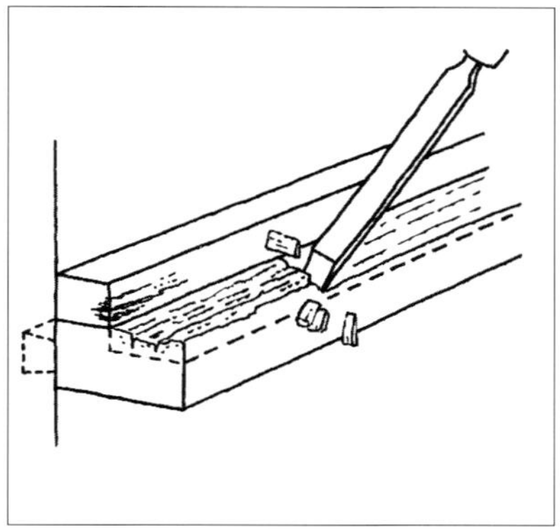

2 Ist die Laufleiste durch Abnutzung oder Wurmfraß etwas beschädigt, wird sie begradigt.

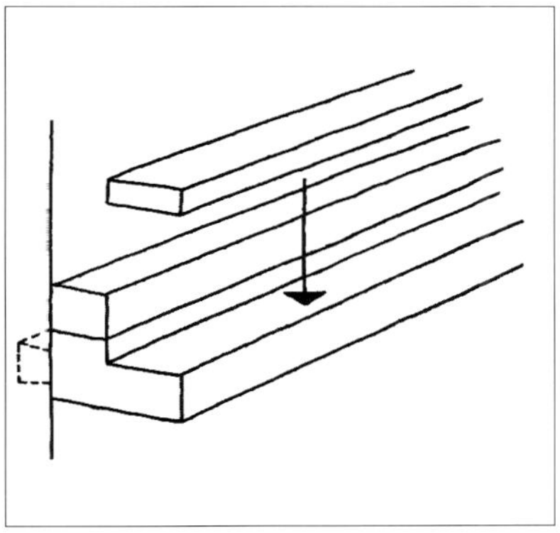

3 Mit dem gleichen Holz wird die Laufleiste ausgebessert, d.h. aufgeplattet.

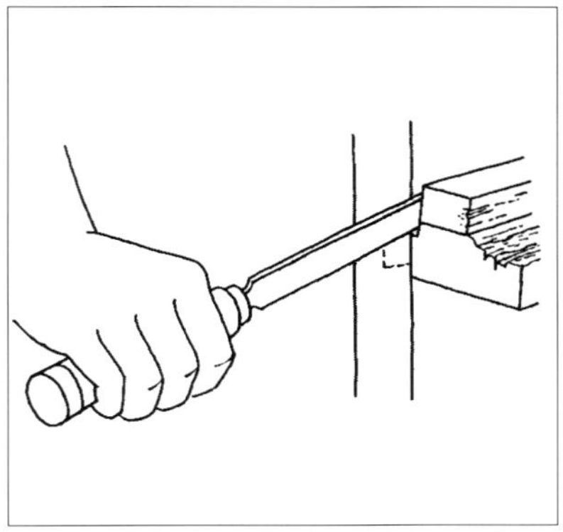

4 Ist die Laufeiste durch Wurmfraß stark beschädigt, löst man sie aus der Nut, entfernt Schmutz und Leimreste und passt eine neue Leiste ein.

1 Die unteren Flächen der Seitenwand sowie die Laufleisten haben sich durch ständige Reibung abgenutzt.

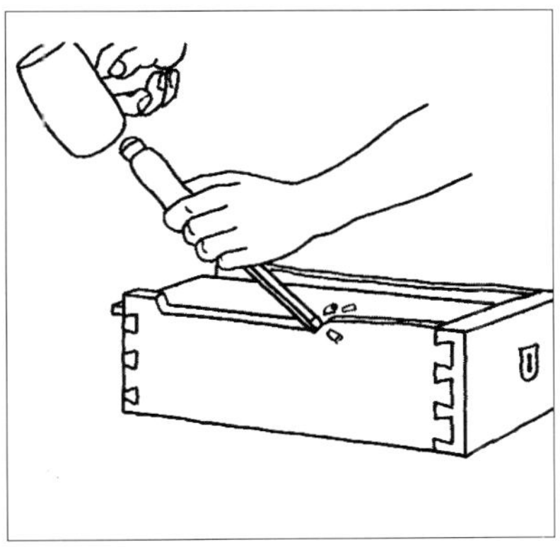

2 Die Seitenteile der Schublade werden mit Stemmeisen oder Hobel begradigt.

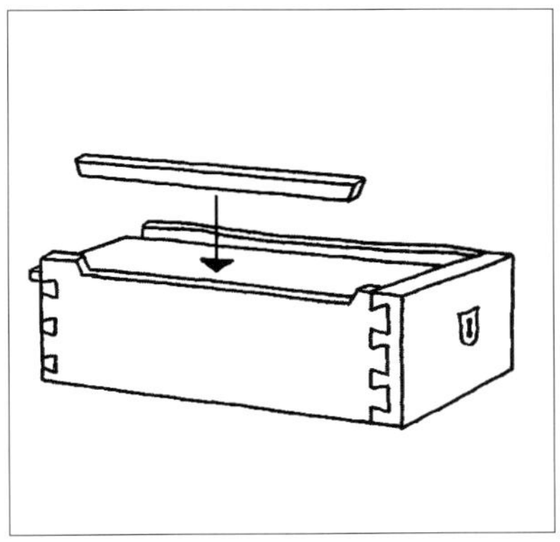

3 Eine Leiste aus dem gleichen Holz und in der gleichen Stärke wie die Seitenwand wird in ganzer Länge von unten aufgeleimt.

Ausgebrochene Schwalbenschwanzverbindung ausbessern

Selbst eine so geniale Verbindung wie die Schwalbenschwanzzinkung unterliegt dem Verschleiß. Die Verbindung kann sich lockern und muss neu verleimt werden, oder die Zinken brechen an einigen Stellen aus und müssen nachgearbeitet werden.

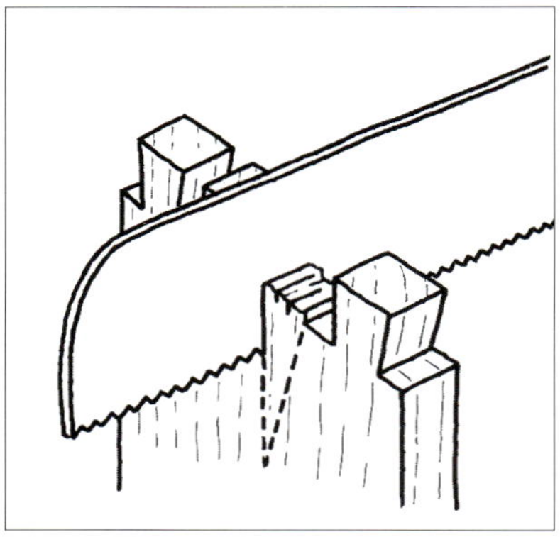

1 Auf beiden Seiten des abgebrochenen Zapfens wird v-förmig so eingesägt, dass der Schnittpunkt bei etwa 6 cm Tiefe liegt.

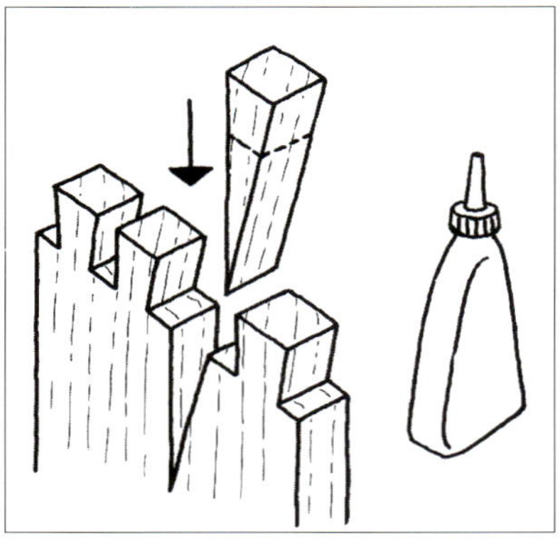

2 Ein nach oben etwa 2 cm überstehender keilförmiger neuer Zapfen aus dem gleichen Holz wird eingepasst, verleimt und angeglichen.

Eine ausgerissene Schlossöffnung ausbessern

Auch hier gibt es wieder mehrere Möglichkeiten, den Schaden zu sanieren, abhängig davon, ob das Schloss sichtbar oder unsichtbar in das Holz eingearbeitet werden soll. Ist das Originalschloss nicht mehr vorhanden, muss man bei der Beschaffung eines Ersatzschlosses unbedingt darauf achten, dass die Schlüsselöffnung mit der Höhe des Schubladenschlüssellochs übereinstimmt (Dornmaß).

Das Schloss einer verschließbaren Schublade oder einer Sekretärklappe sitzt entweder versenkt auf der Rückseite der Klappe, es kann aber auch in einem passend dafür ausgestemmten Loch stecken (Kasten-, Einsteck- oder Steckschloss). Da diese Öffnung sehr dünnwandig ist, bricht das Schloss oft aus dem Holz.

Sitzt das Schloss nicht mehr so bündig im Holz wie ursprünglich, greift der Riegel beim Schließen „ins Leere". An dieser Stelle muss das Holz aufgefüttert werden.

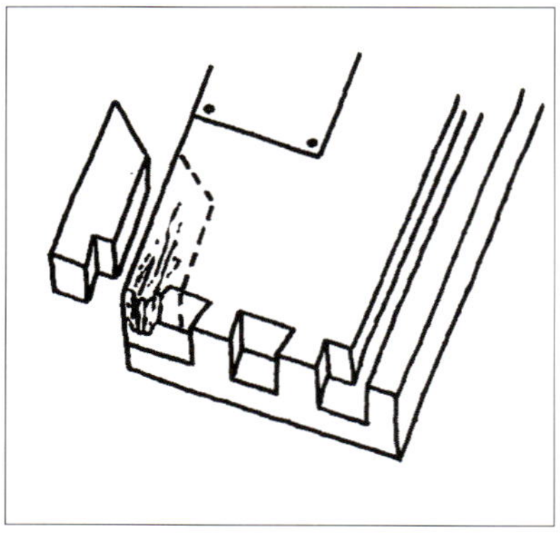

1 Die verdeckte Zinkung einer Schubladenfront hatte sich aus der Verbindung mit den Seitenteilen gelöst, und ist durch Wurmfraß ausgebrochen.

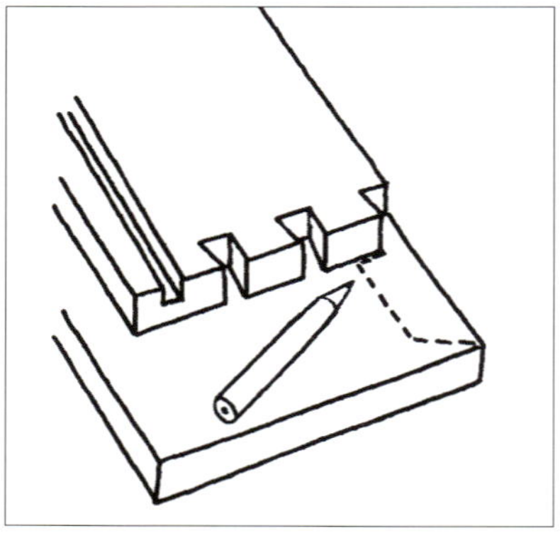

2 Der entsprechende Gegenzinken wird auf Ersatzholz übertragen, ausgesägt und im Frontteil verleimt.

Hier wurde ein ausgerissenes Schloss wieder eingesetzt (Eichenholz).

1 Das Kasteneinsteckschloss einer Schublade ist zur Schubladeninnenseite hin ausgebrochen.

2 Die ausgebrochene Stelle wird begradigt, die sehr dünnwandige Front muß noch mit einer aufgezwingten Unterlage abgestützt werden.

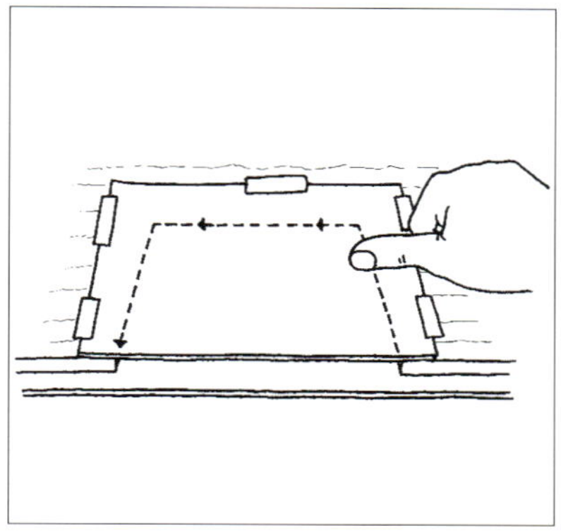

3 Die ausgestemmte Öffnung wird auf Ersatzholz (Maserverlauf) übertragen und wie immer bei Füllstücken keilförmig ausgesägt.

4 In die ausgestemmte Vertiefung wird das passend zugesägte keilförmige Ersatzholz (Maserungverlauf beachten) unter Druck eingeleimt.

5 Alternative: Man kann auch die Umrisse eines vorbereiteten Ersatzholzes auf die beschädigte Schubladeninnenseite übertragen, ausstemmen und einleimen.

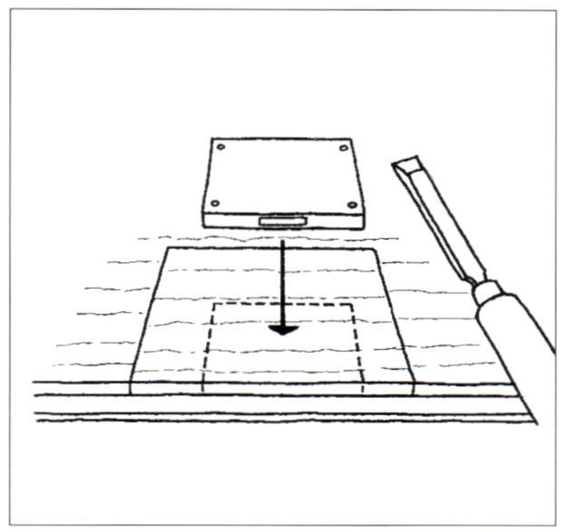

6 Der Umriss des Schlosses wird angerissen (Dornmaß beachten). Das Ersatzholz wird so ausgestemmt, dass der Schlossriegel in die ursprüngliche Aussparung greift.

Ist die Öffnung für den Schlossriegel ausgebrochen und der Riegel findet keinen Halt mehr, wird die schadhafte Stelle ausgestemmt, ein passendes Ersatzstück bündig eingeleimt und die Öffnung für den Schlossriegel neu ausgestemmt.

Bei der Beschaffung eines Ersatzschlosses muss auf das richtige Dornmaß geachtet werden.

Wackelnde Stuhlbeine

Keine Holzverbindung – und sei sie noch so stabil zusammengesetzt – kann auf Dauer allen Belastungen standhalten. Das gilt besonders für Stühle, die in der Regel mit Schlitz-und-Zapfen-Verbindungen zusammengefügt sind.

Oft ist es nur die ständige Belastung, die den Leim in den Verbindungsstellen löst und den Stuhl an Stabilität verlieren lässt. Es kann auch sein, dass das Holz an einigen Stellen stärker geschwunden ist, und der Zapfen nicht mehr stramm im Zapfenloch sitzt. Wenn dann ein Nagel zur Reparatur eingeschlagen wurde, platzt das Holz an dieser Stelle auf. Oft ist das Holz auch an einer Verbindungsstelle durch Nässe und Wurmfraß derart porös geworden, dass es ausbricht.

Um einem wackelnden Stuhl Stabilität zu geben, so dass er wieder zum Sitzen geeignet ist, muss der Restaurator bei der Sanierung einer Schlitz-Zapfen-Verbindung mit viel Übung und Sorgfalt arbeiten.

Zuerst sollte man versuchen, den Schaden zu beheben, ohne das Möbel auseinander zu nehmen, besonders wenn der Stuhl eine festgegurtete Polsterung oder eine mit dem Rahmen verbundene, geflochtene Sitzfläche hat. Man wird also den Schaden von der Unterseite des Stuhls her, an den vier Verbindungsecken, sanieren müssen. Dazu versucht man, die wackelnde Verbindung noch etwas weiter auseinander zu keilen, um alte Leimreste vorsichtig abstemmen oder abschleifen zu können. Mit einer Leimspritze wird genügend Leim in die Verbindung gebracht, die dann unter Druck abbinden muss.

Durch ständige Belastung und Wurmfraß ist an den Verbindungsstellen dieses Armlehnstuhls Holz ausgebrochen.

Die Zapfenverbindung an der Armlehne eines Stuhls hat sich gelöst (Kirschbaum und Pflaumenholz).

Beim Verzwingen muss darauf geachtet werden, dass der Stuhl auf einem waagerechten Untergrund steht, und die Zargen-Bein-Verbindung nicht durch einseitig zu starken Zwingendruck aus dem rechten Winkel gerät. Zur Absicherung der sanierten Schlitz-Zapfen-Verbindung muss man für zusätzliche Verstärkung sorgen. Man kann z. B. von der Vorderseite her diese Verbindung verdübeln. Diese sichtbaren Dübel kann man bei vielen alten Möbeln finden. Am unauffälligsten wirkt es, wenn man sich dazu aus dem gleichen Holz, aus dem der Stuhl ist, Dübel zurechtschnitzt, fein beischleift und diese an allen vier Beinverbindungen einsetzt. Man kann außerdem im Inneren der Zarge vier Winkelverstärkungen anbringen, (siehe Seite 100: Winkelverstärkungen).

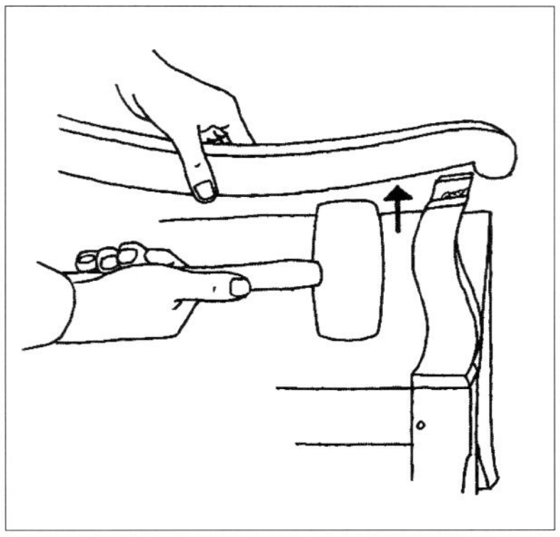

1 Die Armlehne wird mit leichten Hammerschlägen vorne gelöst.

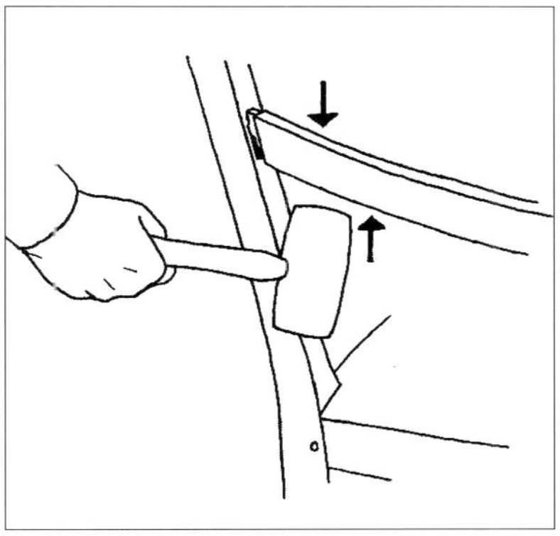

2 Das Gleiche geschieht hinten. Dabei wird deutlich, dass der hintere Zapfen angebrochen ist.

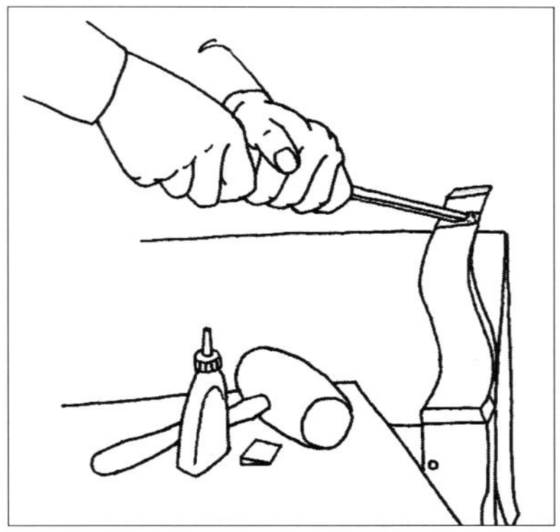

3 Der vordere Zapfen der Armlehne sitzt nur noch sehr locker im Zapfenloch des Stuhlbeins.
Alte Leimreste werden weggestemmt.

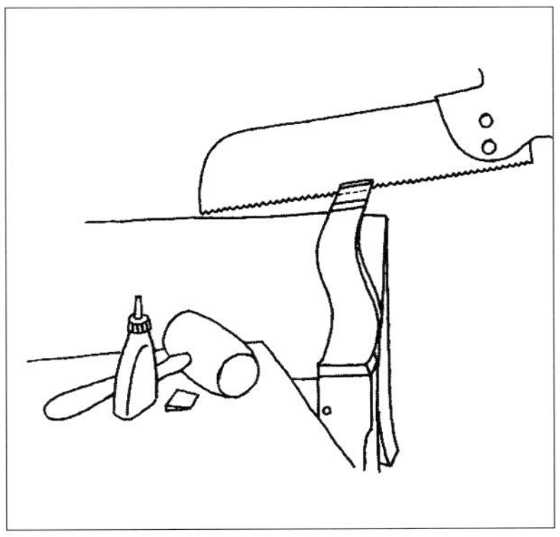

4 Um ihn zu verstärken wird der Zapfen vorsichtig etwas aufgesägt.

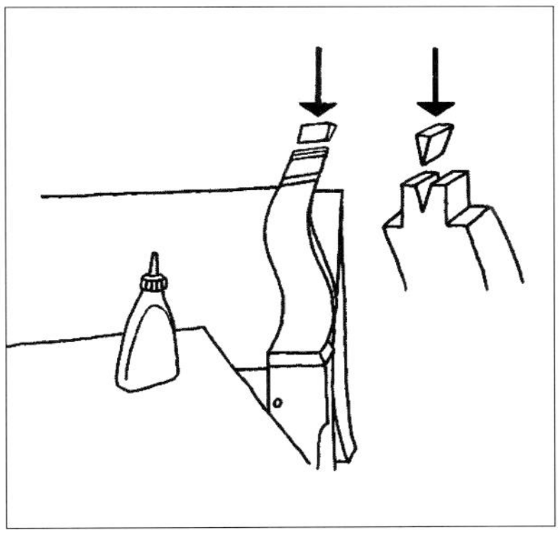

5 In den aufgesägten Zapfen wird ein vorbereitetes Keilchen (oder auch Furnierstreifen) eingeleimt.

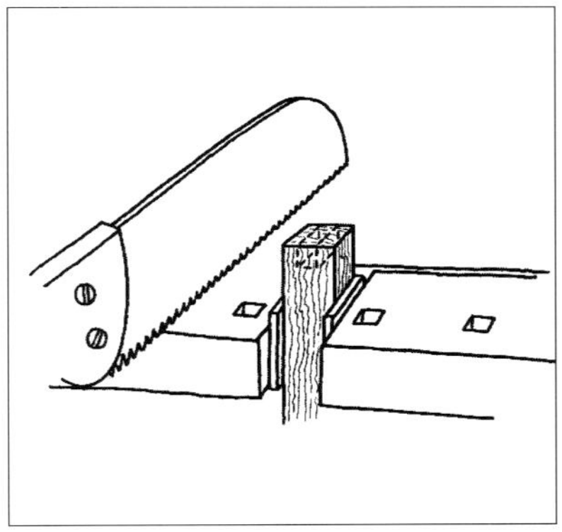

1 An der Stelle, wo der angebrochene Zapfen saß und begradigt wurde, wird nun ein Schlitz angerissen und vorgesägt.

2 Der Schlitz wird dann ausgestemmt.

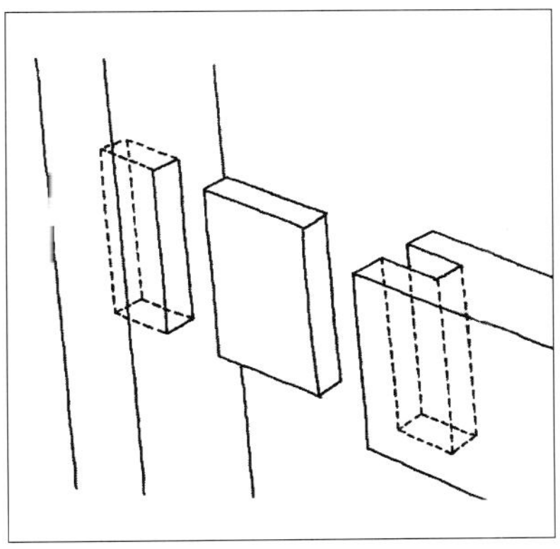

3 Das bereits vorhandene Zapfenloch des Gegenstücks wird gesäubert und ein vorbereiteter Ersatzzapfen in beide Öffnungen verleimt.

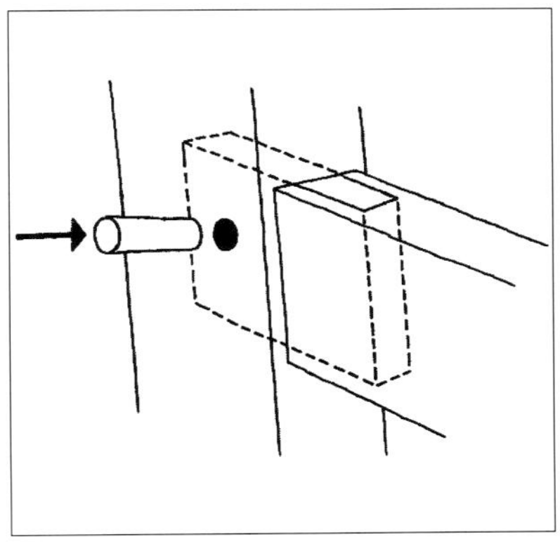

4 Die Verbindung kann zusätzlich mit einem Dübel aus dem gleichen Holz sichtbar verdübelt werden.

1 Alternative: Soll der Ersatzzapfen verdeckt eingesetzt werden, wird ein Zapfenloch für einen neuen Zapfen ausgestemmt.

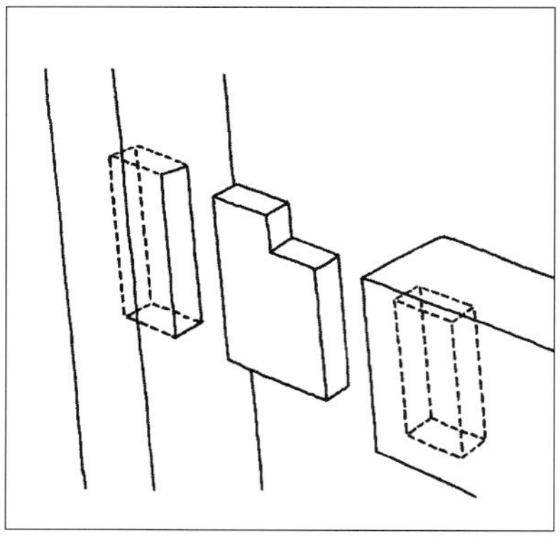

2 Ein entsprechend großer Zapfen („abgetreppt") wird passend eingeleimt.

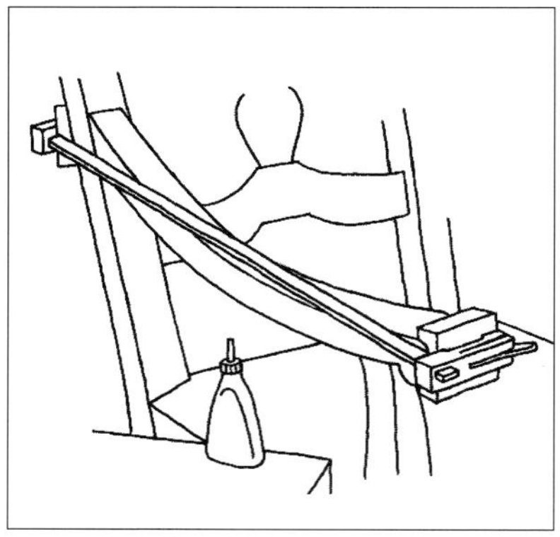

3 Unter Druck wird nun die Armlehne mit dem hinteren Ersatzzapfen und mit dem verstärkten vorderen Zapfen verleimt.

▷ Wird ein Stuhl nicht durch eine Polsterung oder ein Geflecht gehalten, sollte man die Verbindungsteile aus den Zapfenlöchern lösen und alle Teile sorgfältig nummerieren.
▷ Statt der Winkelklötze können auch Leisten als innenliegende Zargenverstärkung aufgeleimt werden. Wenn es die Polsterung und die Zargenhöhe zulassen, können zur Versteifung der Sitzfläche in die Zargeninnenseite zwei überplattete Verstrebungen eingenutet werden.
▷ Manche Zapfen müssen abgewinkelt zugearbeitet werden, um sich dem Zargenverlauf anzupassen und festen Halt im Schlitz des Stuhlbeins zu haben. Der Zapfen darf dabei allerdings nicht zu stark abgewinkelt werden. Zu viel „kurzes" Holz schwächt den Zapfen.

Ausgebrochene Schnitzereien und Verzierungen

Anders als bei der konstruktiven Sanierung zum Erhalt von Stabilität und Funktion eines Möbels, geht es beim Ausbessern oder Nacharbeiten von Schnitzereien, abgebrochenen Verzierungen oder Schmuckelementen um den ästhetischen Gesamteindruck eines Möbels. Mit viel Fingerspitzengefühl und unter Beachtung der typischen Stilmerkmale muss man die fehlenden Teile nacharbeiten. In den meisten Fällen wird dabei mit der Laubsäge, der Bandsäge und einem Sortiment von Schnitzmessern und Schnitzbeiteln gearbeitet. Besonders bei den üppig geschmückten Möbeln im historischen Stil fehlen oft Zierelemente oder sind Schnitzereien ausgebrochen. Diese damals bereits

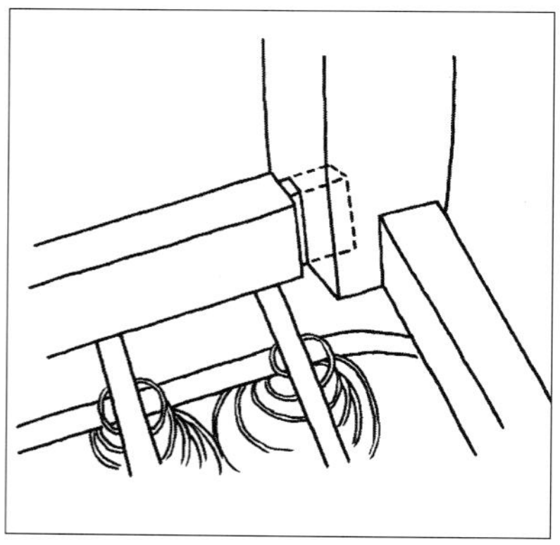

1 Die nur von der Stuhlunterseite zugängliche Verbindung wird gesäubert, verleimt und verzwingt.

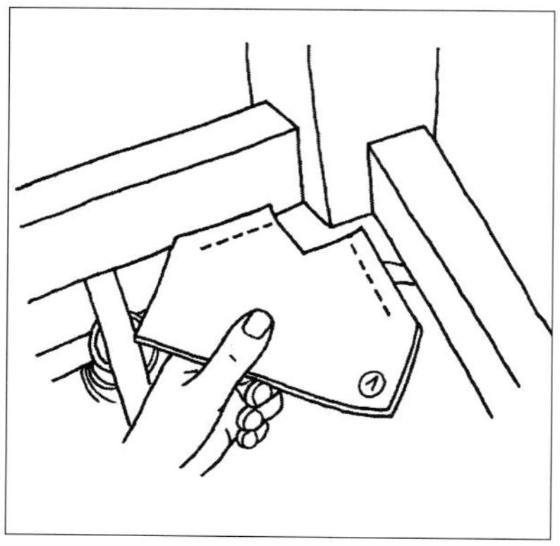

2 Aus Pappe fertigt man vier verschiedene Schablonen der jeweiligen Bein-Zargen-Verbindung an und nummeriert sie entsprechend.

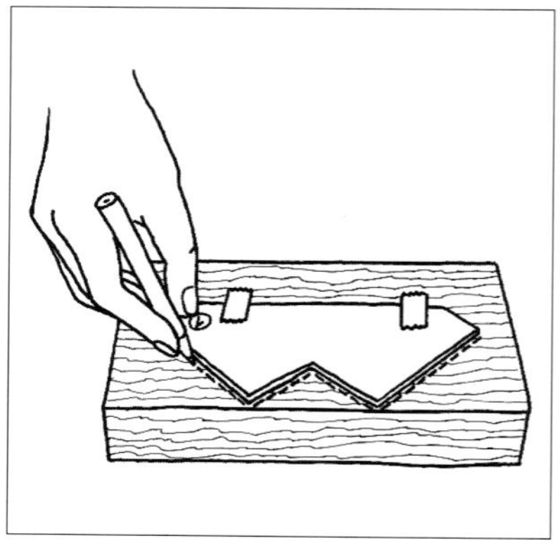

3 Jede Schablone wird auf das Winkelholz (Linde, Pappel oder Weichholz) übertragen. Zargenhöhen berücksichtigen!

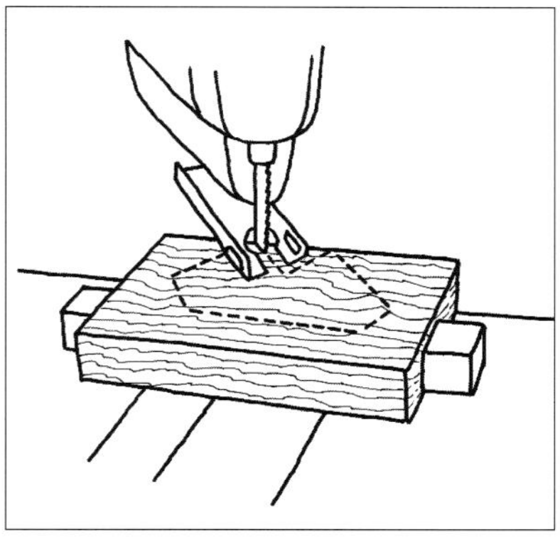

4 Mit der Stichsäge wird das Winkelstück ausgesägt. Anriss oder Markierung bleiben dabei stehen, d. h. man sägt außerhalb der Markierung.

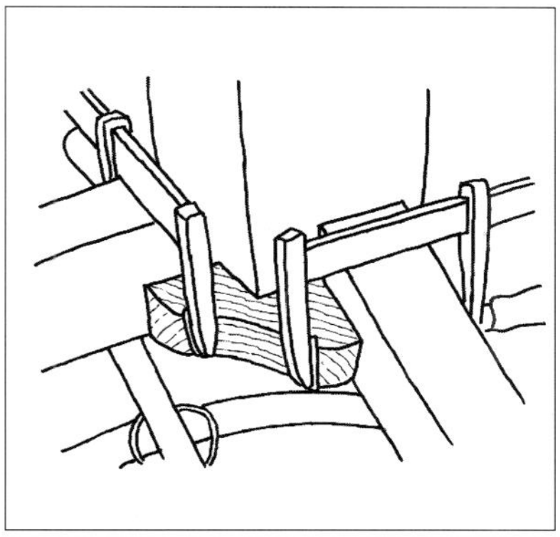

5 Nur wenn das Winkelstück stramm sitzt, d. h. keinen Spielraum mehr zum Wackeln hat, wird es unter Druck verleimt.

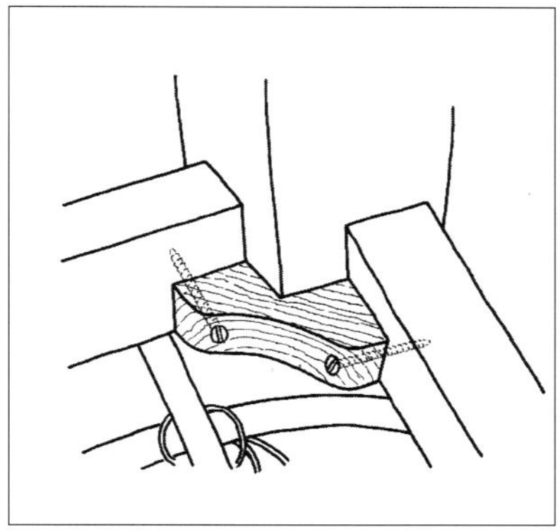

6 Zusätzlich verschraubt, sitzt das Winkelstück noch fester an der Zarge.

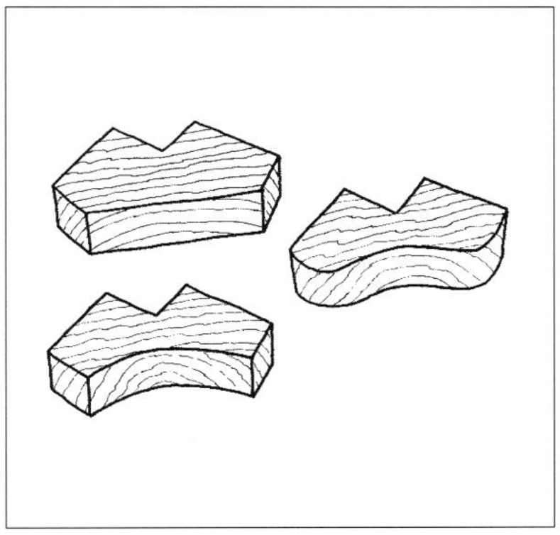

7 Winkelverbindungen kann man in verschiedenen Formen zuarbeiten.

Die geschnitzte Maske an einem Tischbein ist zum Teil ausgebrochen und muss ergänzt werden; Tisch, um 1900, Nussbaum.

serienmäßig hergestellten Verzierungen im Stil des Barock, der Renaissance oder Gotik sind auch heute noch in großer Auswahl über den Fachhandel zu beziehen (siehe: Nützliche Adressen). Sie sind aus Buchen- oder Lindenholz, also einem neutralen Holz, gefertigt, das sich gut in allen Holzfarben beizen lässt.

Ein typisches Beispiel für die reiche Schnitzarbeit des letzten Jahrhunderts ist die Maske („Fratze") am Bein eines Tisches aus Nussbaumholz. Da diese Schnitzerei nicht mit Fertigteilen aus einem Katalog ergänzt werden kann, muss man die ausgebrochenen Teile selber nacharbeiten. Verfügt man nicht über ein entsprechendes Ersatzholz in Nussbaum, kann man auch Buche oder Linde verwenden, das sich gut zum Schnitzen und Beizen eignet.

Zum Ausbessern einer Bruchstelle geht man wie folgt vor:

▷ Die Bruchstelle wird mit einem Stemmeisen für eine glatte Leimfläche begradigt.
▷ Auf das Ersatzholz, so stark wie die höchste Erhebung in der Schnitzerei, werden die Umrisse des zu ergänzenden Teils entweder von dem noch intakten Original abgepaust oder freihändig skizziert.

Geschnitzte Fratze am Tischbein eines Tisches aus der Zeit des Historismus (Nussbaum).

▷ Mit Schnitzmessern arbeitet man die Form aus.
▷ Das geschnitzte Formstück wird mit Holzleim (oder eventuell Sekundenkleber) eingepasst und beigefärbt.

Beim Ausbessern von ausgebrochenem Schnitzwerk kann man so vorgehen, dass man auf die begradigte und geebnete Bruchstelle ein in der Höhe passendes Holzstück aufleimt und dieses der Figur entsprechend beistemmt oder schnitzt. Die Möglichkeit, dass das verleimte Holz – selbst unter Absicherung – wieder ausbricht, ist hierbei allerdings gegeben.

An dieser Kirschbaumkommode muss einiges saniert werden: fehlende Winkelblenden, abgebrochene Zierleiste, verworfene Platte.

Vorausgesetzt, man kann sich einen guten Abdruck des ausgebrochenen Teils herstellen, ist es auch möglich, verloren gegangene Schnitzereien aus holzfremdem Material wie Gips oder Gießharz anzufertigen

Ausgebrochene Winkelblende

Zwei halbrunde Winkelblenden, das einzige Schmuckelement an einer sehr strengen, frühbiedermeierlichen Kirschbaumkommode, sind durch Wurmfraß ausgebrochen und sollen ergänzt werden. Die Ausbesserungsarbeit ist verhältnismäßig einfach, da die dafür vorgesehenen Öffnungen noch intakt sind und nicht neu ausgestemmt werden müssen. Wichtig ist allerdings beim Einpassen in die vorhandenen Schlitze das entsprechende Ersatzholz. Da es immer wieder Schwierigkeiten bei der Beschaffung von passendem alten Holz gibt, könnte man hierzu die Blende aus Blindholz (Buche oder Weichholz) in der erforderlichen Stärke anfertigen und diese mit Kirschbaum furnieren.

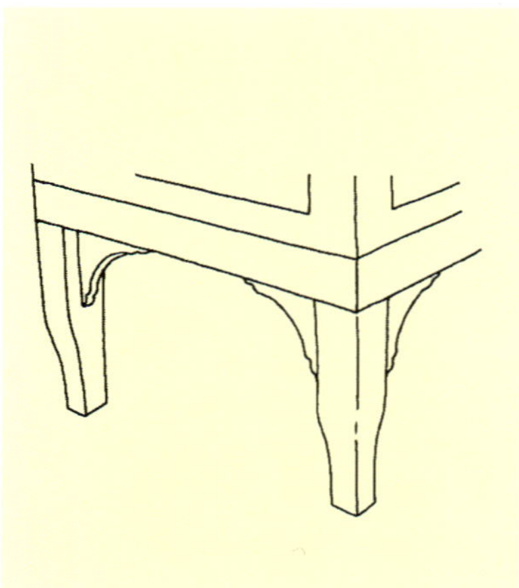

Zwei Winkelblenden (Kirschbaum) müssen nachgearbeitet werden.

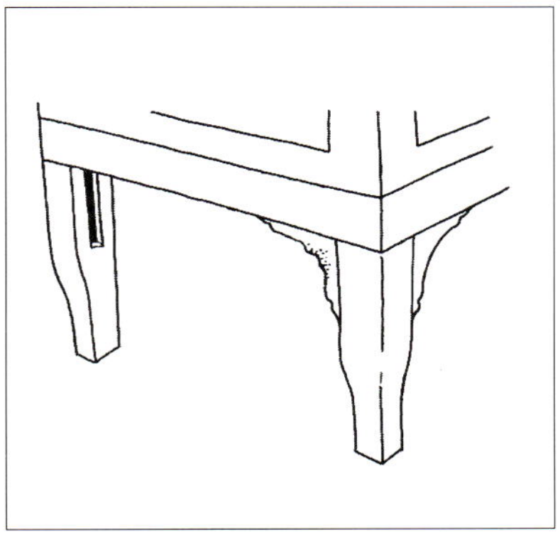

1 Die noch vorhandene angefressene Winkelblende wird entfernt und die Schlitze von alten Leimresten gesäubert.

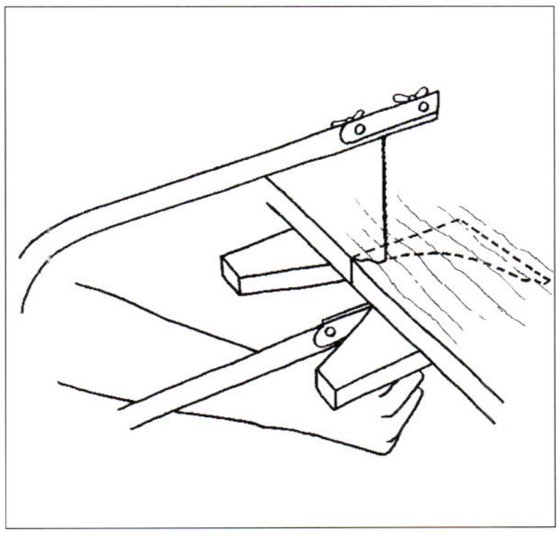

2 Von der noch erhaltenen Winkelblende fertigt man eine Schablone an, überträgt sie auf das Ersatzholz und sägt diese mit der Laubsäge aus.

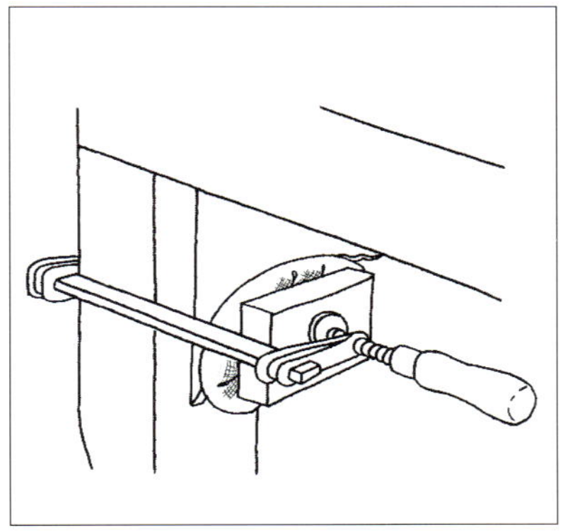

3 Die Blende wird eingeleimt und bindet unter Druck, z. B. mit Hilfe eines Sandsäckchens, ab.

Ausgebrochener Armlehnknauf

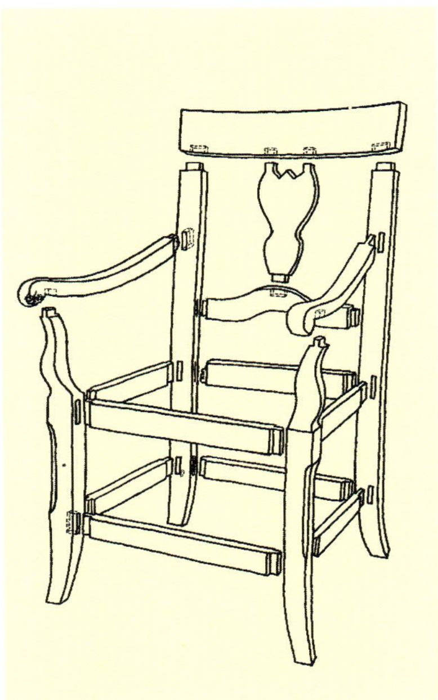

An diesem Armlehnstuhl (Kirschholz) hat sich nicht nur der Zapfen gelöst, auch der Armlehnknauf ist ausgebrochen und muss ausgebessert werden.

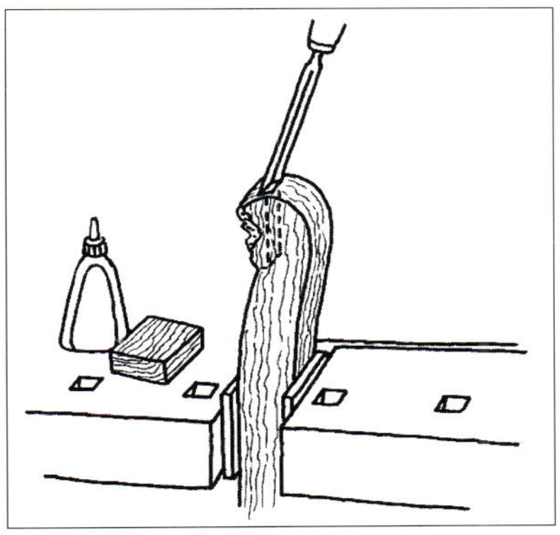

1 Die Armlehne wird völlig aus ihrer Verbindung gelöst und in die Hobelbank eingespannt. Die Schadstelle wird mit dem Stemmeisen begradigt.

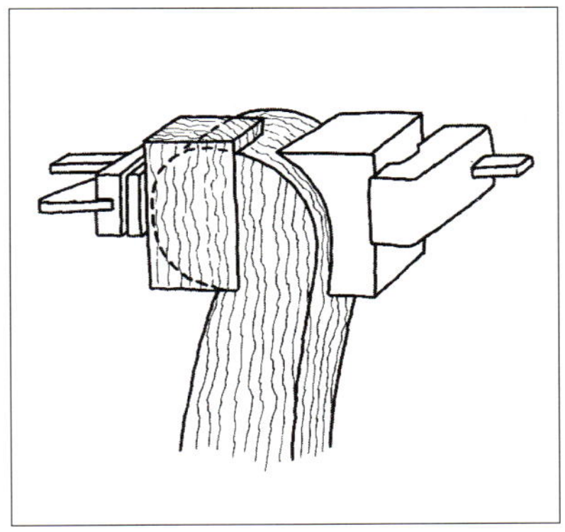

2 Ein in Maserung und Farbton passendes Ersatzholz wird aufgeleimt (eventuell zusätzlich auch verdübelt).

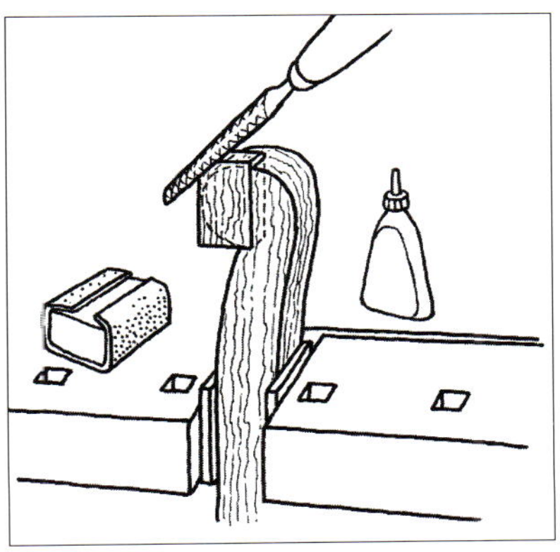

3 Das aufgeleimte Holz wird mit einer Raspel und Schleifpapier der Knaufform entsprechend beigearbeitet und feinstgeschliffen.

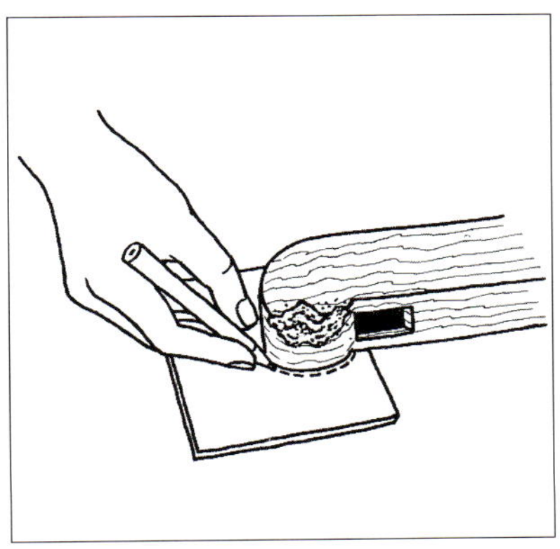

4 Alternative: Man kann von der intakten Armlehne die Rundung auf Pappe übertragen.

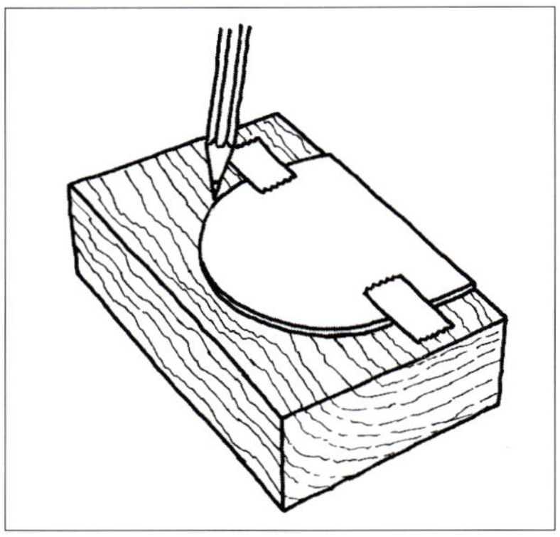

5 Diese Form wiederum wird auf das Ersatzholz übertragen.

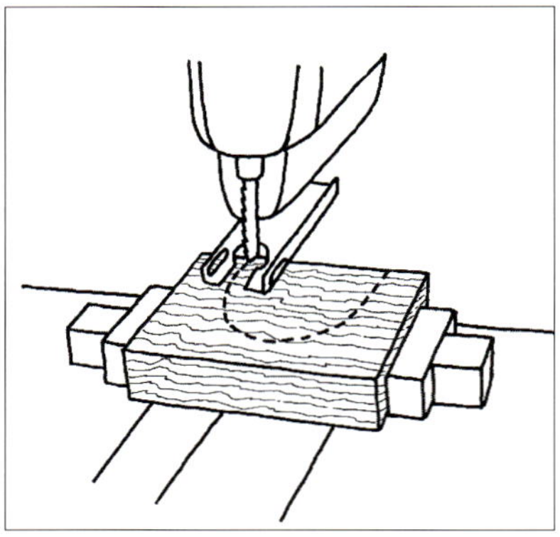

6 Das Ersatzholz wird entsprechend der angezeichneten Form ausgesägt.

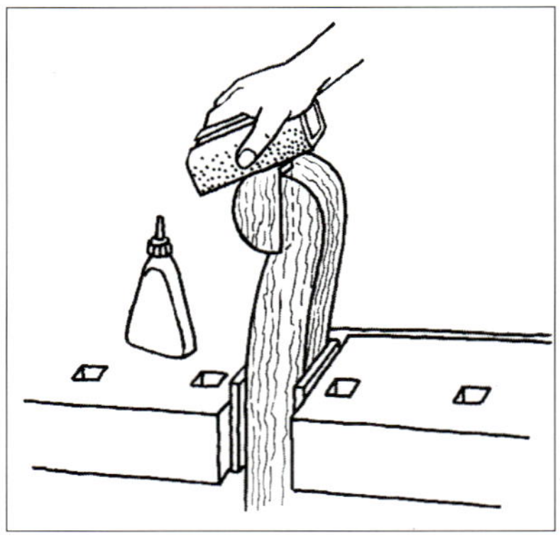

7 Unter Druck wird das Ersatzholz angeleimt und später feinst beigeschliffen.

Wurmfraß

Besonders im Frühjahr muss man auf Holzwurmspuren achten. Frische Bohrlöcher sind deutlich als helle Löcher auf dem alten Holz zu erkennen.

Das Nachtschränkchen ist an seinem Rollverschluss durch Wurmfraß beschädigt.

1 Die Schadensstelle wird ausgestemmt. Beim Ausstemmen muss die Bruchstelle rückseitig mit einer Holzunterlage abgesichert werden.

2 Das innenliegende Leinengewebe des Rollverschlusses ist beschädigt und muss neu aufgeleimt werden.

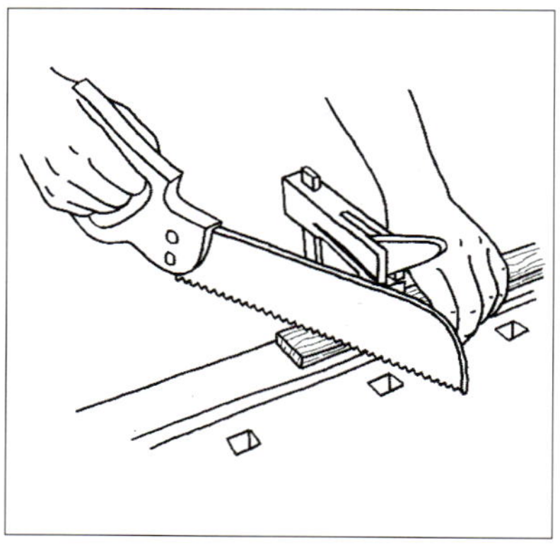

3 Ein passendes Ersatzholz wird ausgesägt.

4 Das Ersatzholz wird bündig eingepasst, verleimt und mit Zulagen (innen und außen) verzwingt.

Abgebrochene Beine ergänzen

Die stärkste Belastung an einem Möbel haben im Allgemeinen die Beine oder Füße auszuhalten. So kommt es im Laufe der Jahre hier oft zu Schäden. Feuchtigkeit, poröses, splintiges Holz und Wurmfraß begünstigen den Zerfall oder den Bruch.

Die Sanierung eines abgebrochenen Beins verlangt von dem Restaurator neben der Wahrung des ästhetischen Gesamteindrucks in erster Linie präzise Schreinerarbeit. Passendes Ersatzholz, sicherer Umgang mit Säge sowie Stemmeisen und ein exaktes Aufmaß sind Voraussetzungen zum Gelingen dieser konstruktiven Restaurierarbeit. Beim Ergänzen von gedrechselten Möbelbeinen oder Füßen ist man auf eine Drechselbank angewiesen.

Bei der Sanierung eines gedrechselten Beins sollte man darauf achten, dass die Ansatzstelle für das Ersatzstück und damit auch die Dübelbohrung nicht auf die schwächste Stelle des gedrechselten Holzes trifft.

Beim Ergänzen eines abgebrochenen Beins oder Fußes muss man sich nach der Form des vorhandenen Originals richten. Sind alle Beine oder Füße abgebrochen und verloren gegangen, so muss dem Stil entsprechend nachgearbeitet werden.

Beim Zuschnitt und bei der Verleimung des Ersatzstücks für das abgebrochene Bein gibt es verschiedene Möglichkeiten, wobei für stark beanspruchte Teile immer gilt: je größer die Leimfläche, desto besser die Haltbarkeit. Je schräger

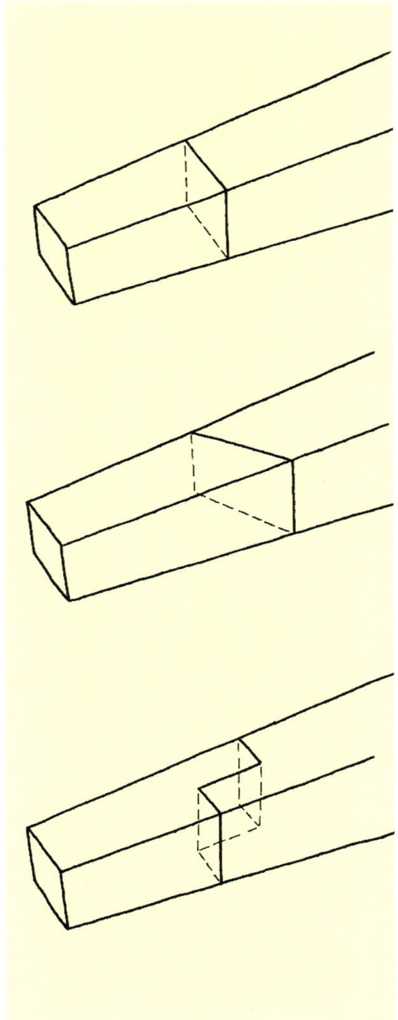

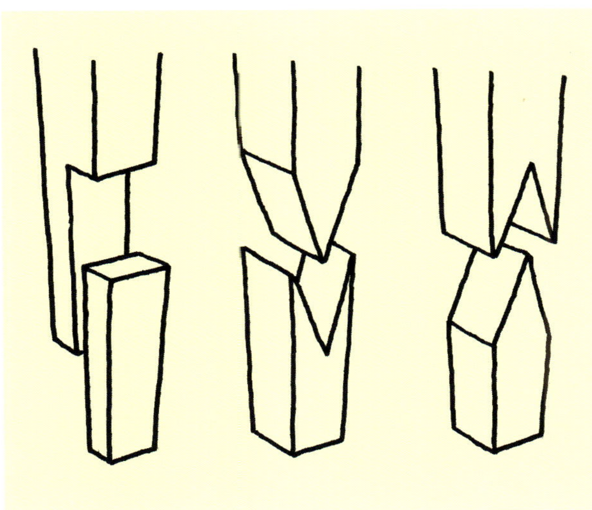

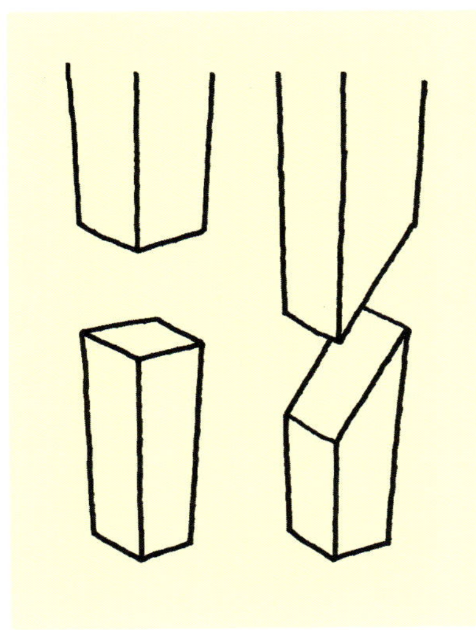

Verschiedene Möglichkeiten, ein abgebrochenes Bein wieder anzusetzen.

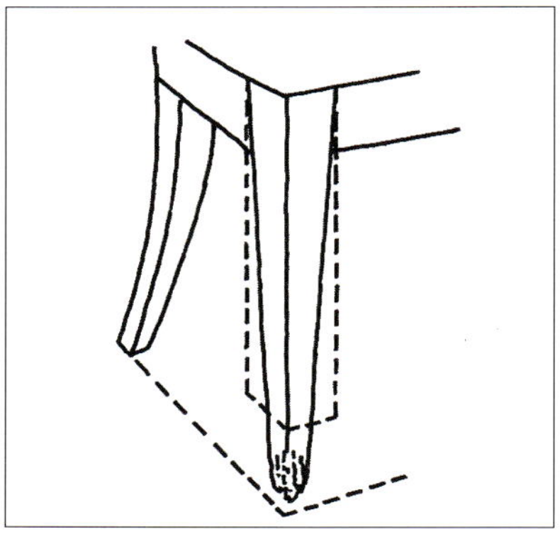

1 Um das angebrochene Bein gleichmäßig zu kürzen wird zuerst die Schnittlinie von einer Bezugskante ausgehend, gleichmäßig festgelegt.

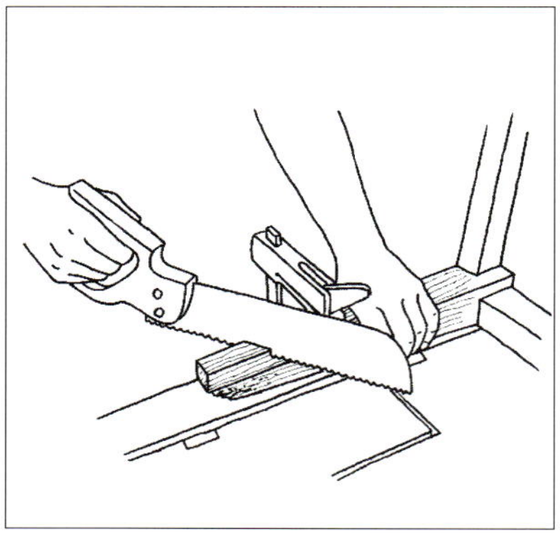

2 Das rundum etwas überstehende Ersatzholz wird auf das zu kürzende Bein gezwingt und beides in einem schrägen Schnitt durchtrennt.

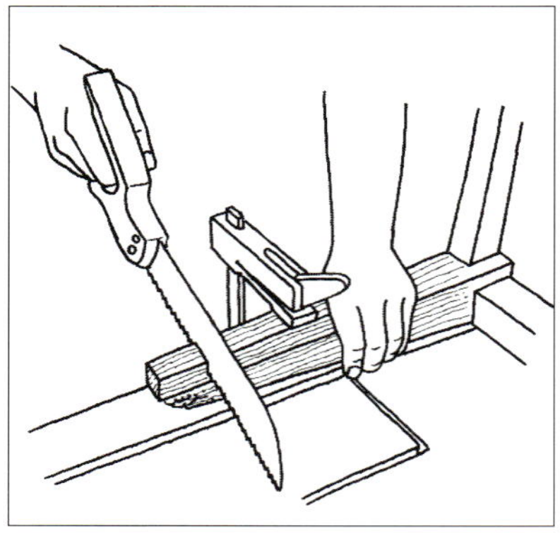

3 Man kann das Bein auch mit einem geraden Schnitt durchtrennen.

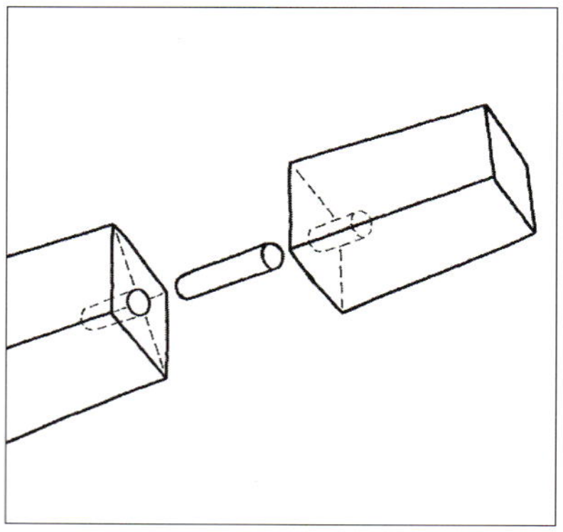

4 Beide Teile werden an der Schnittfläche mittig für einen Dübel vorgebohrt und verleimt.

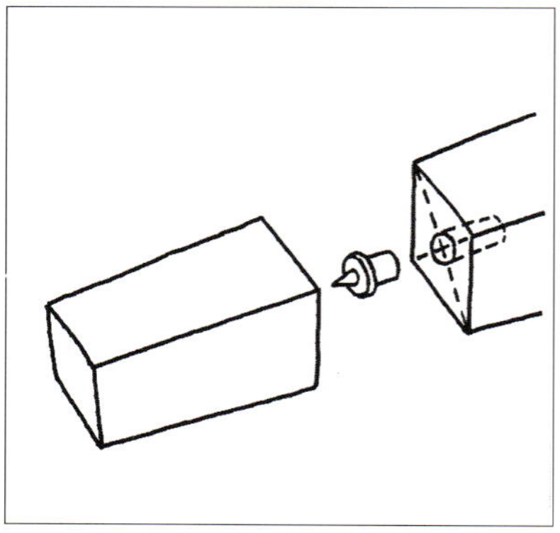

5 Zur Markierung für die Dübelbohrung ist ein Dübelabdrucker hilfreich.

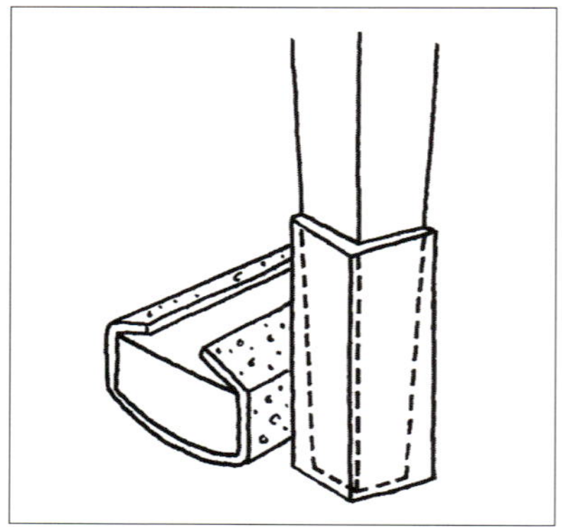

6 Das allseitig überstehende Ersatzstück wird der Beinform entsprechend beigeschliffen.

man also die Bruchstelle ansägt, desto mehr nähert sich die Verbindungsstelle dem Faserverlauf. Beim Begradigen der morschen Bruchstelle gilt wie immer der Grundsatz: so viel wie nötig, so wenig wie möglich. Besonders bei abgebrochenen Beinen wird das ganze Schadensausmaß oft erst beim Absägen sichtbar. Meist hat Wurmfraß das Holz mehr zerstört, als von außen sichtbar ist. Die einfachste Vorgehensweise ist das gerade Ansetzen eines Ersatzstücks.

Bei einem Eichentisch auf Messingrollen ist das Bein mit dem Stift der Messingrolle ausgebrochen. Hier muss besonders sorgfältig saniert werden, da es sich durch das Hin- und Herrollen um eine stark beanspruchte Stelle handelt.

Es kommt immer wieder vor, dass man nicht über das passende Ersatzholz zum Ausbessern von Kirsche, Nussbaum oder Mahagoni verfügt. Dies ist besonders bei größeren Stücken, z. B. bei Möbelfüßen in Würfelform der Fall. Man kann sich in solchen Fällen aus zwei bis drei gleichen Holzteilen die gewünschte Fußform zusammenleimen und diese dann passend zum Möbelholz furnieren.

Ebenso kann es sein, dass man aus Mangel an Ersatzholz ein abgebrochenes Stuhlbein statt aus Kirsche nur mit Weichholz ausbessern kann. Selbst wenn man das eingebesserte Ersatzstück beifärben würde, bliebe die Ausbesserung noch deutlich sichtbar. In solchen Fällen kann man das ganze Bein mit Kirschbaum furnieren und somit die Ansatzstelle kaschieren (siehe Kapitel Furnier).

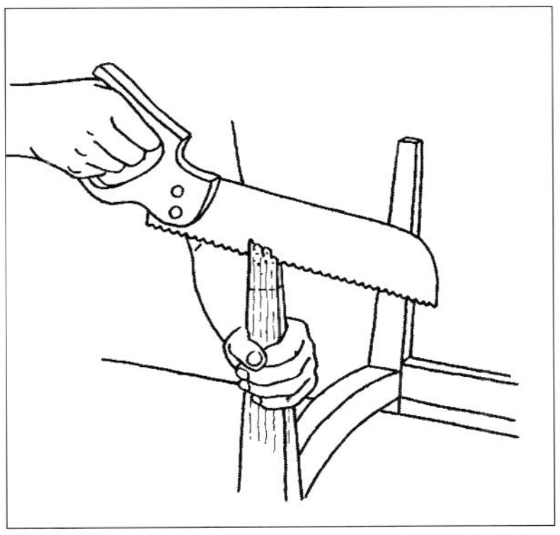

1 Das defekte Tischbein wird oberhalb der Bruchstelle eingesägt, so dass ein dünner Teil des alten Beines erhalten bleibt.

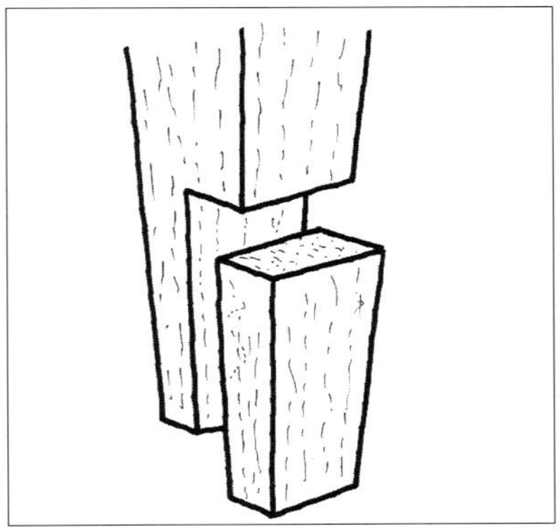

2 Die Umrisse der Schadensstelle werden auf ein Ersatzholz (Eiche) übertragen und, an den Außenkanten überstehend, unter Druck eingeleimt.

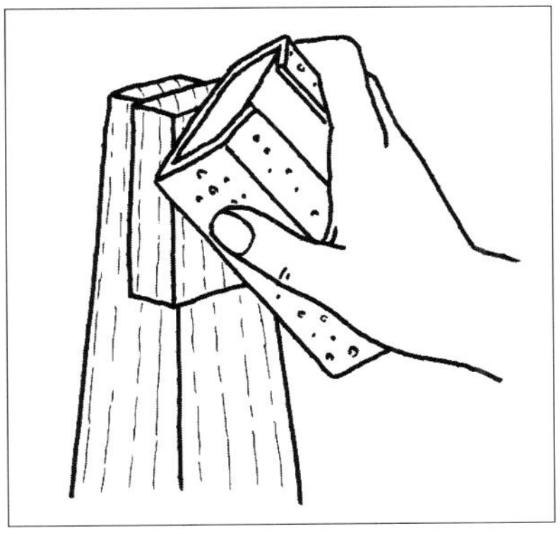

3 Das überstehende Holz wird der Beinform entsprechend beigeschliffen.

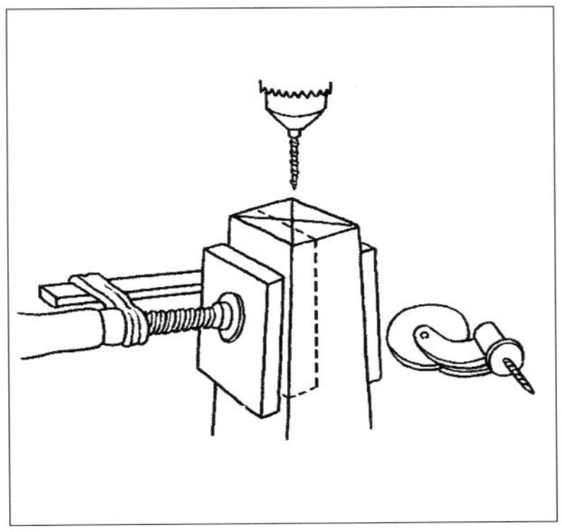

4 Mit einer Zwinge abgesichert wird mittig für den Stift der Messingrolle ein Dübelloch gebohrt.

Fehlende Profile ersetzen

Ebenso wie Beschläge, Schlösser, Schlüssellochblenden und anderes schmückendes Zierwerk am Möbel gehören auch Profile, Zierleisten und als Gesims zusammengesetzte Profilgrundformen zu den besonderen Stilmerkmalen eines Möbels. Profil- und Zierleisten sind in den meisten Fällen aufgeleimt, um eine dahinterliegende konstruktionsbedingte Verbindung zu kaschieren und das Möbel damit zu verschönern.

Um ein Stück Holz in seiner Form zu verändern, d. h. ihm eine bestimmte profilierte Größe und Form zu geben, bearbeitet man es mit dem Profil- oder Fassonhobel. Die Hobelsohle hat eine dem gewünschten Profil entgegengesetzte Form. Das Herstellen von Profilen wird auch Kehlen („rinnenartig aushöhlen“) genannt. Das Auskehlen war früher eine der ersten und typischen Formen beim Arbeiten mit dem Hobel. Das Schärfen eines Profilhobelmessers ist eine zeitaufwendige Arbeit und muss mit aller Sorgfalt durchgeführt werden, um die ursprüngliche Profilform des Messers beizubehalten. Meist reicht der übliche Schleifstein dabei nicht aus, und man muss mit einer feinen Feile die Form des Hobelmessers bearbeiten und anschließend auf einem entsprechenden Formabziehstein abziehen.

Beim Hobeln von Profilen muss das Holz fest in der Hobelbank eingespannt sein.

Nicht immer verfügt man über den erforderlichen Profilhobel, um ein besonderes Profil anzufertigen (Profilhobel sind schon lange zum beliebten Sammlerobjekt geworden). Man kann sich aber aus einem neutralen Hobeleisen mit der Feile und verschiedenen Formabziehsteinen eine gewünschte Profilform zurechtschleifen.

Betrachtet man besonders üppige Profilformen an einem Möbel einmal etwas genauer, so kann man erkennen, dass diese meist aus mehreren einfachen Grundformen zusammengesetzt sind. Zwar ist es handwerklich möglich, auch komplizierte Profilformen in einem Arbeitsgang auszuhobeln, doch ist es üblich, Profile aus verschiedenen Grundformen zusammenzusetzen.

Profilierte Gesimse sind meist aus mehreren Grundformen zusammengesetzt (hier: Eiche).

Profilierte Gesimsecken und Leisten ersetzen

Profilholz kann mit der Oberfräse schnell und genau zugeschnitten werden. Voraussetzung dafür ist beste Maschinenqualität und sicherer Umgang mit der Fräse. Mit den Standardfräsköpfen kann man fast alle Profilformen herstellen. Das zu bearbeitende Holz muss, wie beim Hobeln, astfrei und geradwüchsig sein. Hartholz lässt sich besser bearbeiten als Weichholz.

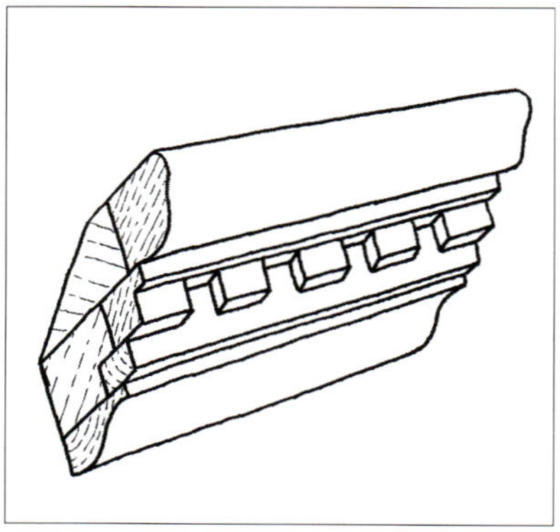

1 Zusammensetzung eines Profils: Viertelkehle, Viertelstab (aus dem die Würfelform später ausgestemmt wird) und Viertelkehle mit Platte.

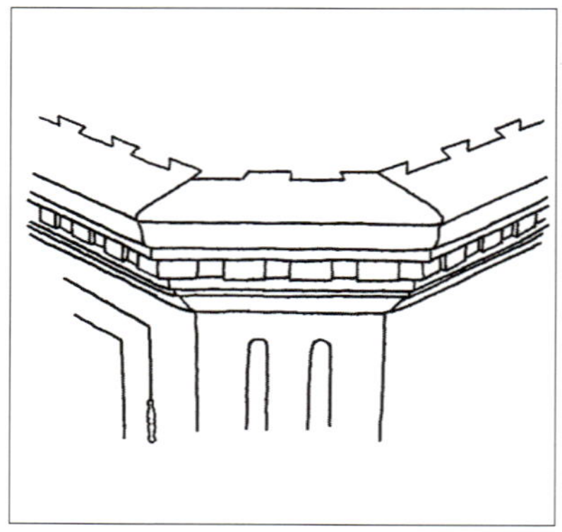

2 Aus massivem oder gegen Blindholz verleimtem Eichenholz wird das jeweilige Profil gehobelt, zusammengesetzt und als Eckstück (45°) eingepasst.

1 Die Bruchstelle einer Profilleiste wird eingesägt und ausgestemmt.

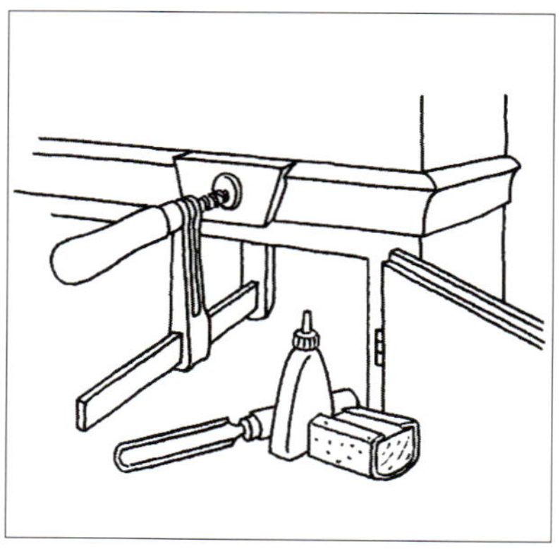

2 Ein entsprechend großes, unbearbeitetes Ersatzholz wird eingepasst und unter Druck verleimt.

3 Überstehendes Holz wird abgestemmt. Mit Schnitzbeiteln, Rundfeile, geformten Klötzchen wird die Profilform beigeschliffen.

Mit einem Profiltaster kann man die genaue Form auf eine Schablone übertragen; Schrankgesims, Eiche, um 1800.

Die Platte an einer Kommode hat sich geworfen und muss wieder in Form gebracht werden.

Verzogene Holzteile

Wie bereits im Kapitel „Holz lebt" beschrieben wurde, verliert Holz seine urwüchsige Kraft nie und unterliegt je nach Luftfeuchtigkeit einem immer währenden Veränderungsprozess. Bei Hölzern mancher Möbel verläuft dieses Schwinden und Quellen fast unauffällig, bei anderen dagegen so stark, dass Schlösser nicht mehr schließen, Schubladen klemmen, Platten sich verwerfen oder Seitenwände reißen.

In manchen Fällen kann man das Werfen einer Platte beheben, indem man das Holz von der Unterseite her stark anfeuchtet, zwischen gleich große, ebene Bretter verzwingt und austrocknen lässt. Man kann der Platte auch, ähnlich wie bei gerissenem Holz, durch unterseitig eingeleimte oder verschraubte Füllstücke Halt geben. Immer aber ist darauf zu achten, dass man das Holz nicht mit aller Gewalt gegen seine natürliche Krümmung zwingt, da es sonst durch seine Spannkraft an einer anderen Stelle reißt.

1 Die Deckplatte der Kommode ist mit dem Korpus verleimt. Mit Stemmeisen und dem Holzhammer wird die Leimfuge vorsichtig gelöst

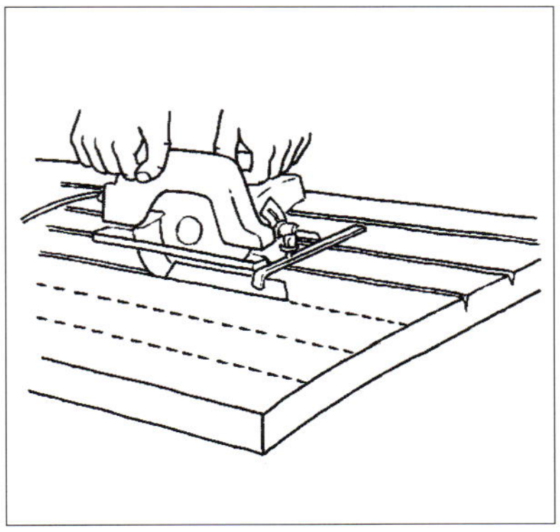

2 Parallel zur Holzfaser wird die Platte unterseitig mit der Handkreissäge angesägt. Die Schnitttiefe macht etwa ein Drittel der Holzstärke aus.

3 Die gesägten Schlitze werden mit Furnierstreifen, Sperrholz oder feinen Streifen aus dem gleichen Holz wie die Platte ausgespant.

4 Überstehendes Holz wird beigestemmt und geschliffen. Dann kann die Platte in ihrer ursprünglichen Position wieder aufgeleimt werden.

Gerissenes Holz muss sorgfältig mit Furnierstreifen oder Holzspänen ausgespant werden. Holzkitt ist nur in den wenigsten Fällen als Füllmittel geeignet.

1 Die Seitenwand eines Sekretärs ist gerissen. Einige Holzfasern hängen noch zusammen. Um ausspanen zu können, wird die Bruchstelle begradigt.

2 Je nach Rissbreite füllt man mit einem oder mehreren passenden Spänen den Riss aus. Jeder Span wird beidseitig dünn mit Leim bestrichen.

3 Nach dem Trocknen wird überstehendes Spanholz mit dem Stemmeisen abgenommen und fein beigeschliffen.

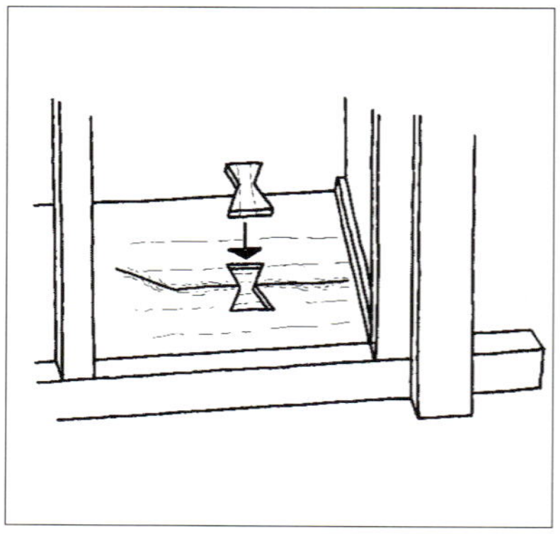

4 Zur Verstärkung kann man auf der Innenseite einen „Schwalbenschwanz" einleimen, der nicht tiefer als bis zur Hälfte eingestemmt wird.

Risse im Holz

Es gibt kaum ein altes Möbel, das nicht im Laufe der Jahre Risse im Holz bekommen hätte. Gewölbte Flächen, die unter Spannung stehen, unsachgemäße Verarbeitung und schlecht abgelagertes Holz können die Ursache dafür sein. Weitere Gründe können sein: ein starker Wechsel zwischen Feuchtigkeit und extrem trockener Luft und damit verbundene extreme Temperaturschwankungen, rascher Standortwechsel, äußere Beschädigungen etwa durch Nägel oder harte Stöße, aufgetrocknete Leimfugen, ausgebrochene oder lose Holzverbindungen.

Je nach Zugänglichkeit der schadhaften Stelle kann die Sanierung verschieden verlaufen. Es gibt Fälle, wo das gerissene Holz gut aus seiner Verbindung zu lösen ist, es kann aber auch sein, dass man das Möbel nicht auseinander nehmen kann, um es wieder zu restaurieren. Wie bei vielen Restauriermaßnahmen sollte auch hierbei vorher wieder das eigene Können kritisch eingeschätzt werden. Man muss einerseits abwägen, ob ein völliges Auseinandernehmen dem Möbel noch weiteren Schaden zufügt. Man muss andererseits aber auch bedenken, ob eine allzu oberflächliche Sanierung sinnvoll ist, oder ob man eventuell auf Fremdhilfe zurückgreifen muss. Holzkitt ist nur in den allerwenigsten Fällen als dauerhaftes Füllmaterial geeignet.

Eine gerissene Platte aus Massivholz wieder verleimen

Die Sanierung einer gerissenen Platte, die nicht fest mit dem Möbel verbunden ist, also problemlos herausgenommen werden kann, ist verhältnismäßig einfach, da sie auf der Hobelbank fest eingespannt und bearbeitet werden kann. Die Instandsetzung selbst setzt gute Schreinerkenntnisse voraus. Bei dieser Restaurierung muss auch das Ersatzholz besonders sorgfältig ausgesucht und vorbereitet werden.

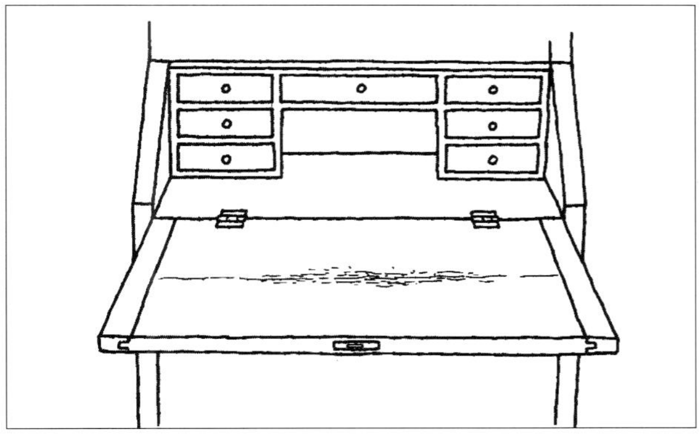

1 Die Schreibklappe eines Sekretärs (Kirschbaum) ist in der Leimfuge aufgeplatzt. Die Platte besteht aus zwei stumpf gegeneinander geleimten Brettern, die in einer seitlichen Begrenzung vernutet sind.

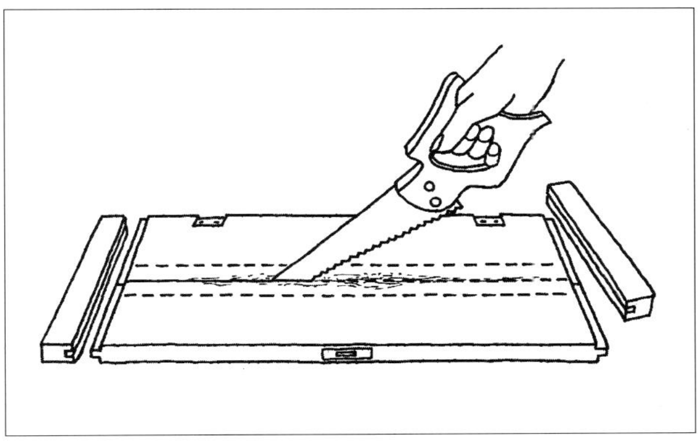

2 Mit leichten Holzhammerschlägen muss die Platte aus der seitlichen Begrenzung und in der Leimfuge gelöst werden.

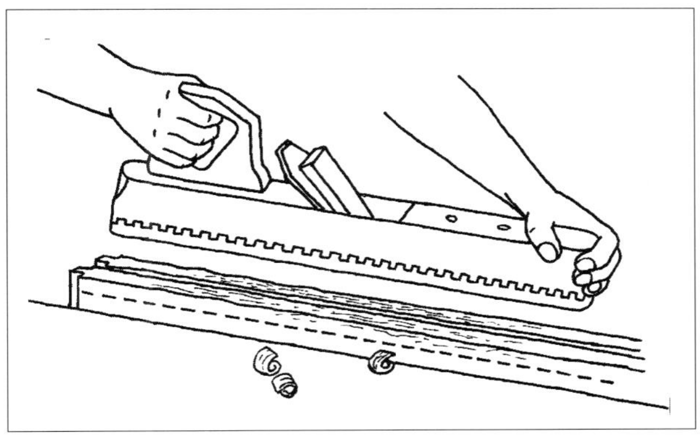

3 Die beiden Plattenteile müssen in ganzer Länge um die beschädigten Stellen eingekürzt werden. Um eine bündige Leimfuge zu erhalten, muss dieses Einkürzen maschinell mit der Abrichte oder mit der Raubank gehobelt werden.

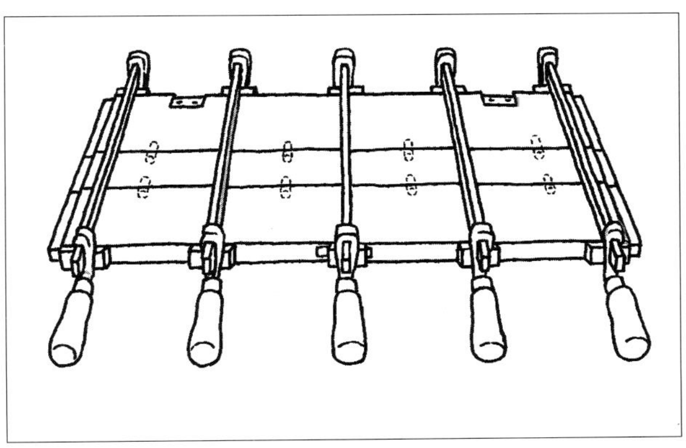

4 Ein der Einkürzung entsprechendes Ersatzholz wird durch Dübel oder eingesetzte Zapfen zusätzlich verstärkt, und mit den begradigten Plattenteilen unter Druck verleimt. Die Zapfenlöcher werden mit dem Lochbeitel ausgestemmt.

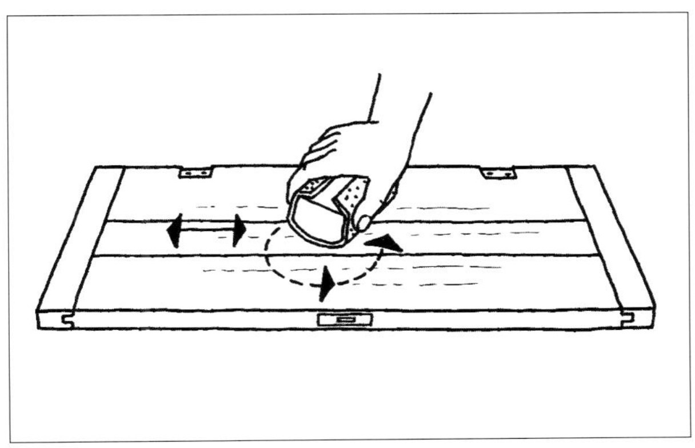

5 Die Platte wird wieder in die Nut der seitlichen Begrenzung gefügt. Dies kann trocken, d. h. ohne Leim geschehen. Das eingesetzte neue Holz wird feingeschliffen und eventuell im Farbton angeglichen und oberflächenbehandelt.

Oberflächenbehandlung

Grundieren, Ölen, Wachsen, Lasieren, Polieren – jedes Möbelstück muss oberflächenbehandelt werden, damit es sowohl gegen äußere Einflüsse geschützt ist, als auch seinen Charakter und seiner Struktur gemäß zur Wirkung kommt.

Grundieren

Eine Oberflächenbehandlung ist immer nur so gut wie ihr Untergrund. Jedes Holz, das aus schützenden und auch ästhetischen Gründen oberflächenbehandelt werden soll, wird vorher grundiert. Man füllt dabei die Holzporen, um die Struktur des Holzes für die anschließende Behandlung eben und feinporig vorzubereiten.

Der Verbund mit der nachfolgenden Oberflächenbehandlung soll so homogen wie möglich sein.

Die Arbeitsweise und die Art der Grundierung müssen auf die jeweils nachfolgende Behandlung abgestimmt sein. Um aus der Vielzahl der Lacke, Wachse, Mattinen, Polituren, Lasuren und Öle das Richtige auszuwählen, ist der erste und wichtige Schritt wiederum die Holzbestimmung. Jede Holzart verlangt eine zur Struktur passende Oberflächenbehandlung mit der entsprechenden Grundierung.
Für alle Grundierungen und Oberflächenbehandlungen gilt jedoch gemeinsam, dass das Holz gesäubert und sehr fein geschliffen (Körnung 600 oder feiner) sein muss.

Verschiedene Grundiermittel sind:

Öl, Leimlösung, Porenfüllpulver (z. B. Bimsmehl), verdünnte Schelllackpolitur.

Ölen

Eine einfache und für alle massiven Weichhölzer (Nadelhölzer) geeignete Oberflächenbehandlung ist das Ölen. Diese Art der Behandlung unterstreicht den rustikalen Charakter eines Holzes, lässt seine Poren offen, betont die natürliche Maserung und gibt ihm imprägnierenden Schutz. Am besten geeignet ist Leinöl, ein goldgelbes, fettes Öl, das aus dem Samen des Leinkrauts (Flachs) kalt gepresst wird. Leinöl ist auch Hauptbestandteil von Öllacken. Es dringt tief in das Holz ein, ohne dabei die Poren zu verschließen. Innerhalb von 3 bis 4 Tagen trocknet Leinöl leicht verharzend auf. Meist ist das im Handel erhältliche Leinöl durch Beigabe von Trockenstoffen (Sikkative) in seiner Trockenzeit bereits reduziert. Das reine Leinöl enthält kein Harz. Daher ist der Begriff „Leinölfirnis" irreführend. (Firnis ist ein griechisches Fichtenharz.) Außer Leinöl gibt es noch verschiedene andere Öle mit etwas kürzeren Trockenzeiten, die ebenfalls für die Holzoberflächenbehandlung geeignet sind, z. B. Mohnöl, Nussöl, Tungöl (chinesisches Holzöl) oder

Teaköl. Man kann sich auch ein „Halböl" mit verringerter Trockenzeit aus Leinöl und Terpentinöl herstellen. Beim Schelllackpolieren spielt das Ölen ebenfalls eine wichtige Rolle.

Arbeitsweise
Beim Ölen entfällt der Arbeitsgang des Grundierens, da das Ölen selbst eine Art Grundierung ist. Die Holzoberfläche muss feinstgeschliffen und entstaubt werden. Man kann grundsätzlich alle Hölzer ölen, doch ist das grob gemaserte Weichholz am besten dafür geeignet.

Das Leinöl wird im Wasserbad durch Erwärmen etwas verflüssigt und noch warm mit einem breiten Pinsel oder einem saugfähigen Stoffballen dünn auf das Holz gegeben. Mit einem Leinenlappen reibt man danach das Öl kräftig und gleichmäßig in das Holz ein und lässt es 3 bis 4 Tage, eventuell auch länger, trocknen. Dann wird die Holzoberfläche mit Stahlwolle oder feinstem Schleifpapier (600) geschliffen, um eine weitere Schicht Leinöl aufzutragen. Man kann diesen Vorgang des Ölens und Schleifens je nach Holzstruktur mehrere Male, unter Einhaltung der Wartezeit, wiederholen. Soll beim Ölen der Farbton des Holzes vertieft werden, kann man das Leinöl mit öllöslichem Farbpulver anfärben. Geöltes Holz ist nur bedingt feuchtigkeitsresistent. Schadstellen (Kratzer, weiße Ränder) können durch feines Schleifen und erneutes Ölen ausgeglichen werden.

In einer früher üblichen Arbeitsanleitung heißt es:

„Reibe das Holz mit Schafthalm (Schachtelhalm) recht glatt, hernach poliere es wohl mit einem Glättezahn, dann halte es über ein gelindes Kohlefeuer, lass es wohl warm werden und bestreiche es mit warm gemachtem Leinöl, halte es ein wenig über das Feuer, dass sich das Leinöl wohl einziehe, dann lass es vollends von selbst trocknen."

Wachsen

Wachs hat die längste Tradition bei der Holzoberflächenbehandlung. Bienenwachs wurde schon vor Jahrhunderten zum Schutz und zum Glanz auf Möbelhölzer gerieben. Im Gegensatz zum Leinöl, das das Holz durchtränkt, bleibt Wachs auf der Holzoberfläche und bildet dort eine offenporige, matt glänzende Schutzschicht. Ebenso wie Öl ist auch Wachs für jedes Holz geeignet, am besten jedoch für Weichhölzer oder Eichenholzmöbel mit ländlichem Charakter. Die im Handel angebotenen Möbelwachse sind nach verschiedenen Rezepturen aus Bienenwachs, Pflanzenwachsen (z.B. Carnauba), Ölen (Terpentinöl), Stearin, Paraffin, Farb- und Duftstoffen gemischt. Je nach Lösungsmittel ist das Wachs mehr oder weniger flüssig und lässt sich im Allgemeinen gut dosieren und leicht auf dem Holz verreiben.

Sehr hartes Wachs hingegen ist manchmal fleckig und schwer zu verteilen. Jedes Wachs kann im Wasserbad mit etwa Terpentinöl verdünnt und mit öllöslichen Farbpulvern angefärbt werden.

Arbeitsweise

Grundieren Da Wachs nicht wie Öl in das Holz einzieht, sondern auf der Oberfläche bleibt, empfiehlt es sich, das Holz vor dem Wachsen mit Grundieröl zu imprägnieren bzw. zu grundieren. Auf das feinstgeschliffene Holz wird Grundieröl mit einem Lappen oder Flachpinsel dünn aufgetragen. Mindestens über Nacht lässt man das Holz trocknen, um dann mit Stahlwolle feinzuschleifen. Danach wird Wachs mit einem weichen Lappen dünn im Maserungsverlauf eingerieben. Nach kurzer Trockenzeit (etwa 1 Stunde) wird mit einer Glättebürste oder Rosshaarbürste blank gerieben. Das Wachsen und Bürsten kann unter Einhaltung der jeweiligen Trockenzeiten beliebig oft wiederholt werden. Mehrere dünne Wachsschichten ergeben eine

Wachs wird mit einem weichen Lappen dünn in den Maserungsverlauf eingerieben. Das Wachsen und das anschließende Bürsten kann unter Einhaltung der jeweiligen Trockenzeiten beliebig oft wiederholt werden.

Mehrere dünne Wachsschichten ergeben eine schönere Oberfläche als wenige dicke Schichten.

Nach kurzer Trockenzeit von etwa einer Stunde wird die Oberfläche mit einer Glättbürste oder einer Rosshaarbürste blank gerieben.

schönere Oberfläche als wenige dicke Schichten.

Die gewachste Oberfläche ist nur bedingt feuchtigkeitsbeständig. Weiße Ränder, verursacht durch Wasser, Wärme oder Alkohol, schleift man mit Stahlwolle und etwas Spiritus an und verreibt einen Ballen mit Wachs darauf.

In einer alten Arbeitsanleitung zum Wachspolieren heißt es:

Nach dem Wachsauftrag poliert man die Oberfläche mit einer Bürste oder einem weichen Lappen. Durch die Reibung erwärmt sich das Wachs und kann besser in die Poren eindringen. Bei mit Knochenleim verleimtem Furnier ist darauf zu achten, dass sich das Furnier durch die Wärme nicht wieder anlöst. Nachdem man das Wachs mit einem Poliergerät (siehe Abschnitt Polier- und Schleifmittel) gleichmäßig verteilt hat, wird die Fläche mit einem Wachsschaber abgezogen, d.h. der größte Teil des Wachses wieder entfernt. Mit einem Tuch (Wildseide) wird das Holz poliert, bis es „glänzend wie ein Spiegel" ist.

Nach einer anderen Beschreibung für das Wachsen von grobporigem rötlichem Palisander- oder Mahagoniholz soll nach dem Verteilen des Wachses rötliches Schellackpulver aufgestreut und mit dem Wachs in das Holz poliert werden.

Statt das gewachste und abgeschabte Holz mit einem Seidentuch glänzend zu polieren, kann man mit einem weichen Bimsstein, leicht mit Wasser benetzt, das Holz fein polieren. Man wiederholt dies einige Male, wobei das Holz dazwischen immer wieder trocknen muss. Anschließend poliert man das Holz mit Schachtelhalm weiter, indem man wieder etwas Wachs aufträgt. Zwischendurch kann man mit einem weichen Tuch etwas angefärbtes Leinöl einreiben, um den Holzton zu vertiefen. Diese Wachspolitur mit Bimsstein eignet sich am besten für helle Hölzer wie Tanne, Pappel oder Linde.

Lasieren

Lasieren heißt, die Oberfläche „mit einer durchsichtigen Farbschicht überziehen". Ursprünglich geht dieses Verfahren auf den Blaustein (lapis lazuli) zurück und bedeutete „mit Blaufarbe überziehen". Gebräuchlich war die Lasur besonders in der Malerei als durchscheinende, dünn aufgetragene Farbschicht.

Was früher eine leichte Farblösung auf Öl-, Wasser- oder Spiritusbasis war, ist inzwischen zu Lasurlacken und Dickschichtlasuren auf Kunstharzbasis geworden. Lasurlacke sind meist zähflüssig bis dick und haben in ihrem Oberflächenbild nur noch wenig mit der ursprünglichen Wirkung einer Lasur zu tun, da die Holzmaserung verdeckt wird, um den Naturton des Holzes zu vertiefen.

Bei der Anwendung eines Lasurlacks ist darauf zu achten, dass die

Lasur mit dem dazugehörigen Verdünner so verflüssigt wird, dass sie transparent auftrocknet und die Holzmaserung sichtbar lässt. Man kann sich eine Lasur in gebrauchsfertiger Mischung aus Anlegeöl, Terpentinersatz und Sikkativen auch selbst herstellen. Eine Lasur wird mit dem Pinsel aufgestrichen oder mit dem Lappen in das Holz eingerieben.

Bei der Oberflächenbehandlung alter Möbel kann das Lasieren von Bedeutung sein, wenn es darum geht, einem abgelaugten Stuhl aus Buchenholz oder Weichholz sowohl wieder etwas Farbe als auch Oberflächenschutz zu geben. Bei Ausbesserungsarbeiten kann man mit Lasurfarbe das Ersatzholz an die Patina des alten Holzes angleichen. Dazu reibt man die Lasur (z. B. nussbaumfarben) mit dem Lappen dünn und in mehreren Schichten auf das Ersatzholz, bis die Färbung dem alten Nussbaumholz gleicht.

Lasieren bedeutet, eine Oberfläche mit einer durchsichtigen Farbschicht zu überziehen.

Ein abgelaugter Stuhl (Buchenholz) soll mahagonifarben lasiert werden.

Arbeitsweise

Grundieren Das nach dem Ablaugen gut getrocknete und feinst geschliffene Holz wird mit Schnellschliffgrund sehr dünn mit einem Flachhaarpinsel vorgestrichen. Nach der erforderlichen Trockenzeit (am besten über Nacht) wird das etwas aufgeraute Holz mit Stahlwolle (000) wieder feingeschliffen.

Sind noch Fehlstellen im Holz sichtbar (z. B. Holzwurmlöcher), können sie farbig passend ausgebessert werden (das Füllmittel sollte möglichst auf die Basis der Oberflächenbehandlung abgestimmt sein).

Lasurauftrag Nachdem man an einer verdeckten Stelle ausprobiert hat, ob die Lasur in Konsistenz und Farbton stimmt, streicht man sie dünn mit einem Flachpinsel auf. Damit ein klar auftrocknendes Oberflächenbild entsteht, sollten schnell anziehende Lacke mit hohem Verdünneranteil „aufgelegt" werden. Sie können nicht, wie früher bei Öllacken möglich, hin- und hergestrichen, d. h. „vertrieben" werden. Nach der vorgeschriebenen Trockenzeit, besser aber über Nacht, wird das Holz mit Stahlwolle (000) geglättet. Je nach Anspruch an Glanz und Farbton kann ein weiterer Auftrag erfolgen. Statt mit dem Pinsel kann die Lasur auch mit einem Lappen auf der Holzoberfläche in Maserrichtung eingerieben und verwischt werden, um eine patinierende Wirkung zu erzielen.

Mit dem erhitzten Lötkolben lässt man Wachs oder Schelllack in Nagel- oder Holzwurmlöcher tropfen.

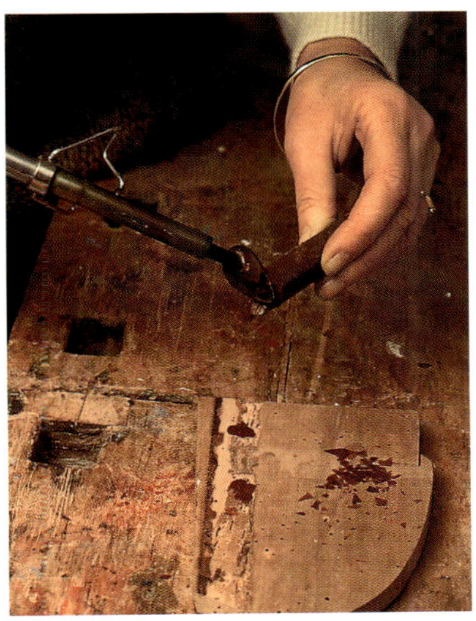

Färben und Beizen

Färben nach alter Methode

Das Färben von Hölzern war bereits in der Antike bekannt. Besondere Beliebtheit erlangte diese Technik mit zunehmender Verfeinerung der Holzintarsien oder Marketerien ab dem 16. Jahrhundert. Intarsien wurden wie Gemälde präsentiert und mussten in allen möglichen Schattierungen eingefärbt werden. Mit immer feineren Techniken des Intarsienschneidens und des Einfärbens versuchte man der Malerei („peinture sur bois") täuschend nahe zu kommen. Das Imitieren von seltenen exotischen Furnieren wurde durch die Vielzahl der Färberezepte immer perfekter.

Man kann sich heute nur noch ein unvollständiges Bild von der Farbenpracht intarsierter, alter Holzflächen machen, da die meisten Einlegearbeiten durch den Alterungsprozess und durch radikales

Verschiedene Beizpinsel aus einer alten Schreinerwerkstatt.

Abschleifen verblasst sind. Umso mehr ist man auf die Beschreibung alter Beiz- und Farbrezepte angewiesen, um die Vielfalt der Färbekunst zu vermitteln. Joh. Melchior Cröker stellte um 1760 als einer der ersten eine umfassende Sammlung aller damals bekannten Färberezepte zusammen. Wie sooft in der Zeit des Zunftwesens wurden allerdings viele Rezepturen und Techniken geheim gehalten und sind später in Vergessenheit geraten.

Entscheidend für die Qualität des Färbens war, dass ein Holzstück oder Furnier durchgefärbt wurde, um es anschließend noch hobeln oder schleifen zu können. Man färbte also zuerst die einzelnen Holzteilchen, legte sie in das Intarsienbild ein und ebnete dann die Oberfläche, um sie abschließend noch zu wachsen oder zu polieren. Um ein Holzteilchen oder ein stärkeres Furnier durchzufärben, musste man es einige Tage in der Beizlösung liegen lassen.

Das Färben nach alten Rezepten ist eine heikle Sache, da die Angaben nicht immer genau zu bestimmen sind, und die Wirkung der Farbstoffe aus Wurzeln, Rinden, Früchten oder Harzen nicht mehr so wie früher ist. In den Restaurierwerkstätten der Museen sind viele Versuche mit alten Färberezepten angestellt worden. Nur wenige der Färbungen haben sich als lichtecht erwiesen. Nach 2 bis 3 Jahren waren die gefärbten Hölzer bereits wieder ausgeblichen.

Im Allgemeinen färbte man nach der naturgegebenen Farbskala der verschiedenen Holzarten in rötlichen, braunen und gelblichen Tönen. Lediglich die Grün- und Blaufärbung machte eine Ausnahme. Dazu erweiterten die vielen exotischen Hölzer die Farbskala. Besonders das schwarze Ebenholz war sehr beliebt, so dass auch die Nachahmung dieses kostbaren Holzes zur wichtigen Aufgabe für die Ebenisten wurde.

Um eine Farblösung auf Pflanzenbasis zu intensivieren und die Aufnahme in die Holzfasern zu vertiefen, müssen beizende (früher: „beißende") Mineralien (z.B. Alaun), Laugen (z.B. Pottasche), Säuren (z.B. Essig, Salmiak) oder Metallsalze (z.B. Eisensulfat) der Lösung beigemischt werden.

Die Technologie des Färbens/Beizens blieb lange Zeit sehr traditionell und basierte im Wesentlichen bis zum 19. Jahrhundert auf ihren Anfängen. Die große Veränderung vollzog sich erst mit den künstlichen Farbpulvern ab Mitte des letzten Jahrhunderts.

Nicht alle Hölzer sind zum Färben gleichermaßen gut geeignet. Manche von ihnen sind zu hart, andere zu weich, einige enthalten Salze oder Säuren, die sich nicht mit den Farblösungen vertragen. Ahorn, Apfel, Birne, Wildkastanie und Weißbuche haben feines, helles, dichtes Holz und nehmen die Farbe gut und lebhaft auf. Bei der Auswahl des Holzes ist sorgfältig darauf zu achten, dass die Maserung möglichst ebenmäßig verläuft. Wuchsfehler wie Astlöcher, Splintstellen oder Harzgänge nehmen die Farbe gar nicht, fleckig oder verändert an.

Beim Färben soll ein möglichst gleichmäßiger Farbton entstehen, der die natürliche Struktur und die Eigenart des Holzes nicht verdecken darf. Soll eine Holzsorte imitiert werden, ist genau auf den Maserungsverlauf zu achten.

Vorbehandlung (Grundieren)

Eine Färbung dringt bis zu einer gewissen Tiefe in das Holz und lagert die färbenden Substanzen im Zellgewebe ein, während das Lösungsmittel (Wasser, Spiritus, Öl) verdunstet. Zur besseren Farbaufnahme kann das Holz mit einer Vorbeize (z.B. Alaunwasserlösung) vorbehandelt werden. Diese greift die Holzfasern an, so dass die nachfolgende Farblösung besser eindringen kann. Außerdem wird der pH-Wert des Holzes neutralisiert. Furniere können zur Vorbehandlung in Wasser ausgekocht werden. Anschließend muss aber eine sorgfältige Trocknung stattfinden.

Färbung

Die Färbung der Holzteilchen kann je nach Zusammensetzung der Farblösung kalt oder heiß erfolgen. Farblösungen in Alkohol (z.B. harzhaltige Pflanzen wie Drachenblut) werden kalt angewendet. Wasserlösliche Farben werden erhitzt und die Holzteilchen in der Farbbrühe so lange gesiedet, bis die Farbe tief und gleichmäßig eingezogen ist. Auf größere Furnierteile streicht man die sehr heiße Farblösung mit einem Pinsel oder einer Bürste, unter Einhaltung von Trockenzeiten, wiederholt auf.

Statt der Vorbehandlung mit Alaun kann man die Färbung auch nachbehandeln, d.h. fixieren. Das

Furnier wird zuerst durchgefärbt und z. B. mit einer Pottaschenlösung nachgebeizt. Bei bestimmten Farben kann dies eine Veränderung bzw. Vertiefung bewirken.

Bei den nachstehenden historischen Färberezepten muss berücksichtigt werden, dass der Farbton nach einiger Zeit vergilben kann, also nicht lichtecht ist.

Braune Beize Konzentrierte Pottaschenlauge, wenig Alaun, getrocknete Walnussschalen mit Furnier 1 1/2 Stunden kochen. Cochenille (wenig) mit Eisenspänen in Salpetersäure gelöst. Furnier einige Tage einlegen.

Mahagonibeize 3 Teile Färberröte, 1 Teil Campècheholz. Furnier etwa 1/4 Stunde darin köcheln. Danach einen Anstrich aus Pottasche (7 g auf 1/4 Liter Wasser).

Rote Beize Holz ca. 24 Stunden mit Alaunlösung vorbehandeln. Fernambuk mit Alkohol anlösen und das Furnier 3 Tage einlegen.

Grüne Beize Destillierten Grünspan in Wasser unter Zugabe von etwas Weinsteinsäure lösen. Holz etwa 2 Wochen einlegen.

Schwarze Beize Absud von Galläpfeln, Eisenauflösung in verdünnter Essigsäure (15 %) und Ammoniumchlorid. Holz etwa 12 Stunden einlegen und danach 2 Stunden aufkochen.

Zinn oder Blei in einem Topf schmelzen lassen und Holzteilchen rasch eintauchen.

Beizen

Wie immer bei Restaurierarbeiten hat der Restaurator auch beim Beizen und Färben die Wahl, entweder nach alten Rezepten und Verfahrensweisen zu arbeiten oder Produkte der modernen Oberflächenbehandlung zu verwenden. Beim Färben von Holz wird man sich wahrscheinlich eher für die fertigen, meist lichtechten Pulverbeizen entscheiden, anstatt sich nach alten Methoden einen Farbextrakt zu köcheln. Pulverbeizen sind in vielen holztypischen, aber auch holzfremden Farbtönen erhältlich. Untereinander sind sie mischbar. Man unterscheidet zwischen spirituslöslichen und wasserlöslichen Pulvern.

Spirituslösliche Farbpulver

Sie sind für den Restaurator dann von Interesse, wenn es darum geht, farblose Öle, flüssige Wachse oder Schelllackpolituren anzufärben oder im Farbton zu vertiefen.

Mit einem Holzstäbchen rührt man das Pulver direkt in die jeweilige Mischung, bis der gewünschte Farbton erreicht ist. Das Pulver muss sich völlig auflösen. Flüssige Polituren filtert man durch ein grobes Leinentuch, um sicher zu sein, dass sich keine Farbklümpchen gebildet haben.

Wasserlösliche Farbpulver

Bei der Oberflächenbehandlung alter Hölzer sollte man grundsätzlich sehr sorgfältig abwägen, ob man überhaupt Farbpulver verwendet, um ein Holz zu färben. Am besten kommt altes, patiniertes Holz zur Geltung, wenn man seinen natürlichen Farbton belässt. Es kann jedoch immer wieder vorkommen, dass eine farbige Einlegearbeit ergänzt oder retuschiert werden muss, ein ausdrucksloses Buchenholz Farbe bekommen oder ein ausgebessertes Holz beigefärbt werden soll.

Die Anwendung wasserlöslicher Beizpulver auf kleinen Flächen ist sehr einfach, wenn man einige Regeln beachtet:

▷ Das zu färbende Holz muss sehr fein geschliffen und entstaubt sein.

▷ Holz kann nur in rohem Zustand die Beize gleichmäßig aufnehmen, es darf also nicht gewachst oder geölt sein.

▷ An einer verdeckten Stelle sollte das Holz zur Farbprobe gebeizt werden.

▷ Das Holz muss vor dem Beizen leicht und gleichmäßig „gewässert", d. h. befeuchtet werden.

▷ Farbpulver können untereinander gemischt werden.

▷ Rottöne (z. B. Mahagoni, Nussbaum rötlich) erscheinen sehr farbintensiv und müssen sparsam dosiert werden.

▷ Pulverbeizen müssen in einem Glas- oder Porzellangefäß angesetzt werden (also kein Metallgefäß).

▷ Das Farbpulver wird mit einem Holzstab in heißes Wasser eingerührt. Das Mischungsverhältnis bestimmt die Farbtiefe. Die Zugabe von etwas Salmiak kann den Farbton intensivieren. Die Farblösung kann in noch heißem Zustand aufgetragen werden. Je länger sie heiß einwirkt, umso mehr werden die Holzzellen aufgeschlossen und die Farbe dringt tief ein (früher wurden daher die Hölzer in der Farblösung gekocht).

▷ Die Beizflüssigkeit kann mit einem Schwamm, Pinsel oder Lappen aufgetragen werden.
▷ Um eine gleichmäßige Färbung zu erreichen, sollte das Färben in mehreren Farbaufträgen erfolgen.
▷ Beizen trocknen häufig in verändertem Farbton auf. Nach dem ersten Lackauftrag zeigt sich aber der eigentliche Farbton wieder.
▷ Vor der Weiterbehandlung sind einige Tage Trockenzeit einzuplanen.
▷ Um die aufgetragene Färbung auf dem Holz zu fixieren, kann man vor der eigentlichen Oberflächenbehandlung eine dünne Schelllacklösung aufstreichen.

Lackieren (Öl-Harz-Firnis)

Bis die Spirituslacke (z. B. Schelllackpolitur) zu Beginn des 19. Jahrhunderts ihre Verbreitung und Anwendung fanden, hatte der Öl-Harz-Firnis neben Wachs und Öl eine große Bedeutung bei der Oberflächenbehandlung der furnierten, intarsierten und massiven Möbel. Im Gegensatz zu reinem Leinöl, fälschlich oft als Leinölfirnis bezeichnet (vgl. auch den Abschnitt Ölen), handelt es sich bei Öl-Harz-Firnis (auch „Griechischer Leim" oder „Schreinerfirnis") um ein in Leinöl oder anderen trocknenden Ölen aufgekochtes Harz.

Die Zubereitung von Ölfirnissen ist schon seit vielen Jahrhunderten bekannt und bis heute als „Bootslack" noch im Handel erhältlich und deshalb auch leicht zu beschaffen. Öl-Harz-Lacke trocknen langsam, aber hart und beständig auf. Sie lassen sich sehr gut schleifen und auf Hochglanz polieren. Je nachdem um welche der speziellen Öl-Harz-Mischungen es sich handelte, und wie hochglänzend der Lack anschließend geschliffen wurde, bezeichneten ihn früher manche Ebenisten wegen seines starken Glanzes als „eine Beleidigung für das Auge".

Das Verkochen von Harz in Öl ist aus alten Rezepturen überliefert. So heißt es z. B. in einer Beschreibung aus dem 12. Jahrhundert: *„Hinsichtlich der Masse siehe, dass es 2 Teile Öl und der dritte Kopal sei. Nachdem du es nach deinem Belieben fleißig gekocht hast, entferne es vom Feuer und lasse es, indem du den Deckel abhebst, auskühlen."*

Harz und Ölsorte bestimmen Glanz und Härte des Firnises, doch haben fast alle Rezepturen ein Mischungsverhältnis von zwei Teilen Öl auf einen Teil Harz. Andere Beigaben, die zuweilen mitgekocht werden, können Trockenstoffe (Sikkative) oder färbende Substanzen sein.

„1/2 Pfund Leinöl wird erhitzt, drei entschälte Knoblauchköpfe (als Sikkativ) werden dazugegeben und solange mitgekocht, bis eine eingetauchte Hühnerfeder sich kräuselt. Dann werden 4 Unzen (etwa 110 g) zu Pulver gestoßener Wachholderharz (Sandarak) hinzugegeben und so lange gekocht, bis die Masse genügend dick ist. Um die Menge des Firnises zu vergrößern, kann von Lavendelöl hinzugegeben werden."

Sehr wichtig beim Verkochen von Ölen war aber auch die Warnung: *„Hüte es vor der Flamme, weil es allzu gefährlich ist, und von derselben ergriffen, nur mit Mühe ausgelöscht wird."*

Das Öl, das für die Firniszubereitung verwendet wurde, musste „gutes" Öl sein (z. B. Leinöl), d. h. durch Kochen von aller Fettigkeit befreit, geklärt und hell.
In noch warmem Zustand wurde der Ölfirnis durch ein Leinentuch gefiltert und in einem verschlossenen Glasbehälter mindestens zwei Tage ruhig gestellt.

Das Lackieren der Holzoberfläche geschah meist mit dem Pinsel, manchmal mit dem Handballen. Wichtig war hierbei wieder – wie bei allen Oberflächenbehandlungen – dass das Holz sorgfältig geschliffen und vorbereitet war.
Erst nach dem Lackauftrag wurde die Oberfläche feinst poliert, wobei die langen Trockenzeiten eines Öl-Harz-Firnisses eingehalten werden mussten.

Früher gebräuchliche Schleif- und Poliermittel

Der Begriff Polieren wird aus dem Griechischen abgeleitet: poli = Glanz, glänzend machen. Sowohl bei der geölten als auch bei der gewachsten und gefirnisten Holzoberfläche kam dem Schleifen und Polieren eine große Bedeutung zu. (Im Unterschied zu der schelllackpolierten Fläche, wo Lackauftrag und Poliervorgang gleichzeitig vonstatten gehen.)

Bimsstein Rauer und poröser Stein. Wurde für Schleifzwecke zuvor auf einem Sandstein und danach auf einem Holzstück geglättet.

Kohle Aus gleichmäßig gewachsenem Buchenholz gebrannt, wurde sie auf dem Holz auspoliert.

Olivenöl Mit Tripel oder Kohle (je nach Farbe des Holzes) wurde es zum Glanz in das Holz poliert.

Poliergerät Ein Bündel aus Binsen wurde in handlicher Größe zusammengebunden, in geschmolzenes Wachs getaucht, und nach dem Erkalten auf einem Holzstück durch Glätten polierfähig ausgerieben.

Polierholz Feines, dichtes, nicht zu hartes Holz (z. B. Nuss) in verschiedenen Größen, zum Verteilen des Wachses auf Flächen und Vertiefungen und kleineren Partien, wo es wichtig ist, die Kanten gut zu halten. (Zum weicheren Polieren oder Glätten wurde das Holzstück mit feinem Leder überzogen, besonders wenn Porenfüllpulver oder Öl einpoliert wurde.)

Tripel Rötlich-weißlich, weiches Kreidepulver aus gemahlenem Stein (Bretagne-Stein). Zum Polieren wurde das Pulver je nach Holzsorte mit Olivenöl (für Ebenholz, Buchsbaum), Talk (für Rosenholz), Wasser (für Eiche sowie sehr harte Hölzer) angerührt.

Schachtelhalme Harte Binsen mit rauer Oberfläche. Die Knoten wurden entfernt, die Halme zu Büscheln gebunden, in warmem Wasser eingeweicht und nach dem Trocknen zum Schleifen benutzt.

Viele andere Schleif- und Poliermittel wurden ebenfalls verwendet wie z. B. Brennessel, verschiedene Eisenoxyde, Filz, Hirschhorn, Kalk, Knochen, Kohle, Korkholz, Kreide, Leder, Seehundshaut, Seide, Schmirgel oder Zinnasche.

Die Schelllackpolitur

Anhand der Stilgeschichte kann man sehr genau verfolgen, wie die Holzoberflächengestaltung im Laufe der Epochen immer mehr verfeinert wurde und ein kostbares Aussehen erhielt. Umso verwunderlicher ist es, dass man verhältnismäßig wenig über Oberflächenbehandlungen erfährt. In den meisten Fällen wurden die Möbel gewachst – die feinen wie die bürgerlichen – und mit allerlei Mittelchen blank poliert (Wachspolitur). Obgleich schon seit langem bekannt war, dass Harze (z. B. Bernstein, Kolophonium, Sandarak, Mastix) aufgelöst in Öl oder Spiritus die Holzoberfläche schützen und mit Glanz beleben, spielte Schelllack bei diesen Mischungen keine große Rolle. Es sollte lange dauern, bis die reine Schelllackpolitur bekannt wurde. Erst im Spätbarock, als man in Europa von der bereits sehr hochentwickelten asiatischen Lackierkunst erfuhr, verfeinerten die französischen Ebenisten ihre Lackrezepte. Aus den Beschreibungen der Werkstätten von Ebenisten, wie Watin, Roubo, Cröker oder Stöckel, erfährt man, wie mühsam die Versuche waren, mit einem geeigneten Lösungsmittel verschiedene Harze zu einer hochwertigen Oberflächenpolitur zu mischen. Möglicherweise befürchtete man auch, dass sich beim Polieren mit Spirituslack die mit Knochenleim verleimten Intarsienteilchen vom Blindholz wieder lösen könnten. So wurde schon bei der Wachspolitur davor gewarnt, dass die durch starke Reibung entstehende Wärme das Furnier anlösen kann.

Es blieb also bis Anfang des 19. Jahrhunderts hauptsächlich bei der gewachsten oder gefirnissten Ober-

Biedermeierschrank mit Dreiecksgiebeln nach klassizistischem Einfluss, Bamberg, Nussbaum/Kirsche, mit schwarzgefärbten Einlagen und Säulen, 1837.

1 Damit der Polierballen die Politur rasch aufsaugt, wird er aus Naturfasern hergestellt.

2 Aus Watte, Wolle und Leinen formt man sich einen handtellergroßen Ballen für die Schelllackpolitur.

3 Über den Kern des Ballens zieht man einen viereckigen Wolllappen (Baumwolle).

4 Darüber wird straff ein Stück reines Leinen gezogen. Die Form des Ballens ergibt sich durch die Fausthaltung und den Daumendruck beim Polieren.

Die Hand umfasst den Polierballen fest, so dass die Ballenfläche etwas herausschaut und über das Holz poliert werden kann.

fläche, bis sich die Schelllackpolitur durchsetzte und beliebt wurde.

„Um diesem Übelstande (gemeint ist die empfindliche Wachspolitur) abzuhelfen und eine härtere Oberfläche herzustellen, die nicht so leicht Risse bekommt wie der Firnis und doch ein ebenso schönes Aussehen, wurde die französische Politur (Schelllackpolitur) erfunden". „Dieser ‚Firnis' (gemeint ist Schelllack) gibt einen weitaus schöneren und dauerhafteren Glanz als das Wachs. Das Polieren mit der Schelllackauflösung erfordert aber, wenn es vollkommen verrichtet werden soll, einen geduldigen und geschickten Arbeiter."

Schelllack ist eine dunkelrote harzige Ausscheidung der Lackschildlaus, die sich von den harzhaltigen Säften ostindischer Laubbäume ernährt. Die auf den Ästen abgelegten tropfenförmigen Ausscheidungen enthalten außer Harz auch Wachs sowie einen roten, wasserlöslichen Farbstoff. In den Handel kommt der Schelllack als Körnerlack oder Plättchenlack (der rote Farbstoff ist dabei bereits ausgewaschen).

Schelllack ist in Alkohol leicht löslich (nicht dagegen in Öl) und trocknet hart, aber nicht spröde auf. Im Vergleich zum Ölfirnis wird die Schelllacklösung auch als „flüchtiger Lack" bezeichnet, da sie sehr schnell auftrocknet.

Schelllack wird nicht mit dem Pinsel auf das Holz gestrichen, sondern mit dem Ballen (aus Watte, Wolle, Leinen) in das Holz gerieben. Lackauftrag und Politur erfolgen also in einem Arbeitsgang, d.h. der Lack wird aufpoliert.

Die Schelllackpolitur belebt die Holzmaserung und verleiht ihr eine natürlich glänzende, transparente Oberfläche. Eine Schelllackpolitur kann nach alten Rezepten selber hergestellt werden. Alle Zutaten bestehen aus natürlichen Rohstoffen.

Die Schelllackpolitur erscheint am wirkungsvollsten auf feinporigen Laubhölzern. Je grobporiger die Holzstruktur, desto länger ist der Poliervorgang. Die großporige Eiche ist in den meisten Fällen ungeeignet zum Polieren, ebenso Weichhölzer wie Kiefer, Tanne oder Fichte.

Die Schelllackpolitur erfordert viel Übung, Geduld und lange Wartezeiten. Sie ist nicht feuchtigkeitsresistent. Eine abgenutzte oder leicht fleckige Schelllackpolitur kann gut wieder aufgearbeitet werden.

Zubereitung des Polierballens

Die Zubereitung eines Polierballens, mit dem die Schelllacklösung in das Holz poliert wird, ist eine „kleine Wissenschaft für sich". Wie die Politur selbst, so wird auch der Polierballen aus natürlichen Materialien hergestellt, nämlich aus Watte, Wolle und Leinen.

Es ist wichtig darauf zu achten, dass Watte, Wolle und Leinen keine synthetischen Fasern enthalten, da diese die Politur nicht gut aufsaugen. Da das Polieren in verschiedenen Arbeitsschritten erfolgt, wird bei dem Polierballen von Zeit zu Zeit das Leinen gewechselt. Bei den einzelnen Arbeitsabläufen wird dies noch näher beschrieben.

Der geeignete Arbeitsplatz zum Polieren

Entscheidend für das Gelingen einer gleichmäßigen Politur ist die Raumtemperatur. Sie darf nicht niedriger als 18° C sein und liegt im Idealfall zwischen 20° und 21° C. Zugluft muss unbedingt vermieden werden, da dies die ohnehin schnell flüchtige Politur fleckig antrocknen lassen würde. Wie bei allen Lackarbeiten ist auch beim Polieren darauf zu achten, dass kein Staub durch Schleifarbeiten im gleichen Raum entsteht. Besonders beim Polieren kommt es auf sehr gute Beleuchtung über der Arbeitsfläche an, um den Aufbau der Politur gut beurteilen zu können.

Feinschliff während des Polierens

Jeder Ballenauftrag mit Politur ist wie ein Feinschliff für die Holzoberfläche. Zusätzlich ist jedoch immer wieder vom Zwischenschliff die Rede, d. h. nach jedem Politurauftrag (und der anschließenden Trockenzeit) hat man immer wieder die Möglichkeit, eventuell aufgeraute Stellen oder ungleichmäßig aufgetragene Politur feinzuschleifen. Man arbeitet dabei mit Stahlwolle 0000, Schleifpapier der Körnung 600 (und feiner), Bimsmehl oder anderen Feinschliffmitteln (siehe unter Schleif- und Poliermittel im Abschnitt Lackieren).

Vor jedem Schleifen muss auf die Trockenzeit geachtet und nach jedem Schliff die Oberfläche gut entstaubt werden.

Zubereitung der Schelllackpolitur

Poliereigenschaft, Güte, Glanz, Härte und Farbton einer Schelllackpolitur richten sich nach der Mischung der Harze, deren Qualität sowie der Reinheit des Alkohols. Der Hauptanteil von Harz in einer Schelllackpolitur ist der Schelllack selbst. Den meisten Schelllackpolituren sind aber auch noch andere Harze beigemischt, die das Erscheinungsbild und den Farbton jeweils verändern. Je nach Holzsorte sollte man die eine oder andere Mischung ausprobieren. Die Zubereitung einer Schelllackpolitur (siehe: Rezepturen) ist keine allzu schwierige Sache, wenn man einige Regeln beachtet. Das Lösungsmittel ist immer Alkohol (Äthanol, 96%ig oder Polierspiritus). Auf reine Qualität muss geachtet werden, damit die Politur gleichmäßig und ohne Rückstände auftrocknen kann. Brennspiritus ist zum Polieren ungeeignet, da er weißlich-grau auftrocknet.

Die Konsistenz einer Politur kann jederzeit geändert werden, indem man sie entweder durch Zugabe von Alkohol verdünnt oder mit zusätzlichen Schelllackplättchen verdickt. Eine Schelllackpolitur kann mit spirituslöslichen Farbpulvern angefärbt werden. In der Regel empfiehlt es sich allerdings, den für das Holz typischen Farbton so natürlich wie möglich zu belassen. Alle Zutaten für die Mischung einer Schelllackpolitur, aber auch fertige Schelllackpolituren, sind im Fachhandel erhältlich (siehe: Nützliche Adressen).

Arbeitsweise beim Polieren

Die Schelllackpolitur wird in verschiedenen Stufen aufgebaut: *Anfeuern*, *Grundpolieren*, *Deckpolieren und Auspolieren*. Voraussetzung ist, neben allen anderen bereits beschriebenen Bedingungen, eine frei von Unebenheiten, feinstgeschliffene und gut ausgetrocknete Holzoberfläche.

Anfeuern

Bevor man mit der Grundpolitur beginnt, kann man die Maserung und den natürlichen Farbton beleben, indem man das Holz mit Schleiföl oder Leinöl „anfeuert". Besonders geeignet dafür sind dunkle Hölzer wie Mahagoni, Nussbaum, aber auch Kirsche. Mit einem weichen Wolllappen verreibt man auf das feinstgeschliffene Holz sparsam, aber sehr gleichmäßig Schleiföl (fertig im Handel erhältlich) oder Leinöl. Die mit Schleiföl „angefeuerte" Holzoberfläche muss über Nacht trocknen, bei Leinöl dauert dies etwa vier

Man tunkt den Ballen in eine mit Politur gefüllte Porzellanschale, damit er genügend Politur aufsaugen kann. Der Ballen muss gut mit Politur durchtränkt sein, darf aber nicht tropfnass sein.

Beim Grundpolieren sollen die tiefliegenden Holzporen gefüllt, also grundiert werden. Mit stark verdünnter Politur getränkt, reibt man den Ballen Strich neben Strich kräftig in das Holz ein. Je nach Holzstruktur nimmt man zusätzlich ein Porenfüllpulver.

Mit raschen Bewegungen, schwingend aus dem Handgelenk und leichtem Daumendruck auf den Ballen selbst, wird dieser über die Oberfläche gezogen, so dass er dabei die Politur an das Holz abgibt.

Je nach Aufbau der Politur geschieht dies in verschiedenen kreisenden Bewegungsabläufen. Wichtig ist, dass der Polierballen nie auf einer Stelle ruht, um nicht festzukleben.

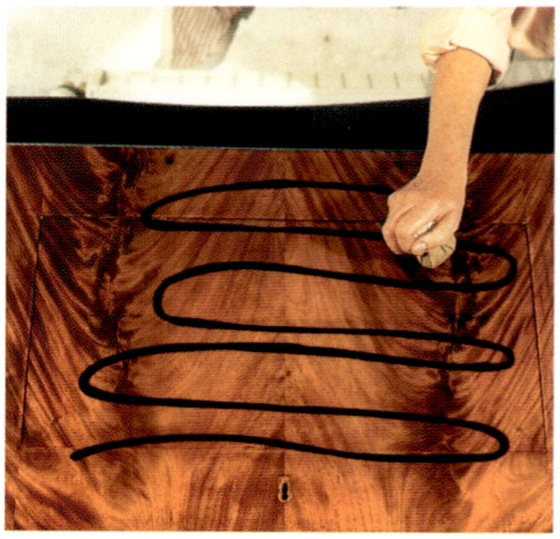

Jeder Polierballen wird völlig trocken poliert, bevor man ihn eventuell ein zweites Mal in die Politur taucht. Man verteilt nie mehr als 1 bis 2 Polierballen hintereinander auf dem Holz.

Tage. Das Leinöl verharzt im Laufe des Trockenprozesses auf der Holzoberfläche und bietet daher bereits eine sehr gute Basis für die weitere Politur. Nach dem Trocknen wird die Oberfläche feinstgeschliffen.

Grundpolieren

Beim Grundpolieren kommt es darauf an, die tiefliegenden Holzporen zu füllen, um einen gleichmäßigen Grund für die Deckpolitur zu schaffen. Die Grundpolitur ist also vergleichbar mit der Grundierung beim Lackieren. Es ist der wichtigste Arbeitsgang und die Voraussetzung für eine gute Deckpolitur.

Arbeitsmittel

▷ Schelllackpolitur mit entsprechender Verdünnung (Polierspiritus oder Äthanol 96%ig),
▷ Porzellanschälchen,
▷ Bimsmehl oder Porenfüllpulver,
▷ Polierballen (grober Leinenüberzug) für Bimsmehl,
▷ Polierballen (grober Leinenüberzug) für die Grundierung,
▷ verschließbare Gläser.

Arbeitsweise

Je nach Struktur des Holzes füllt man die Holzporen mit mehr oder weniger Bimsmehl oder „Porenfüllpulver" (siehe: Tabelle Hölzer/Struktur). Bei sehr feinporigen Hölzern kommt man ohne diese Füllpulver aus. Zum Grundpolieren wird die nach Rezept zubereitete Politur etwa 1:1 verdünnt (eine gekaufte Politur wird nach Gebrauchsanweisung verdünnt). Man füllt dazu Politur in ein Porzellanschälchen und gibt etwa die gleiche Menge Verdünnung dazu. Nun streut man gleichmäßig und sehr dünn Bimsmehl (oder Porenfüllpulver) auf die zu polierende Fläche und reibt dies mit dem politurgetränkten Ballen kräftig in die Holzporen ein. Wichtig ist dabei, dass das Pulver sparsam dosiert und mit genügend Druck *„Strich neben Strich"* eingerieben wird, damit dabei nicht eine Schicht über den Holzporen entsteht, die beim anschließenden Schleifen wieder abgenommen würde. Man nennt dies dann „eingefallene Poren".
Ist die Grundierpolitur zu dick, setzt sich das Pulver unregelmäßig fest und ergibt eine fleckige Schicht („Festbrennen").

Je nach Holzstruktur arbeitet man 2 bis 3 Grundierschichten ein, die jeweils über Nacht trocknen müssen und dann fein geschliffen werden. Die nach dem Schliff noch erkennbaren weißlich gefüllten Poren werden durch das Deckpolieren später beigefärbt.

Anstatt das Pulver auf die Oberfläche zu streuen, kann man sich auch in dem Schälchen einen dünnflüssigen Brei aus Pulver und Grundierpolitur mischen, den man mit dem Ballen *„Strich neben Strich"* in die Poren reibt.

Nach dem Porenfüllen und dem Feinschliff kann man, unter Beachtung der Trockenzeiten, noch weitere Grundierschichten mit dünner Politur auftragen. Die Polierbewegung bleibt dabei immer *„Strich neben Strich"*. Hierfür bereitet man sich einen Polierballen vor, der nicht mit Bimsmehl in Berührung kommen sollte.

Nach einigen aufgetragenen Schichten lässt sich der Polierballen trotz ausreichender Trockenzeiten kaum noch über die Oberfläche ziehen, ohne festzukleben. Man muss unter Zuhilfenahme von Polieröl nun mit dem Deckpolieren beginnen. Beide Polierballen (für Bimsmehl und Grundierung) werden in einem verschlossenen Glas aufbewahrt.

Deckpolieren

Die Holzoberfläche ist nun feinstgeschliffen und, je nach Struktur, mit oder ohne Bimsmehl grundiert. Beim Deckpolieren wird die selbst zubereitete Schelllackpolitur nur noch sparsam mit Alkohol verdünnt (die gekaufte Politur nach Gebrauchsanweisung). Der Polierballen hat nun einen sehr feinen Leinenüberzug. Die Politur muss jetzt zusätzlich mit Polieröl (ein im Handel erhältliches, farbloses, säurefreies Paraffinöl) deckpoliert werden. Nur wenige Tropfen des Öls genügen, und man kann polieren, ohne dass der Ballen festklebt.

Behandlungsart	Geeignete Holzsorte	Bezeichnung oder Zusammensetzung des Mittels	Erscheinungsbild der Oberfläche
Absperren	mittel- bis grobporige Hölzer	Lichtschutzgrund, Sperrgrund, Porenfüller auf Kunstharz- oder Spiritusbasis	mehr oder weniger geschlossenporig als Basis für weitere Behandlungen, matt glänzend, Vertiefung der Holzfärbung
Abziehen	alle polierfähigen Hölzer	Benzoe-Politur (entfernt Polierölspuren)	klar, glänzend
Anfeuern	mittel- bis dunkelfarbige Laubhölzer	Grundieröl (Schleiföl)	belebte, im Farbton vertiefte Maserung
Anstreichen	alle	Farbe in Wasser, Leimwasser, Öl gelöst	farbig, offen- bis geschlossenporig
Auffrischen	allgemeiner Begriff für alle bereits behandelten Oberflächen	alle wachs-, öl-, spiritushaltigen Pflegemittel (siehe Rezepturen)	belebter, geklärter Oberflächenglanz
Aufhellen	alle Hölzer, meist aber helle Laubhölzer	„Bleichmittel" (Wasserstoffperoxid, Salmiakgeist); siehe „Chemie beim Restaurieren"	aufgehellter Naturfarbton
Aufpolieren	feinporige Laubhölzer	Schelllackpolitur	belebter Glanz
Ausbessern	alle	gleiches Mittel wie die bereits behandelte Fläche	unauffällig retuschierte Schadstelle
Auspolieren	alle feinporigen Laubhölzer	Schelllackpolitur	mild natürlich glänzend
Ballenmattierung	alle feinporigen Laubhölzer	Politur (Spiritus oder Zellulosebasis)	matt glänzend
Beizen (siehe auch Egalisieren)	alle Hölzer	Pulverbeizen, Farbstoffe, Pigmente in Lösungsmittel (Wasser, Spiritus, Nitro)	gefärbte Oberfläche des rohen Holzes
Beleben (siehe Anfeuern, Grundieren)			
Benetzen (siehe Anfeuern, Grundieren)			
Betonen der Holzporen	porige Hölzer (z. B. Eiche, Mahagoni, Nussbaum)	Lösungsmittelbeizen (Farbstoffe, Pigmente in Nitro)	rustikal, patiniert, porenbetont
Bleichen (siehe Aufhellen)			
Fortsetzung nächste Doppelseite			

Vorausgehende Arbeiten	Trockenzeiten	Material zum Auftragen	Weiterführende Behandlungen
sorgfältiger Holzschliff, sauber ausgebürstete Poren	je nach Lösungs-mittel 2 – 3 Stunden, am besten über Nacht	Pinsel, Ballen, Spritzpistole	alle deckenden Ober-flächenbehandlungen
hochglanzpolierte Fläche	über Nacht	Ballen	
Feinschliff	über Nacht	Ballen	polieren
Vorschliff, Grundierung	über Nacht	Pinsel	eventuell Überzugslack
Feinschliff (Stahlwolle)	je nach Gebrauchs-anweisung	Ballen, Lappen	eventuell Überzugslack
Säuberung, Vorschliff	einige Tage	Pinsel (metallfrei)	eventuell neutralisieren (Essigwasser)
Feinstschliff (Stahlwolle, Schleifpapier 600)	über Nacht	Ballen	Abziehpolitur, Hochglanz-polish
Feinschliff der Schadstelle, Probe auf Reaktion des Ausbesserungsmittels	über Nacht	Ballen, Pinsel, Spritzpistole	
deckpolieren	mindestens 60 Stunden	Ballen	Abziehpolitur, Hochglanz-polish
Feinschliff, Grundierung	über Nacht	Ballen	
wässern, Roh- bis Feinschliff	je nach Lösungs-mittel ein bis mehrere Tage	Pinsel, Schwamm, Lappen	alle transparenten Ober-flächenbehandlungen
sorgfältiger Schliff, sauber ausgebürstete Poren	wenige Stunden	Pinsel, Spritzpistole	alle farblosen Ober-flächenbehandlungen

Behandlungsart	Geeignete Holzsorte	Bezeichnung oder Zusammensetzung des Mittels	Erscheinungsbild der Oberfläche
Bürsten	porige Hölzer, Weichhölzer	Beiz-, Glätte-, Strukturbürste	Betonung der Holzstruktur, matter Glanz bei geölten, gewachsten Hölzern
Deckpolieren	feinporige Laubhölzer	Schelllackpolitur	mild natürlich glänzend
Egalisieren	Hölzer mit unregelmäßiger Struktur und Färbung	Grundbeize, gerbsäurehaltig, farblos	Alterungseffekt, egalisierend für nachfolgende Behandlungen
Einlassen	mittel- bis feinporige Laubhölzer	Einlassgrund (Nitro), Grundpolitur (Schelllack)	lichtbeständig, abgedeckte Poren
Fassen	mittel- bis feinporige Hölzer	Leimwasser mit Kreidepulver	weiß beschichtete, feinstgeschliffene Oberfläche
Färben	alle Hölzer	Farbpulver oder Pigmente in Wasser, Öl, Spiritus gelöst	gefärbte Oberfläche, matt, Maserung sichtbar
Firnissen	feinporige Hölzer	Harz (Firnis) in Spiritus oder Öl gelöst	Glanz und Belebung einer farbigen oder bemalten Fläche
Füllen	grob- bis mittelporige Hölzer	Porenfüller, Kreidepulver, Bimsmehl mit Spiritus oder Nitro, Grundierlack, Vorstreichfarbe, Schnellschliffgrund, Füllgrund	mehr oder weniger geschlossenporig
Glätten (siehe Bürsten)			
Grundieren (siehe Absperren, Einlassen, Füllen)			
Grundbeizen (siehe Egalisieren)			
Grundpolieren (siehe Einlassen)	feinporige Hölzer	Schelllackpolitur	anpoliert, matt glänzend
Handpolieren	feinporige Hölzer	Schelllackpolitur	mild natürlich glänzend
Imitieren	helle Weichhölzer	Leimfarben, Ölfarben, Intarsienmuster mit Ätznatron aktiviert	imitierte Holzmaser auf Leimfarbe, stumpf bis matt glänzend
Japanlack – (Ostasiatische Lackierung)	feinporige Laubhölzer	Rhuslack (Harz des „Lackbaums“)	dunkelrot oder schwarz, hoch glänzend mit Gold- oder Metalleinlagen, Maserung nicht erkennbar
Kalken	grobporige Hölzer, z. B. Eiche	Kalkeichenweiß mit Porenflüssigkeit, Farbpulver mit Leinöl	poren- und maserungsbetonte weiße oder farbige Oberfläche, matt
Fortsetzung nächste Doppelseite			

Vorausgehende Arbeiten	Trockenzeiten	Material zum Auftragen	Weiterführende Behandlungen
färben, wachsen		Ziegen- oder Rosshaarbürste, Beiz- oder Glättebürste, Strukturbürste	eventuell transparente Oberflächenbehandlung
grundpolieren	über Nacht	Ballen	auspolieren
säubern, Vorschliff	über Nacht	Pinsel, Schwamm	färben, alle weiteren Oberflächenbehandlungen
Feinschliff, eventuell anfeuern	über Nacht	Pinsel, Ballen	grundpolieren, lackieren, wachsen
Leimwassergrundierung	über Nacht	Pinsel	farbige Fassungen (Leimfarbe)
Feinschliff	mindestens über Nacht	Pinsel	farblose Lackierung, wachsen
Bemalung, Färbung	mindestens über Nacht	Pinsel	
Feinschliff	über Nacht	Ballen, Pinsel, Spritzpistole	farbige Fassungen, vergolden, polieren, alle anderen Lackierungen
Poren füllen, einlassen	über Nacht	Ballen	deckpolieren
Feinschliff, Poren füllen	über Nacht	Ballen	
Feinschliff, Grundierung auf Öl- oder Leimfarbenbasis	über Nacht	Maserwalze, Schablone, Pinsel, Lappen, Kamm	farblose Lackierung
Feinschliff, in vielen Schichten gefüllte Poren	bis zu 6 Wochen	Pinsel, Ballen	
Feinschliff, Grundierung	je nach Lösungsmittel ein bis mehrere Tage	Pinsel, Ballen, Bürste	farbloser Überzugslack

Behandlungsart	Geeignete Holzsorte	Bezeichnung oder Zusammensetzung des Mittels	Erscheinungsbild der Oberfläche
Krakeelure (siehe auch Maserieren)	feinporige Hölzer	„Reißlack" (Kunstharz auf Nitrobasis)	„alt" wirkende Oberfläche (Rissbildung in der Lackierung nach Art alter Lacke)
Kreidegrund (siehe Füllen)			
Lackieren	alle Holzsorten	Natur- oder Kunstharzlösung	mehr oder weniger glänzend, transparent
Lasieren	alle Holzsorten	Lasur, farbige Lösung auf Wasser-, Öl- oder Spiritusbasis	offenporig, nicht deckend, farbig, matt glänzend
Maserieren (siehe auch Imitieren)	alle Holzsorten (meist Weichhölzer)	Lasur, Farbpulver in Leimwasser mit Essig, Bier oder Zucker	aufgemalte Maserung mit feiner Rissbildung, halb offenporig, matt glänzend, transparent
Mattieren	feinporige Hölzer	Mattierung (farblos) auf Schelllack- oder Kunstharzbasis	matt glänzend, transparent, offenporig bis geschlossenporig
Mattpolieren	feinporige Laubhölzer	Bimsmehl	die hochglanzpolierte Fläche wird mattiert
Offenporig	alle Hölzer (meist grobporige Hölzer)	Lasuren, Mattierungen (nicht porendeckend), Farbe, Öl	matt, offenporig, farbig, transparent
Ölen	Weichhölzer	Leinöl, Nussöl, Mohnöl	schwach glänzend, offenporig, transparent
Patinieren (siehe auch Egalisieren)	alle Holzsorten	Antikgrundbeize	alt wirkende Färbung
Pflegen	alle oberflächenbehandelten Holzsorten	Wachs, Pflegepolituren (säure- und alkalifrei), (siehe „Rezepturen“)	Belebung der Oberfläche
Polieren (siehe Handpolieren)			
Poren füllen (siehe Füllen, Grundieren)			
Sandeln (siehe Bürsten)			
Schelllackpolitur (siehe Handpolitur)			
Schwabbeln	mittel- bis feinporige Laubhölzer	Nitrolack	geschlossenporig, hochglänzend poliert, transparent
Fortsetzung nächste Doppelseite			

Vorausgehende Arbeiten	Trockenzeiten	Material zum Auftragen	Weiterführende Behandlungen
Öllackierung	über Nacht	Pinsel, Lappen	
Feinschliff, Grundierung, eventuell Färbung	je nach Lösungsmittel mehrere Stunden bis über Nacht	Pinsel, Ballen	
Feinschliff, Grundierung	je nach Lösungsmittel mehrere Stunden bis über Nacht	Pinsel, Ballen, Lappen	
Feinschliff, Leinölgrundierung	je nach Lösungsmittel mehrere Stunden bis über Nacht	Maserierpinsel, Kamm, Lappen, Schwamm, Maserwalzen	Schelllack
Feinschliff	über Nacht	Ballen	
Schelllackpolitur		Leinenlappen, Kork	
Schliff	je nach Behandlungsart	Pinsel, Lappen, Ballen	
Feinschliff	über Nacht bis mehrere Tage	Ballen, Lappen	
Feinschliff, Grundierung	über Nacht	Schwamm, Lappen, Spritzpistole	farbloser Überzugslack
	je nach Gebrauchsanweisung	Ballen, Lappen, Tipp: sehr sparsame Anwendung	
aufgespritzter Lack, vorgeschwabbelt	über Nacht oder länger	Schwabbelscheibe (maschinelles Glätten der Oberfläche mit Polierpaste)	eventuell Abziehpolitur

Behandlungsart	Geeignete Holzsorte	Bezeichnung oder Zusammensetzung des Mittels	Erscheinungsbild der Oberfläche
Streichen (siehe Anstreichen)			
Verteilen	feinporige Laubhölzer	Verteilerpolitur, geringe Mengen Lösungsmittel in der Politur	von Schleifspuren geglättete Oberfläche
Vertreiben	alle Holzsorten	„Beizvertreiber", Beizpinsel, metallfrei	verwischen einer unregelmäßig aufgetragenen Beizlösung mit „Antikeffekt". Auch Kreuz- und querstreichen bei Lackierung
Vorstreichen (siehe Einlassen, Füllen)			
Wachsen	alle Holzsorten, meist Weichhölzer	Wachs, z. B. Bienenwachs	matt glänzend, transparent, Poren teilweise geschlossen
Wässern	alle Holzsorten	Wasser (dünn auf rohes Holz gegeben)	aufgerichtete Holzfasern, die sich besser feinschleifen lassen

Arbeitsmittel

▷ Schelllackpolitur mit entsprechender Verdünnung,
▷ Polierballen (feiner Leinenüberzug),
▷ Porzellanschälchen,
▷ Polieröl,
▷ verschließbare Gläser

Arbeitsweise

Man füllt wieder Politur in das Schälchen und verdünnt sie nur wenig mit Alkohol. Zuerst wird der Polierballen damit getränkt. Dann gibt man einige Tropfen Polieröl auf den Ballen. Durch Druck auf den Ballen verteilt man diese Mischung etwas im Polierballen und poliert nun zügig die Holzoberfläche. Die Bewegungen sind dabei kreisend oder haben die *Form einer Acht*. Man kann nun länger, aber nur noch mit leichtem Druck und locker aus dem Handgelenk den Ballen verteilen, da das Öl ein Ankleben verhindert (bei einer tischgroßen Fläche kann man etwa 10 bis 15 Minuten ohne Unterbrechung polieren). Die durch die Reibung entstehende Wärme bewirkt, dass die Politur gut „anzieht" und die Oberfläche deckt. Schicht für Schicht wird nun deckpoliert (nie mehr als 1 bis 2 Ballen hintereinander), bis die Poren gänzlich geschlossen sind. Hierbei ist es etwas schwierig, Politur und Öl im richtigen Verhältnis zu mischen. Stimmt diese Mischung, spricht der Polierer von „Wolken", die wie eine Spur hauchzart hinter dem Polierballen herziehen. Nimmt man zuviel Öl auf, oder ist die Politur zu dick angesetzt, wird der Leinenüberzug hart und glänzend. Man muss das Leinen dann auswechseln und noch etwas Verdünnung in den Ballen geben.

Mit der Politur wird ein Teil des Polieröls in das Holz gerieben. Ein Rest davon verbleibt als matter Schleier auf dem Holz. Im Verlauf des Deckpolierens kann man erkennen, dass mit jedem Poliergang die Holzporen mehr und mehr geschlossen werden. Man darf jetzt kaum noch Polieröl zu Hilfe nehmen. Sollte trotz eingehaltener Trockenzeiten der Polierballen dennoch kleben und die Politur wieder „aufreißen", muss man erneut das Holz ruhen lassen. Wahrscheinlich wurde hier zu nass poliert, d.h. zu viel Politur mit dem Ballen aufgenommen oder zu lange auf einer Stelle gerieben und somit die bereits aufpolierte Schicht wieder angelöst. Nach der Trockenzeit muss man diese Fehlstellen ganz fein schleifen, entstauben und erneut deckpolieren. So kann man über einen längeren Zeitraum immer wieder deckpolieren, bis die Politur, auch nach Ruhepausen, porengeschlossen „stehenbleibt".

Der jetzt noch sichtbare matte Ölschimmer wird abschließend auspoliert. Der Deckpolierballen wird während der Trockenzeiten in seinem Glas aufbewahrt.

Vorausgehende Arbeiten	Trockenzeiten	Material zum Auftragen	Weiterführende Behandlungen
Feinschliff, Porenfüllung	über Nacht	Ballen	Lackpolieren
schleifen, beizen	über Nacht	Schwamm, Pinsel	Überzugslack
Feinschliff, eventuell Grundierung	einige Stunden	Lappen, Ballen	eventuell Schelllack
Rohschliff	Feinschliff (sofort nach dem Wässern)	Schwamm, Lappen	jede Oberflächenbehandlung

Auspolieren

Bei diesem abschließenden Arbeitsgang werden die letzten Ölspuren entfernt.

Arbeitsmittel
▷ Schelllackpolitur mit Verdünnung,
▷ Polierballen (feiner Leinenüberzug),
▷ Porzellanschälchen,
▷ Hochglanzpolish,
▷ verschließbares Glas

Arbeitsweise
Man füllt Politur in das Schälchen und verdünnt großzügig 1:1. Mit einem frischen Ballen nimmt man die sehr dünne Politur auf und verreibt sie mit raschen, kreisenden Bewegungen auf der Oberfläche. Wird nicht zügig genug gearbeitet, riskiert man, dass diese starke Lösung die Deckpolitur wieder „aufreißt".

Auch beim Auspolieren sollte man immer nur einen Ballen verteilen und dies (mit entsprechenden Trockenzeiten) mehrmals wiederholen, bis die Fläche glänzend, porengeschlossen und ohne Ölspuren ist. Das ölige Leinen um den Polierballen muss ab und zu gegen frisches ausgetauscht werden. Nach jedem Auspolieren wird der Ballen in seinem Glas aufbewahrt.

Nach dem abschließenden Auspolieren lässt man die Politur mehrere Tage austrocknen. Danach kann man die Oberfläche mit einem Hochglanzpolish (im Handel erhältlich) nach Gebrauchsanweisung noch abpolieren, um dem Holz etwas Schutz gegen Feuchtigkeit zu geben.

Wichtige Regeln beim Polieren

▷ Zum Polieren geeignet sind fein- bis mittelporige Laubhölzer.
▷ Ein Polierballen saugt nur dann die Politur gut auf, wenn er aus Naturmaterialien hergestellt wurde.
▷ Ein frisch zubereiteter Polierballen wird vor dem ersten Polieren mit Verdünnung getränkt.
▷ Ein Polierballen wird während der Ruhepausen in einem verschlossenen Glas aufbewahrt, damit er nicht austrocknet.
▷ Der Polierballen muss sehr rasch über das Holz bewegt werden und darf nie auf einer Stelle ruhen. Die Bewegung muss locker aus dem Handgelenk geführt werden.
▷ Zum Verdünnen der Schelllackpolitur verwendet man immer den gleichen Alkohol, mit dem auch die Politur angesetzt wurde.
▷ Trockenzeiten während der Polierarbeiten sind genau einzuhalten.
▷ Nach jeder Ruhepause und jedem Feinschliff muss die Oberfläche entstaubt werden.
▷ Die Raumtemperatur muss 18 – 20° C oder mehr betragen.
▷ Viele dünne Polierschichten ergeben eine gleichmäßigere und schönere Oberfläche als wenige dickflüssige Schichten.

Furnier

Furnier ist die sparsamste Verwendung des kostbaren Werkstoffs Holz. Furniere veredeln die Holzoberfläche und minderwertiges Blindholz wird, mit seltenen Furnieren beschichtet, zum wertvollen Möbelholz. Furniere hatten früher eine Stärke von etwa 4 mm, heute dagegen nur noch 0,2 – 0,3 mm.

Verschiedene Furnierarten

1 Mahagoni (Sapelli)
2 Buche
3 Ahorn
4 Birke
5 Vogelaugenahorn
6 Birne
7 Kirsche
8 Pflaume

Altes Furnier ablösen

Grundsätzlich soll bei der Restaurierung furnierter Oberflächen nur dort Furnier abgelöst werden, wo dieses nicht mehr saniert werden kann, das Blindholz restauriert werden muss, oder wo Furnierteile sich so weit gelöst haben, dass neu verleimt werden muss.

Gelöste Partien in der furnierten oder intarsierten Oberfläche lassen sich erkennen, indem man mit der Hand leicht über die Oberfläche streicht und an den kritischen Stellen ein „Rascheln“, ein hohles Geräusch wahrnimmt. Der Fachmann nennt diese Erhebungen „Kürschner“.

Haben sich größere Flächen gelöst oder ist eine umfassende Sanierung des Unterholzes notwendig, muss das Furnier abgehoben werden. Bei Möbeln aus der Zeit vor oder bis zur letzten Jahrhundertwende wird es sich – soweit noch im Originalzustand – um löslichen Warmleim handeln. Mit Kunstharz verleimtes Furnier dagegen zerbricht beim Abnehmen. Dünnes Furnier, auf Weichholz verleimt, lässt sich – selbst bei Knochenleim – nur schwer lösen. Beim Ablösen intarsierter Flächen muss man damit rechnen, dass feinteilige Partien zerbrechen und neu gearbeitet werden müssen.

Wie der zu „lösende“ Fall sich auch präsentiert, verleimtes Furnier abzunehmen ist immer eine schwierige Aufgabe bei der Oberflächensanierung.

Arbeitsweise

Haftet der Leim nur noch schwach, kann das Furnier „trocken“ abgenommen werden. Mit einer langen, abgerundeten und biegsamen Stahlklinge fährt man unter das Furnier und hebt es vorsichtig ab.

Sitzt das Furnier stellenweise noch sehr fest und löst sich nicht ohne weiteres ab, muss die betreffende Partie bei mittlerer Hitze mit einem Furnier- oder Bügeleisen erwärmt werden. Zwischen Furnier und Eisen legt man ein feuchtes Tuch, um ein Ansengen zu vermeiden. Möglicherweise muss diese Prozedur mehrmals erfolgen, bis man mit der Stahlklinge das Furnier an- oder abheben kann. Bei mehreren abgehobenen Furnierteilen werden diese nummeriert, um Verwechslungen beim späteren Einleimen zu vermeiden.

Abgenommene Intarsienteile hält man zum Wiedereinleimen mit Fugenleimpapier zusammen. Hat sich das Furnier nach dem Abnehmen verzogen, muss es unter Druck geglättet werden.

Wird Furnier von Säulen oder sonstigen Rundungen gelöst, sollte es bis zum Wiederaufleimen auf eine provisorische Form mit ähnlicher Rundung geheftet werden, um seine Wölbung beizubehalten. Eine eventuell noch vorhandene Oberflächenbehandlung auf dem zu lösenden Furnier wird vor dem Erwärmen entfernt (damit Feuchtigkeit und Wärme besser in das Furnier eindringen können).

In einigen Fällen kann alter Leim auch mittels Alkohol gelöst werden. Man gibt diesen mit einer Injektionsspritze unter das Furnier.

1 Mit Weißleim verleimtes Furnier lässt sich nur sehr schwer wieder ablösen. Manchmal kann Heißluft dabei helfen.

2 Die alten Leimreste müssen aus derSchadstelle entfernt werden.

Furnierschäden

Furnierschäden können verschiedene Ursachen haben:

▷ Hitze, Wasser oder äußere Beschädigung.
▷ Alte oder schlechte Verleimung bindet Blindholz und Furnier nicht mehr fest zusammen. Das Furnier wölbt sich erst als Blase und platzt dann auf.
▷ Das Blindholz arbeitet stark, reißt auf und lässt auch das darüber liegende Furnier reißen.

3 Bei mehreren abgelösten Furnierteilen werden diese auf der Rückseite nummeriert oder auch mit Fugenleimpapier zusammengehalten.

4 Die abgehobenen Teile werden wieder verleimt und müssen unter Druck abbinden.

Blasen

Durch Feuchtigkeit, Hitze oder andere Einwirkungen hat sich das Furnier vom Blindholz gelöst. Man kann die „Blasen" entweder sehen oder am hohlen Geräusch erkennen, wenn man mit der Hand über die entsprechenden Stellen streicht. Sie müssen unbedingt neu verleimt werden, wenn man eine weitere Ausbreitung vermeiden will. Auch hier wird sich die Verleimung mit Knochen-, also Warmleim, als Vorteil erweisen. Zuerst wird man versuchen, den noch unter dem Furnier vorhandenen Leim mit Wärme wieder abbinden zu lassen. Dies geschieht entweder durch vorsichtiges, kreisförmiges Schleifen der betroffenen Stelle mit feinem Sandpapier – beim Schleifen entsteht Wärme –, oder das gewölbte Furnier wird mit einem Furnier- oder Bügeleisen erwärmt. Gleich nach dem Schleifen oder Erwärmen muss die betreffende Stelle unter Druck mit einem erwärmten Holzklotz abbinden. Zeigen diese Maßnahmen keinen Erfolg, so wird man neu verleimen. Man muss sich dann

5 Die Schadstelle wird fein beigeschliffen.

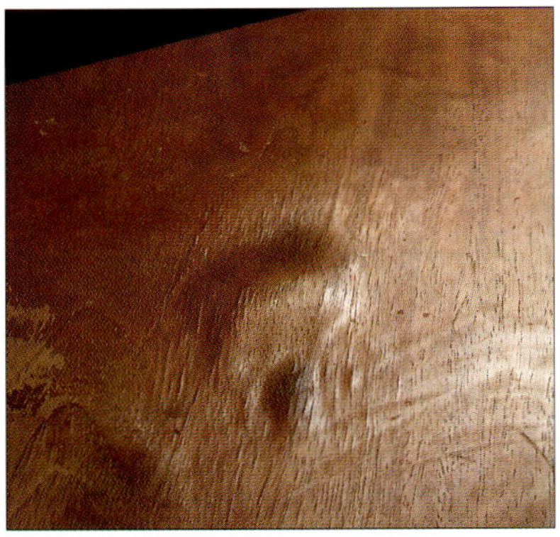

1 Durch Feuchtigkeit oder Hitze hat sich das Furnier vom Blindholz gelöst.

2 Das gewölbte Furnier wird mit einem Bügeleisen erwärmt.

3 Der noch vorhandene Leim kann dann unter Druck wieder abbinden.

4 Ist es notwendig, neu zu verleimen, wird die Wölbung aufgeschnitten. Das Blindholz wird von alten Leimresten befreit.

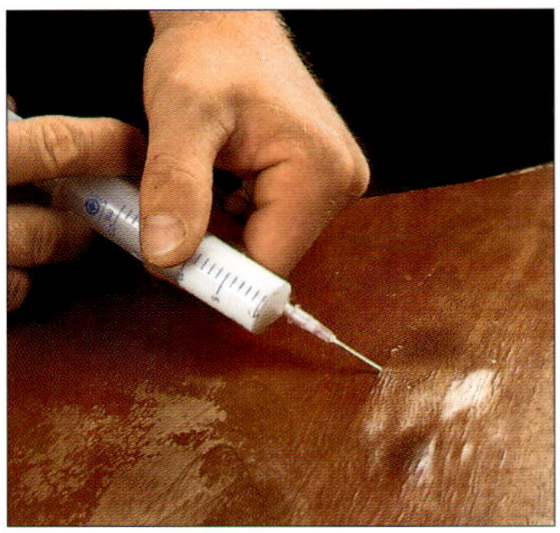

5 Mit einer Leimspritze wird Leim unter das Furnier gegeben.

entschließen, das Furnier in Faserrichtung einzuschneiden, das darunter liegende Blindholz von alten Leimresten zu säubern, neuen Leim einzugeben und unter erwärmtem Bügel- oder Furniereisen (Zwischenlage Papier nicht vergessen) zu pressen. Nach all diesen Maßnahmen muss mit einer Erneuerung der Politur gerechnet werden.

Risse

Zeigt sich ein langer Riss im Furnier, so kann man davon ausgehen, dass das Unterholz gerissen ist. Je nach Qualität des Möbels, Furnierstärke und Beschaffenheit des Blindholzes wird man entscheiden, ob das Furnier abgenommen werden muss, um das Blindholz zu sanieren, oder ob man den Furnierriss bis in das Blindholz ausspant.

Arbeitsweise

Man hebt das Furnier vorsichtig ab, saniert das Blindholz und leimt das alte Furnier wieder auf. Ist es trotz aller Vorsichtsmaßnahmen doch zu Furnierbruch gekommen, müssen einzelne Partien ergänzt und eingepasst werden.

An einer Reiseschatulle – Mahagoni, englisch, um 1900 – haben sich einige Furnierteilchen gelöst.

Am unauffälligsten wird die Restaurierung gelingen, wenn man den unregelmäßig aufgerissenen Bruch so ausbessert, wie er sich präsentiert. Man löst das Furnier also nicht ab, sondern spant den Riss aus. Dazu schneidet man einige entsprechend lange Furnierstreifen in der Breite so zu, dass sie den Riss ausfüllen und noch etwa 1 cm überstehen. Die Furnierstreifen sollten aus dem gleichen Holz sein wie die furnierte Oberfläche. Falls die gewünschte Sorte nicht vorhanden ist, wählt man Furnier, das in Struktur und Farbe dem Originalfurnier gleichkommt. Niemals dunkleres Ersatzfurnier verwenden, sondern helleres, das beigefärbt wird. Dies gilt übrigens für alle Furnierrestaurierungen. Die Furnierstreifen werden nebeneinander in den Riss eingepasst und verleimt, so dass der Riss satt ausgefüllt ist. Wenn der Leim abgebunden hat, werden sie bündig beigestemmt, dann feingeschliffen. Danach wird die Oberflächenbehandlung erneuert.

Löcher

Durch Feuchtigkeit, Hitze oder Beschädigungen kann Furnier aufreißen oder aufplatzen. Auch im Bereich einer lebhaften Wurzelmaserung kann Furnier aufbrechen. Sind die Bruchstücke noch vorhanden, säubert man Blindholz und Unterseite des Furniers von alten Leimresten und verleimt es neu. Viel zu oft aber sind die Furnierstücke nicht mehr vorhanden, und neues Furnier muss zugeschnitten werden.

Das Ersatzfurnier sollte dem Original in Farbe, Stärke und Struktur so ähnlich wie möglich sein. Gerade das wird häufig zum Problem, wenn man nicht einen ausreichenden Vorrat von altem Furnier besitzt. Was den Farbton betrifft, so kann man durchaus ein helleres Furnier wählen und durch geschicktes Beifärben angleichen. Muss man mit einem Furnier ausbessern, das eine geringere Stärke hat als das Original, so kann man entweder den Untergrund, also das Blindholz, mit einer gleichmäßigen Schicht Holzkitt erhöhen, oder aber das Ersatzfurnier mit einem Unterfurnier verstärken.

Furnier sollte so unauffällig wie möglich ausgebessert werden. Allerdings – unsichtbar kann die Restaurierung nie werden, das gelingt selbst einem erfahrenen Restaurator nicht.

Arbeitsweise
Ist das Furnier unregelmäßig ausgebrochen, muss man die Bruchstelle ein wenig begradigen, um den Zuschnitt des Ersatzstückes zu vereinfachen. Mit dem Furniermesser wird das ausgerissene Loch etwas vergrößert.

Man folgt dabei so harmonisch wie möglich dem Maserverlauf. Gerade Schnitte quer zur Faser sind zu vermeiden.

Um das Einsatzstück genau passend zuschneiden zu können, gibt es, wie immer, verschiedene Möglichkeiten:

▷ Man begradigt oder vergrößert die ausgebrochene Stelle in einem Schnitt mit dem darübergelegten Ersatzfurnier. Das Messer muss beim Schnitt genau senkrecht geführt werden, um offene Fugen beim Einpassen zu vermeiden.

▷ Sehr genau kann man die schadhafte Stelle auf das Ersatzfurnier übertragen, indem man einen Abdruck macht. Zu diesem Zweck werden die Ränder der Vertiefung mit einem Kohlestift geschwärzt, ein weißes Papier aufgelegt und die Form übertragen, indem man mit dem Zeigefinger über den Rand fährt. Auch kann man mittels Kohlepapier und Durchschlagpapier den Umriss mit dem Finger abdrücken.

▷ Das Papier mit dem Umriss der Schadensstelle wird auf das Ersatzfurnier geleimt und entlang der vorgezeichneten Form ausgesägt oder geschnitten. Beim Schnitt mit dem Messer oder der Furniersäge ist auf den konischen Schnittverlauf zu achten.

Das Blindholz innerhalb der Beschädigung wird gesäubert und eventuell mit Holzkitt ausgefüllt.

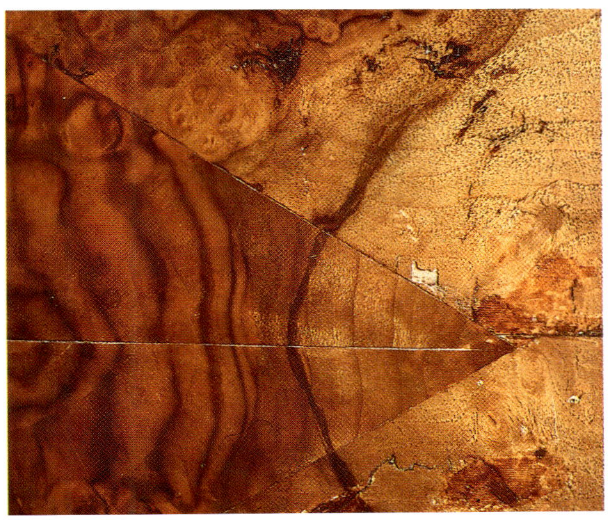

Nicht immer gelingt es, Furnierschäden so unauffällig wie möglich auszubessern.

1 Durch Feuchtigkeit, Hitze oder Beschädigung kann Furnier aufreißen oder aufplatzen.

2 Ein Ersatzfurnier, dem Original in Farbe und Struktur möglichst ähnlich, wird zugeschnitten.

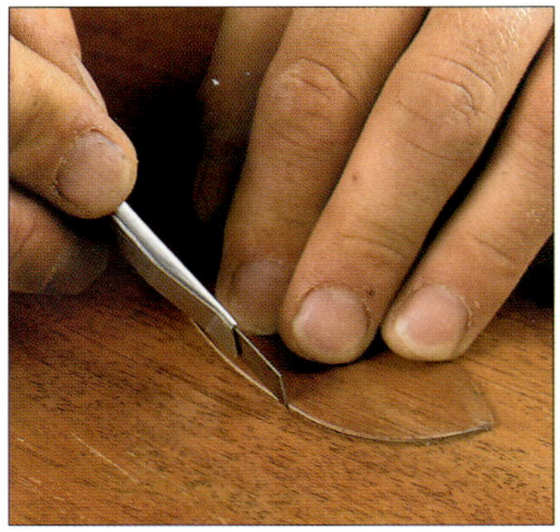

3 Das entsprechend große Ausbesserungsfurnier wird über die ausgerissene Stelle gelegt und mit dem Furniermesser die Konturen vorgeschnitten.

4 Mit dem Furniermesser oder dem Stecheisen wird die markierte Form nachgeschnitten.

5 Mit dem Stecheisen wird das Furnier innerhalb der Schadstelle herausgenommen.

6 Das Ersatzstück wird in die schadhafte Stelle eingeleimt.

7 Unter Druck muss das Ersatzstück abbinden.

Bei der ornamentalen Intarsienkunst war besonders im Biedermeier die Darstellung in Hell/Dunkel sehr beliebt.

Vor dem Einleimen muss das Ersatzstück eingepasst werden. Bei genauem Sitz wird verleimt – beide Flächen, d.h. Blindholz und Unterseite Furnier – und mit einem erwärmten Holzblock und einer Zwischenlage Papier, abgepresst.

Furnierzuschnitt mit der Furniersäge.

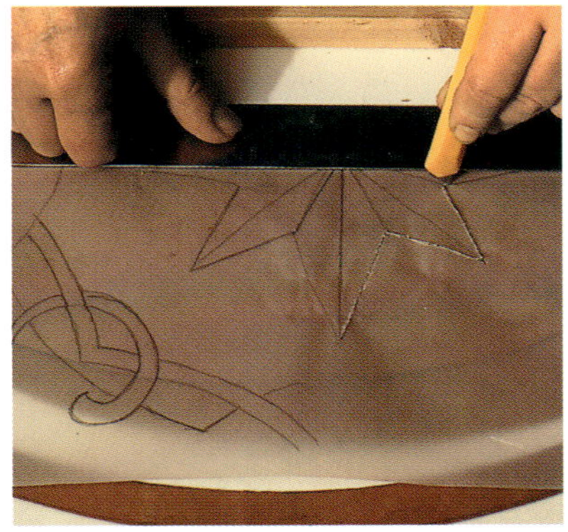

Furnierzuschnitt mit dem Furniermesser.

Intarsien

Aus der Kenntnis der Furnierherstellung hat sich seit der Renaissance die Kunst der Intarsienarbeit entwickelt. Man erkannte rasch die vielfältigen Möglichkeiten einer abwechslungsreich gestalteten Oberfläche, indem man durch mosaikartiges Aufleimen verschiedene Muster und Ornamente auf das Holz brachte.

Die schönsten Verzierungen erhielt die Holzflächengestaltung mit der Intarsienkunst (hier: Nussbaum mit Wurzelmaser, Ahorn, Mooreiche).

Verschiedene Zuschnitte

Kernintarsie (auch Massivintarsie) Die älteste Form der Einlegearbeit geht auf das Mittelalter zurück und entspringt dem Handwerk der Schnitzer. Kleine Stückchen Edelholz werden in die vorher entsprechend ausgestemmte oder mit dem Schnitzmesser ausgearbeitete Massivholzplatte eingeleimt. Es entstehen geometrische, geradlinige Motive. Die eingelegten Holzteile haben eine Stärke von mindestens 4 mm.

Sägeintarsie Mit Aufkommen der Laubsäge im 16. Jahrhundert ergaben sich neue Möglichkeiten, Furniere feinst und vielfältig geschwungen auszusägen. Das Aussägen von zwei oder mehreren aufeinandergeleimten Furnierblättern in einem Arbeitsgang ergab wiederum eine neue und bald sehr beliebte Art der Gestaltung, die „claire-obscure"-Technik.

Messerintarsie Eine weitere Bereicherung in der Gestaltung erfuhr die Intarsienarbeit, als es maschinell möglich wurde, Furnier immer dünner aufzusägen. Die Furnierstärke lag nun bei 2 bis 3 mm. Intarsien wurden jetzt auch mit dem Messer ausgeschnitten und in zusammenhängenden Formen dem Blindholz aufgeleimt. Der Messerschnitt bedingt, im Gegensatz zur Sägeintarsie, eine gewisse Geradlinigkeit, Klarheit und Großflächigkeit der Formgestaltung.

In dem Buch „Oberflächenbehandlung alter Möbel" (Ravensburger) wird in dem Kapitel „Furnier" ausführlich auf die Furnierherstellung, typische Furnierschäden sowie auf Intarsienarbeiten an alten Möbeln eingegangen. In Ergänzung dazu sollen an dieser Stelle weitere Techniken der Furnierverarbeitung beschrieben werden.

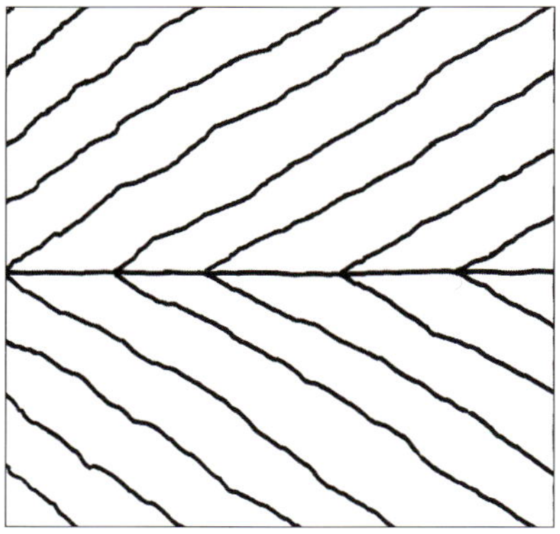

1 „Einfaches Stürzen": Auseinanderklappen von übereinander liegenden Furnierblättern mit gleichem Maserungsbild an Längs- oder Querseite.

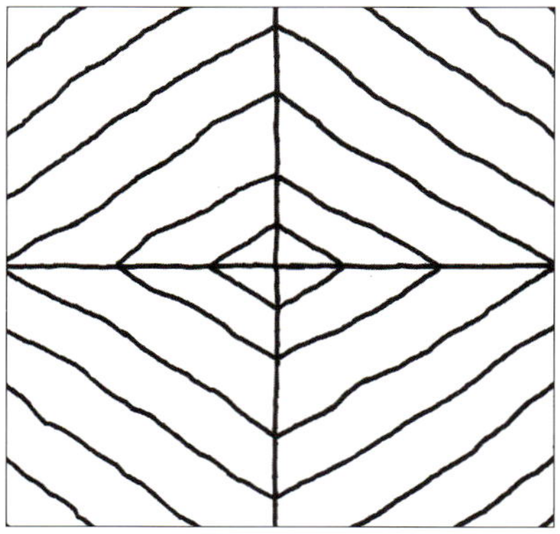

2 „Doppeltes Stürzen": Jedes zweite von vier aufeinander folgenden Furnierblättern wird auseinander geklappt, so dass sich Kreuzfugen ergeben.

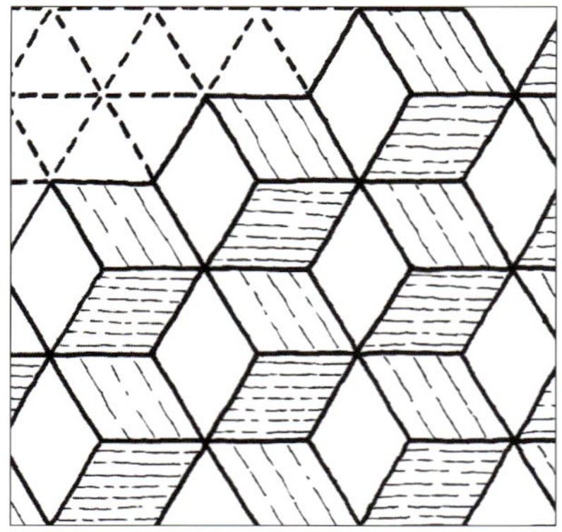

3 Hier wählt man ein Furnier mit schlichtem Maserungsverlauf aus.

4 „Karo-, Rauten-, Würfel- oder Streifenmuster". Furnierstreifen werden gegenläufig oder verschiedenfarbig mit Furnierklebestreifen zusammengesetzt und verschiedenartig wieder ausgeschnitten.

Intarsien gravieren

Möchte man einzelne Intarsienteile gravieren (Trennungslinien, Schraffuren, Linien in Blüten und Blättern), wird diese Gravur entweder frei von Hand oder von der Vorlage mit einer Nadel (Stichel) übertragen. Nach dem Gravieren reinigt man die Gravuren mit einer Ziehklinge. Dann werden die feinen Einschnitte mit dunkler Farbe ausgespachtelt. Diese Füllmittel (Kitt) hat man früher aus farbigen Wachsen und Harzen in dunkelbraun, dunkelrot oder schwarz hergestellt. Manchmal wurden feine Einschnitte auch mit der Laubsäge ausgeführt. Bei floralen Intarsienbildern kann man erkennen, dass die Blüten aus einzelnen Teilen zusammengesetzt sind.

Häufig wurden Intarsienarbeiten auch so ausgeführt, dass man zuerst das Blindholz furnierte und aus diesem Grundfurnier die Form für die einzelnen, bereits vorbereiteten Intarsienteilchen mit dem Schultermesser ausschnitt.

Das spiegelförmige Zusammensetzen verschiedener Furnierblätter ergibt ein lebhaftes Maserungsbild.

Adern oder Bandintarsien

Häufig ist der einzige Schmuck schlicht furnierter Möbel oder Kästchen nur eine schmale, kleinteilig gemusterte Bandintarsie oder eine im Kontrast zu dem Grundfurnier in schwarz (Ebenholz) oder hell (Ahorn) eingelegte „Ader". Diese Adern oder Bandintarsien werden entweder zusammen mit dem Grundfurnier verleimt oder es wird ein Streifen aus dem bereits verleimten Furnier herausgeschnitten und die kontrastfarbene Ader oder das Band in entsprechender Breite wieder eingelegt.

Je dicker ein Furnier ist, umso schwieriger ist der Zuschnitt mit dem Furniermesser. Bei altem Furnier, das bis zu 4 mm dick sein kann, arbeitet man mit der Laubsäge und einem sehr feinen Sägeblatt. Früher wurden Intarsienarbeiten mit dem Schultermesser zugeschnitten oder mit einer speziellen Marqueteriesäge zugesägt. Nur absolut trockenes Furnier ist für den Zuschnitt von Intarsien geeignet, weil dies passgenaue Schnittfugen ohne Schwund garantiert. Das Alter eines Möbels ist an der Qualität seines Furniers zu erkennen.

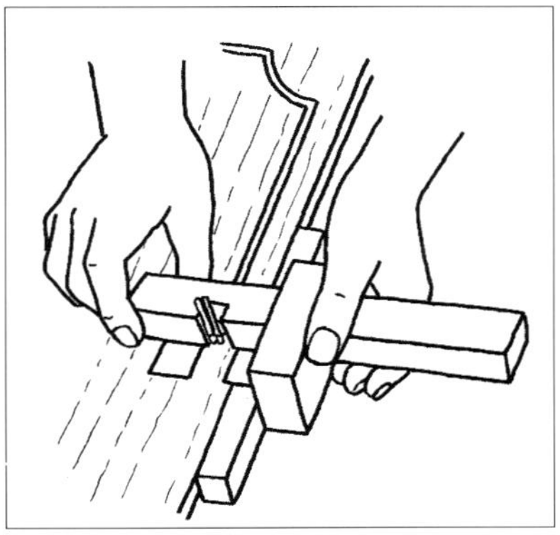

1 Der Furnieradernschneider schneidet in der Breite der einzulegenden Ader/Bandintarsie einen schmalen Streifen aus dem Grundfurnier.

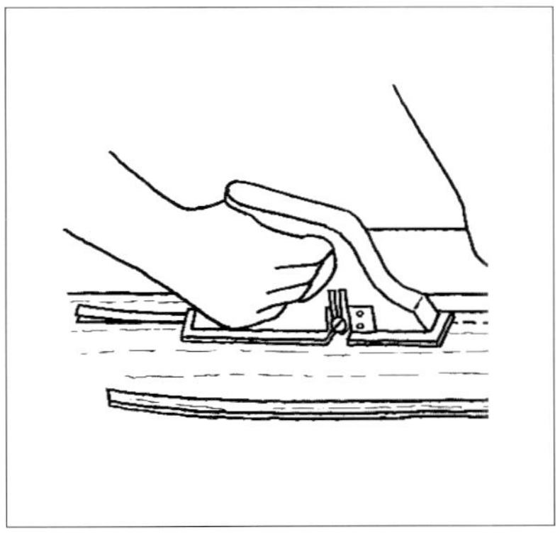

2 Eine andersfarbige Ader wird in gleicher Breite mit dem Furnierstreifenschneider zugeschnitten und in das Grundfurnier eingepasst.

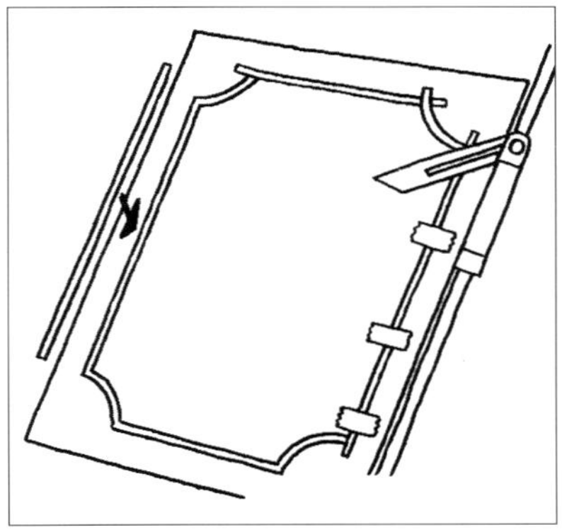

3 Funierstreifen schneidet man auf Gehrung, indem man sie an den Endpunkten überlappend legt und mit Hilfe des Gehrungsmaßes durchtrennt.

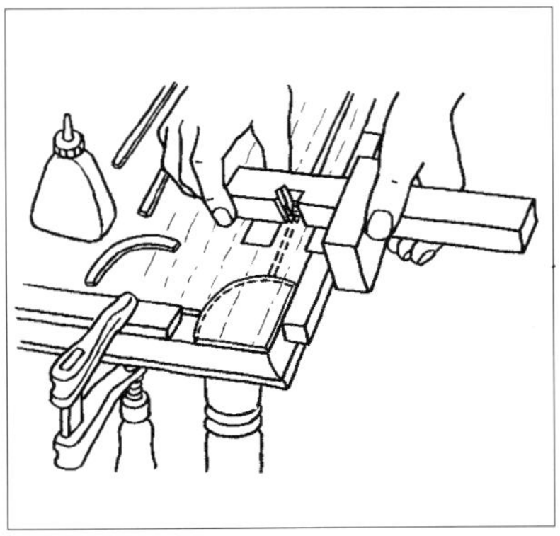

4 Kurz vor dem Aushärten des verleimten Grundfurniers werden an den markierten Stellen mit dem Furnieradernschneider die Adern „ausgeräumt“.

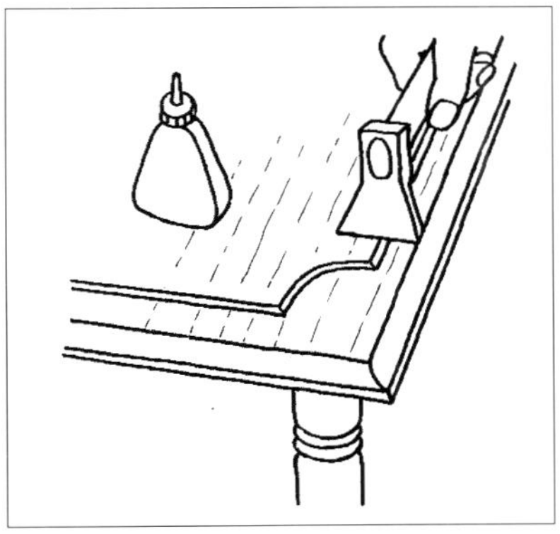

5 Andersfarbige Furnierstreifen werden in gleicher Breite eingepasst, dünn eingeleimt und mit dem Furnierhammer fest angerieben.

6 Anschließend werden sie mit Furnierklebestreifen befestigt. Unter Druck (mit Zwischenlage) bindet die ganze Fläche über Nacht ab.

Intarsien nach der „Fenstermethode“

Beim Ergänzen von mehreren Furnierteilchen in einem Intarsienbild hat sich diese Methode bewährt. Über ein Hilfsfurnier werden die Ergänzungsteile ausgearbeitet und wie ein Puzzle bis zur Verleimung zusammengehalten. Das mehrmalige Übertragen von offenen Stellen im Grundfurnier auf das Pergamentpapier, das Hilfsfurnier und schließlich das Ersatzfurnier birgt ein Risiko für Ungenauigkeiten.

1 Aus einem Intarsienbild sind einige Furnierteilchen beschädigt oder ausgebrochen und müssen erneuert werden.

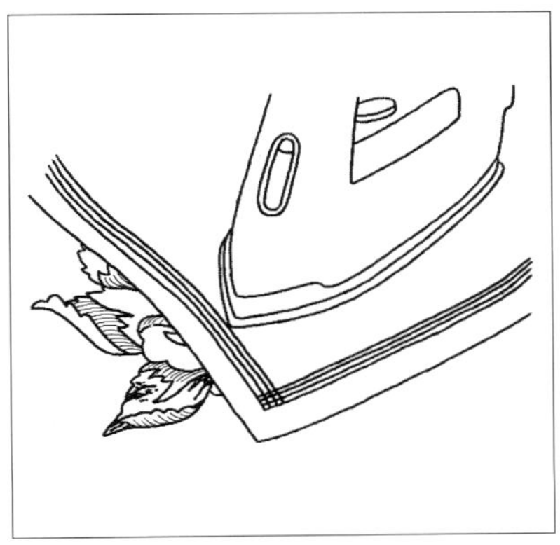

2 Die Knochenleimverbindung der beschädigten, aber noch festsitzenden Intarsienteilchen wird abgelöst (Bügeleisen, Lötkolben).

3 Das Blindholz liegt nun frei und muss gesäubert werden. Risse und Unebenheiten im Blindfurnier müssen saniert werden.

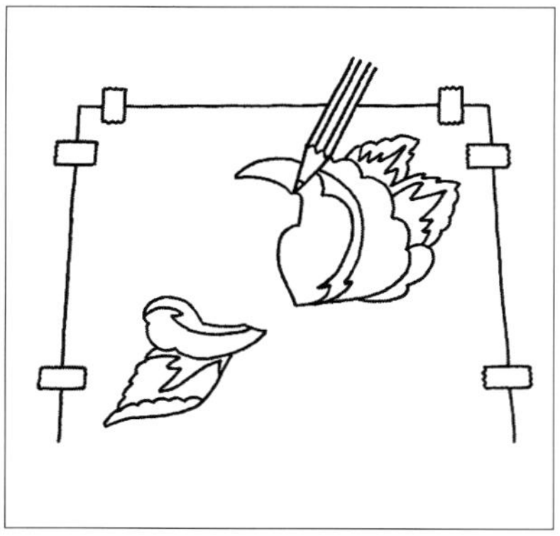

4 Die ausgebesserten Felder müssen auf ein Pergamentpapier abgedruckt oder durchgepaust werden, (Passgenauigkeit überprüfen).

5 Der exakte Pergamentpapierabdruck wird sodann auf ein Hilfsfurnier gepaust (z. B.feinporiges Ahorn oder Birke).

6 Das erste Teilchen der übertragenden Form wird mit dem Furniermesser aus dem Hilfsfurnier ausgeschnitten und gelöst.

7 Unter die Öffnung des Hilfsfurniers wird das gewählte Ergänzungsfurnier gelegt und mit senkrecht gehaltenem Messer markiert.

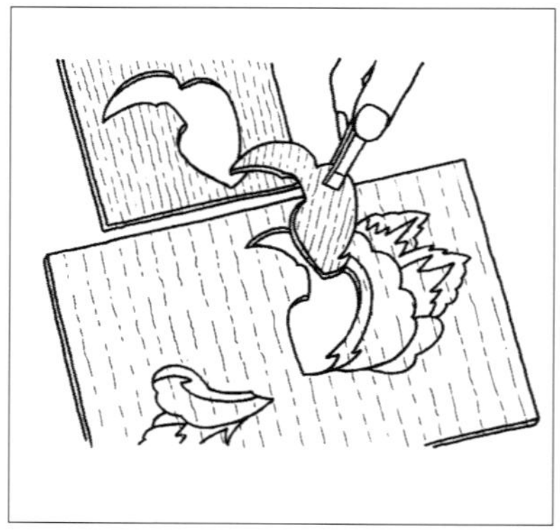

8 Die eingeritzte Form auf dem Ergänzungsfurnier wird ausgeschnitten oder gesägt und mit Fugenleimband im Hilfsfurnier befestigt.

9 Nacheinander werden alle Formen aus dem Hilfsfurnier geschnitten, auf Ergänzungsfurniere übertragen, ausgeschnitten und im Hilfsfurnier befestigt.

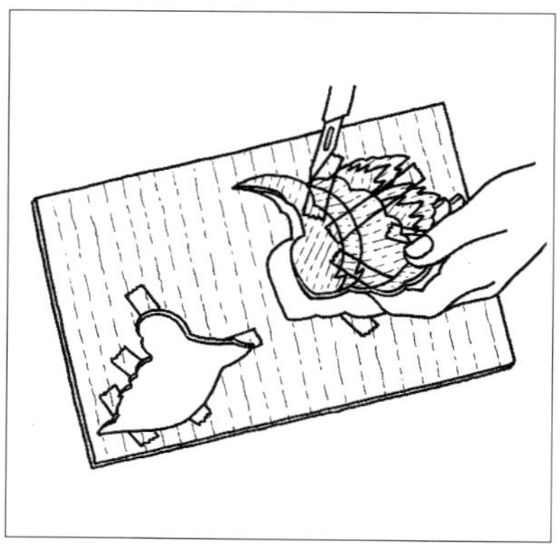

10 Die wie ein Puzzle im Hilfsfurnier liegenden Teile werden zusammenhängend gelöst und in die auszubessernde Intarsie eingesetzt.

11 Jetzt wird unter Druck (Zwischenlagen aus Papier) verleimt. Die Klebestreifen werden abgezogen (Ziehklinge), die Oberfläche feingeschliffen.

Zusammengesetzte Furnierbilder

Stürzen
Furnierblätter werden bei ihrer Herstellung paarweise so übereinander gelegt, wie sie gewachsen sind. Will man ein beschädigtes Furnier auf einer größeren Fläche ausbessern, sollte man darauf achten, dass die Ersatzfurnierblätter immer paarweise in der Reihenfolge ihres Wuchses verarbeitet werden.

Das spiegelförmige Zusammensetzen verschiedener Furnierblätter, das sogenannte „Stürzen“, ergibt ein lebhaftes Maserungsbild.

Furnierschäden auf einer Tischplatte

Häufig ist altes Furnier durch Wasser oder Hitze in der Mitte eines Tisches beschädigt oder ausgebrochen und muss ausgebessert werden.

Arbeitsweise
Das beschädigte Furnier wird mit einem erwärmten Bügeleisen oder Lötkolben und mittels Stemmeisen herausgelöst. Auf der Tischplatte wird der Mittelpunkt markiert, indem man einen Nagel (gestaucht) einschlägt und dessen Kopf abkneift.

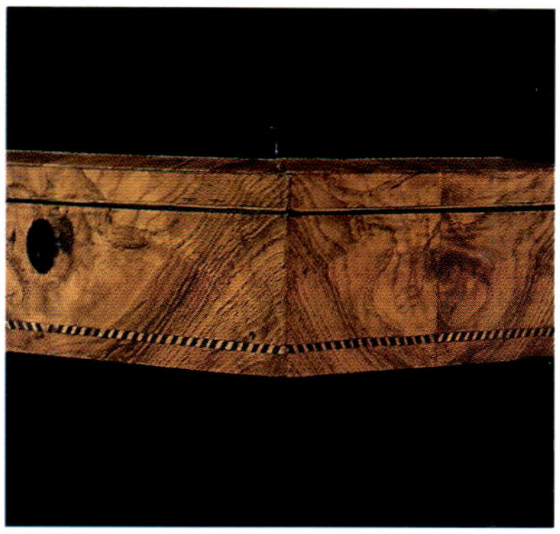

Gemusterte Bandintarsien oder kontrastfarbige „Adern“ sind beliebte Schmuckmotive der Oberflächengestaltung.

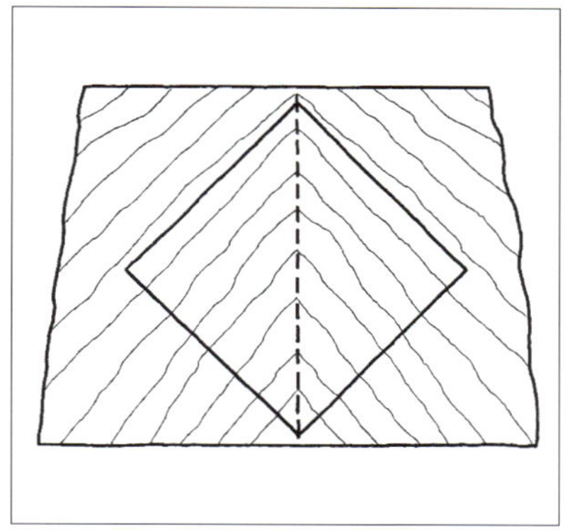

1 Vier Furnierblätter werden maserungsgleich übereinander gelegt. Über eine Mittelachse wird der Ausschnitt für eine Einzelfläche markiert.

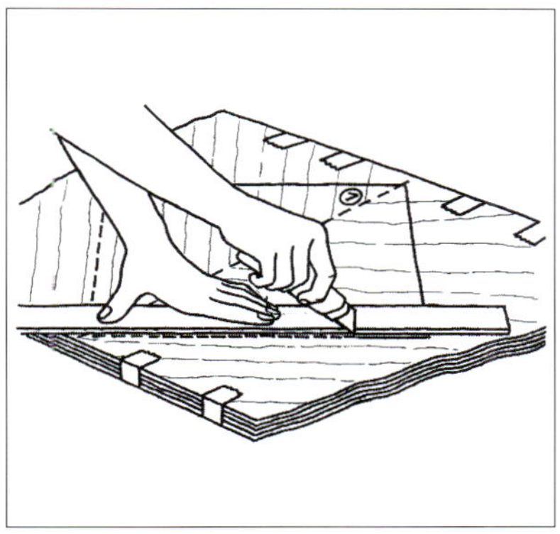

2 Nach dem Zuschnitt des markierten Ausschnitts nummeriert man die Furniere nach Maserungsverlauf und begradigt (fügt) sie.

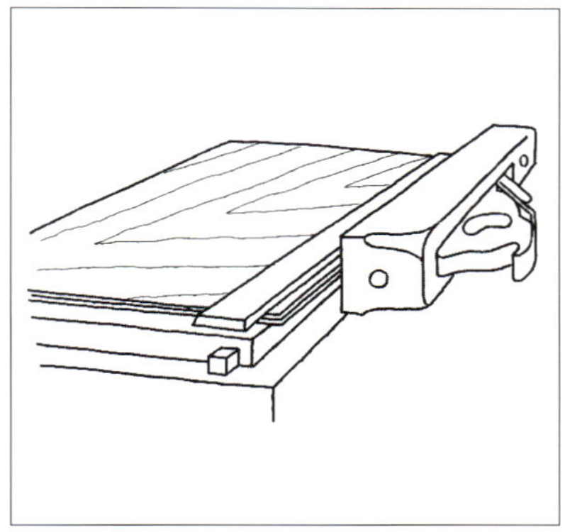

3 Im Faserverlauf begradigt (fügt) man Furnierkanten mit der Raubank, quer zum Faserverlauf mit dem Putzhobel.

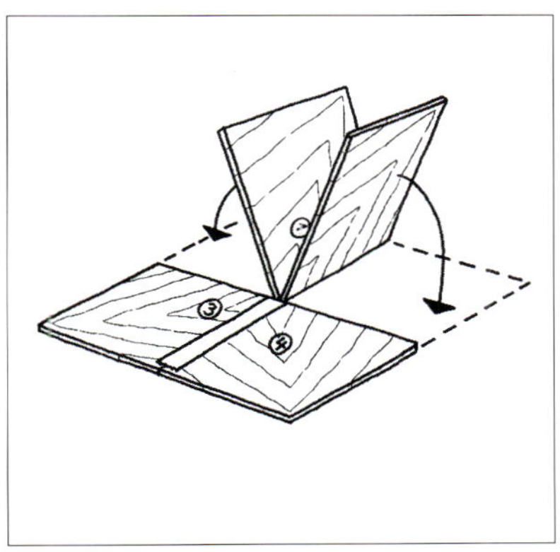

4 Nach dem Fügen werden die vier Furniere mit Furnierklebestreifen fugendicht zusammengesetzt. Je zwei Furniere werden dabei „gestürzt“.

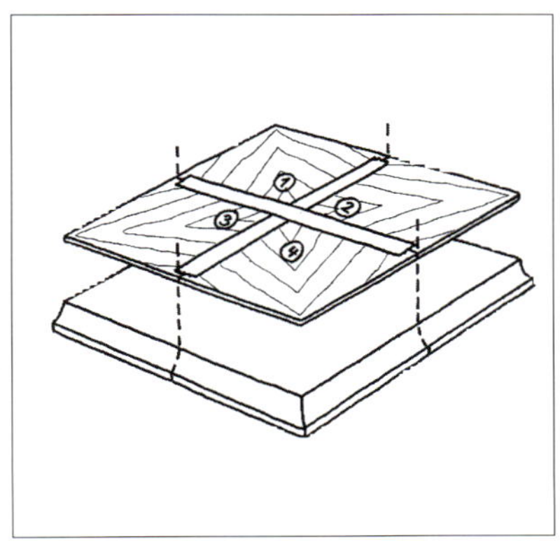

5 Auf den Kanten und in der Mitte des Blindholzes wird die Lage der Kreuzfugen markiert. Unter Druck wird das Furnier verleimt.

Man setzt den Furnieradernschneider darauf und schneidet einen Kreis in der erforderlichen Größe aus. Statt des Furnieradernschneiders kann man auch eine kreisrunde Pappschablone verwenden, nach deren Form das beschädigte Furnier abgelöst und ein neues in gleicher Größe wieder eingesetzt wird.

Einige Regeln für den Furnierzuschnitt

▷ Das Zuschneiden von Furnier muss auf einer festen Unterlage (Holz, Linoleum) erfolgen. Ein eigens dafür zugeschnittenes Brett mit einem Anschlag erleichtert die Arbeit.

▷ Ein Furnier wird nie in einem festen Schnitt, sondern mit mehreren leichten Schnitten durchtrennt.

▷ Bei geraden Schnitten führt man das Messer an einem Stahllineal entlang.

▷ Bei geschwungenen Formen zieht man das Messer senkrecht entlang der Form, oder es bleibt in senkrechter und unveränderter Stellung, während man das Furnier der Form entsprechend dreht.

▷ Für fein geschwungene Schnitte hält man das Messer wie einen Bleistift, bei geraden oder groben Schnitten führt man es in der Faust.

▷ Sprödes Furnier kann man vor dem Zuschnitt leicht befeuchten.

Verschiedene Maserungsbilder des Nussbaumfurniers

1 Wurzelmaserung
2 ausgeprägte Fladerung
3 ringporige Teilfladerung
4 geradlinige Jahresringe mit deutlicher Abgrenzung zum hellen Splintholz
5 welliger Verlauf der Jahresringe
6 Maserung mit Astansätzen

Ein sehr beliebtes Intarsienmotiv ist der mittig eingelegte Stern aus verschiedenen Furnieren (Kirschbaum, Birne, Ebenholz).

Kreisförmige Ausbesserung auf einer furnierten Tischplatte (Kirschbaum), die durch Wasser aufgeplatzt war.

Bei dieser Furniereinbesserung wurde nachträglich der Maserungsverlauf etwas retuschiert und dem Furnierbild angepasst.

▷ Der günstigste Furnierschnitt verläuft mit der Faser und nicht quer zur Faser.
▷ Ein feinporiges Furnier lässt sich leichter und präziser schneiden als ein grobporig gemasertes.
▷ Der Furnierzuschnitt für Intarsien wird konisch ausgeführt, um offene Fugen beim Einsetzen zu vermeiden.
▷ Voraussetzung für sauberen Intarsienschnitt ist eine sehr dünn gezahnte Laubsäge.

Fachbegriffe bei der Furnierverarbeitung

Adern Schmale, in das Grundfurnier eingelegte Streifen, meist farblich vom Grundfurnier abweichend

Außenfurnier Furnier auf Sichtseiten

Bänder Massivholzquerschnitte in unterschiedlichen Farben verleimt und in schmale Streifen aufgeschnitten

Blindholz Einfaches, mit Furnier belegtes Holz (Unterholz)

Deckfurnier Edles, auf einfaches Blindholz geleimtes Holz. Früher übliche Furnierstärke: 3 – 4 mm; heute etwa 0,5 – 0,3 mm

Fuge Ansatzlinie zweier aneinandergrenzender Furniere

Fügen Vorbereitung für eine glatte Fuge, d.h. rechtwinkliges, gerades Abrichten von Furnieren mit dem Hobel, mit oder quer zur Faserrichtung

Furnier Dünnes Blatt aus Holz, das durch Schälen, Messern oder Sägen vom Baumstamm abgetrennt wird

Furnieren Minderwertiges, mit edlem Blattholz belegtes Blindholz

Furnieradernschneider Gerät zum Einschneiden der Aderfugen in das Grundfurnier

Innenfurnier Furnier auf innenliegenden Flächen

Intarsie In das Holz eingelegte Formen aus Furnier und holzfremden Materialien („Tarsia“: Meister der Perspektive)

Kreuzfuge Vier gleich große, gestürzte Furniere in diagonalem oder geradem Maserverlauf zusammengefügt.

Marketerie Bild oder Form aus verschiedenen Furnierteilchen zusammengesetzt, auf Blindholz verleimt (marqueter; franz.: bunt bemalen, Holzmosaik)

Streifenschneider Messer zum Zuschneiden von Furnierstreifen

Stürzen Auseinanderklappen von zwei maserungsgleichen Furnierblättern

Unterfurnier Einfaches, zwischen Blindholz und Deckfurnier verleimtes Furnier mit gegenläufiger Maserung zur Vermeidung von Rissbildung

Für den Restaurator ist neben dem handwerklichen Können auch das stilistische Einfühlungsvermögen gefragt. Er muss immer wieder neu entscheiden, was bei der Aufarbeitung ergänzt und verändert werden darf und wie genau er sich an den Stil halten muss. Das Wissen darum kann nur aus der genauen Kenntnis der verschiedenen Stilepochen und ihrer Entwicklung im Laufe der Jahrhunderte kommen.

Rokokoschrank, verschiedene Hölzer (Eiche, Buchsbaum u. a.), 1740.

Vom Barock bis zu den 50er Jahren

Es würde den Rahmen dieses Buches sprengen, wollte man ausführlich über die Entwicklung des Möbels von den Anfängen bis zur Neuzeit berichten. Stilkunde ist untrennbar mit dem komplexen Verlauf der Geschichte verbunden und jeder einzelne Stilabschnitt auch ein Spiegelbild der jeweiligen Epoche. Doch kann man in der Stilgeschichte immer wieder Parallelen ziehen oder Wiederholungen erkennen, da die Geschichte einem ständigen Auf und Ab und einer immer wiederkehrenden Rückbesinnung auf Vergangenes unterliegt. Signifikant für eine Epoche ist auch die Dauer des Stils. Renaissance und Barock trennen mehr als ein Jahrhundert. Zwischen Jugendstil und Bauhaus hingegen liegen kaum noch 20 Jahre. Um die Entstehungszeit eines Möbels zu bestimmen, muss man verschiedene Stilmerkmale erkennen:

- ▷ Möbeltyp
- ▷ Konstruktionsmerkmale, Proportionen
- ▷ Schmuckmotive (Ornamentik), Beschläge
- ▷ Bein- und Fußform
- ▷ Holzsorte
- ▷ Stempel und/oder Signaturen berühmter Ebenisten oder Werkstätten.

Barock
1610 – 1700

Frühbarock (Louis XIII)
1610 – 1643

Hochbarock (Louis XIV)
1643 – 1700

Jede Stilepoche verdeutlicht in ihrem Erscheinungsbild die Entwicklung von Gedankenwelt, Lebensstil und technischem Fortschritt. So erscheint das Barock in den Augen der Nachwelt als das große Jahrhundert, in der Hauptsache geprägt durch den Absolutismus des Sonnenkönigs Louis XIV, Herrscher über Prunk und Pracht am Hofe von Versaille. Ein Stil, der Gleichmaß, Symmetrie, Großzügigkeit der Linie und einen tiefen Abscheu vor jeder Unordnung und Naturhaftigkeit zum Ausdruck bringt. Es ist ein Stil, der sich wenig um die Realität kümmert und die Natur mehr als schmückendes Ornament gebraucht, als sie zu verstehen.

Möbeltypen
Die Truhe verliert als Mehrzweckmöbel an Bedeutung. Wuchtige Schränke auf Kugelfüßen, mit Schubladen im Sockel, und mächtigen vorkragenden Abschlussgesimsen spielen die wichtigste Rolle (z. B. Frankfurter Schrank, Danziger Schrank, Hamburger Schapp).

Kabinettschränke (zweitüriger Schrank auf konsolförmigem Tisch, häufig mit Uhr im Giebel). Aus zwei aufeinander gestellten Truhen entwickelt sich die Kommode mit 2–3 Schüben. Schreibtische (bureau plat) mit seitlichen Schubladenkästen und kleiner Mittelschublade. Betten: vier Pfosten, meist mit Baldachin. Tische: Klapptische, Konsoltische, Kastentische (Rhöntisch), Leuchtertische (Gueridon). Sitzmöbel: Armlehnsessel (Fauteuil), hochlehnige, gerade Stühle, Scherenstühle.

Konstruktive Merkmale

Formen Streng, geometrisch, architektonisch, massiv, gedrechselt, geschnitzt; wuchtige Rahmenkonstruktionen mit Halbkreisbogen.

Ornamentik Trotz üppigem Dekor herrscht Symmetrie und Regelmäßigkeit in allen Schmuckmotiven. Rosetten, Blattwerk (Akanthus), Girlanden, Masken, Flechtwerk, Muschel, Delphine, Widder- und Löwenköpfe. Messing-, Bronze- und vergoldete Beschläge.

Beine, Füße Gedrechselt, spiralförmig, vierkantig, balusterförmig. Voluten, Kugel- und Klauenfüße.

Hölzer Nuss, Eiche, farbige exotische und einheimische Furniere mit reichhaltiger Einlegearbeit.

Ebenisten Der herausragende Ebenist des Barock war André Charles Boulle (Boulle-Möbel). Er entwickelte eine besondere Einlegetechnik aus Edelmetallen, Schildpatt, Perlmutt.

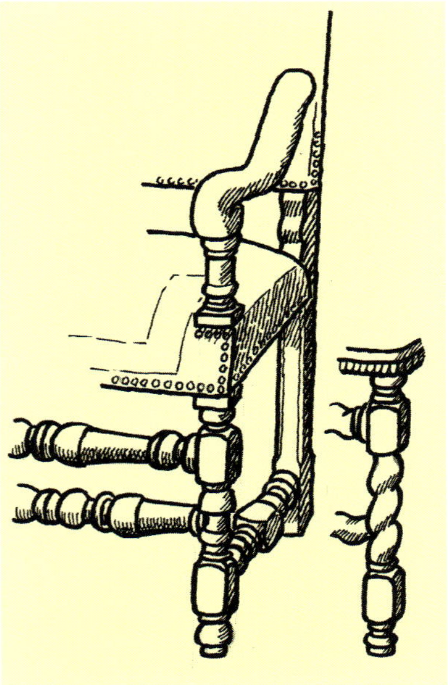

Spätbarock (Regence, Bandlwerk, Vorrokoko) 1700 – 1730

Die Macht Louis XIV verblasst und die prunkvolle, aber strenge Einheitlichkeit von Versaille löst sich allmählich auf. Die Linienführung wird insgesamt leichter, bewegter und geschwungen. Ein neues Lebensgefühl soll gleichsam Heiterkeit und Harmonie vermitteln. Der Stil wird zunehmend von der Aristokratie geprägt und nicht so sehr vom Regenten (Philipp von Orleans und Louis XV). Man will sich aus dem Zwang der Monarchie befreien.

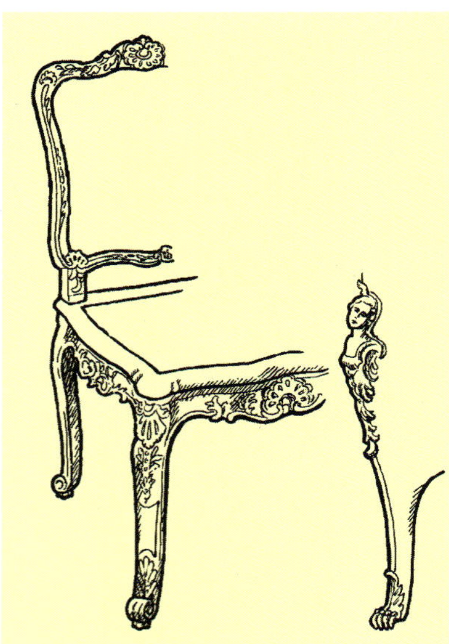

Möbeltypen
Die wuchtige Form des Barockschranks geht langsam über in ein neuartiges Kastenmöbel aus Unterteil mit Türen und vitrinenartigem Oberteil (Aufsatzschrank). Die Kanten runden sich, die Zarge ist geschweift, Winkel sind gebogen oder durch Schnitzwerk verdeckt. Das Unterteil kann bauchig sein, das Gesims ist geschwungen und mit Schnitzwerk verziert; Geschirrschränke, Eckschränke, Buffets, Vitrinen. Die Kommode mit zwei Schubladen, geschweifter Vorderfront, Marmorplatte, die Zarge als „Armbrust" auf hohen „Geißfüßen" wird zum wichtigsten Möbel (Regencekommode). Reichhaltige Verzierungen aus feuervergoldeter Bronze. Die Sitzmöbel sind noch geradlinig, werden aber zierlicher, handlicher, gemütlicher. Die Zarge ist geschnitzt und armbrustförmig geschwungen. Stühle sind gepolstert oder mit Rohrgeflecht versehen. Ohrensessel, Lehnstühle, Polsterhocker, Kanapee, Chaiselongue. Schreibtische sind flach, rechteckig, mit geschwungener Zarge, drei Schubladen oder dreiteiligem Unterbau mit zurückgesetztem Mittelteil. Salontische, Spieltische, Toilettentische, Wandkonsolen. Der Esstisch ist noch unbekannt und wird lediglich aus einer Platte auf zwei Böcken zusammengestellt. Das Pfostenbett wird selten, dafür wird das Duchesse-Bett und Engelbett mit „schwebendem Himmel" bevorzugt.

Konstruktive Merkmale
Die starre Anordnung löst sich, bleibt zurückhaltend. Sie betont die Form, ohne das Möbel zu verhüllen. Profilierte c-förmige Abschlüsse beleben Winkel und symmetrische Flächen.

Ornamentik Die Muschel wird zum typischen Schmuck; durchbrochen und leichter als im Barock. Tiermotive, weibliche Masken, Pflanzenmotive naturalistisch dargestellt. Kriegerisches und Heroisches weicht dem idyllischen, symbolträchtigen Ornament. Bandlwerk (verschlungenes Bandornament).

Beine, Füße Geschweift. Geißfuß, Würfelform, eingerollt mit Schnitzwerk, durch x-förmige Stege verbunden.

Hölzer Eiche, Nussbaum, Buche, Obsthölzer, farbige Einlegearbeiten aus exotischen Hölzern. Holzfremde Einlagearbeiten werden seltener. Bronzebeschläge (vergoldet oder golden lackiert) verzieren zunehmend die Möbel.

Ebenisten Charles Cressent, Jean Berain d. J.

Rokoko (Louis XV) 1730 – 1770

„Rocaille“, frz.: felsiger, unregelmäßiger Stein

Die Abkehr von der strengen Symmetrie des Hochbarock ist im Rokoko nun endgültig vollzogen. Heiterkeit, Farbe und Bewegung bestimmen die bisweilen stark gekünstelte Innendekoration. Die Möbel sind bequem, intim, elegant und doch praktisch. Die Regierungszeit Louis XV ist auch das Zeitalter der großen Frauen (z. B. Madame Pompadour), die diesen Stil entscheidend prägen. Konstruktionsprinzipien werden zugunsten des Dekors vernachlässigt. In den Schreinerzünften kommt es zur Trennung zwischen Schreiner (menusier) für Massivholzarbeiten und Kunsttischler (ébéniste) für furnierte Tischchen und Kleinmöbel.

Möbeltypen
Kleiderschränke, Hutschränke, zweitürig mit zurückhaltendem Dekor, geschwungenem Gesims und Zarge, schmalen Füßen; Kredenzschränke mit Marmorplatte, Geschirrschränke mit offener und verglaster Vitrine, Eckschränke, Bücherschränke. Kommoden sind hochbeinig mit gewölbter Front und Seitenteilen, zwei Schubladen und Traversen sind unter dem Dekor oft nicht zu erkennen. Konsolkommoden, Wäschekommoden, Nonnenkommoden (schmal, hoch, drei Schubladen, kurze Füße).

Sitzmöbel sind geschwungen und bequem gepolstert. Ohrensessel, Kabrioletsessel, Kabinettsessel (Eckstuhl mit Geflecht), Spielsessel (Voyelle), Strohsessel, Kanapees (Ottomane), Ruhebett (Veilleuse), Chaiselongue, Nachtstuhl.
Der Esszimmertisch, rund oder oval, ist immer noch eine Platte auf zwei Böcken. Nähtische, Trommeltisch (runde Marmorplatte mit Messingleiste), Nachttische, Wöchnerinnentische, Frisiertische, nierenförmige Beistelltischchen. Zylinderschreibtisch (gewölbte Jalousienklappe). Neu ist der Sekretär mit kommodenartigem Unterbau und Aufsatz mit vielen Schubladen sowie Schreibklappe.

Konstruktive Merkmale
Gewölbte und geschwungene Oberflächen. Blütezeit der Intarsienarbeit.

Hölzer Eiche, Nuss, Obstholz, Tanne, Pappel, Buche, Linde.
Für farbige Intarsienarbeiten kennt man etwa 100 verschiedene Holzsorten.

Ornamentik Wichtigstes Schmuckmotiv ist die Rocaille, Symbol für kunstvolle Unordnung, welche die Ordnung verhüllt. Motive aus Fauna und Flora, Musikinstrumente, fernöstliche Motive, Schachbrettmuster, farbige Bemalungen, vergoldete Bronzebeschläge an Kanten und Füßen.

Beine und Füße s-förmig geschwungen, mit Akanthusblättern oder Muscheln verziert, unten eingerollt.

Ebenisten Charles Cressent, Jean-François Oeben, Jean-Henri Riesener, Abraham und David Roentgen.

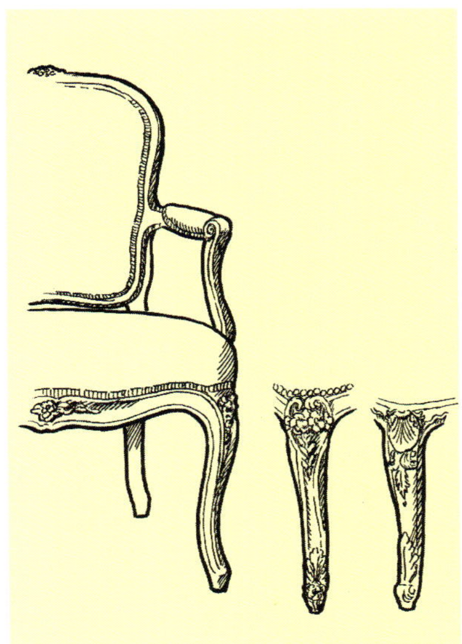

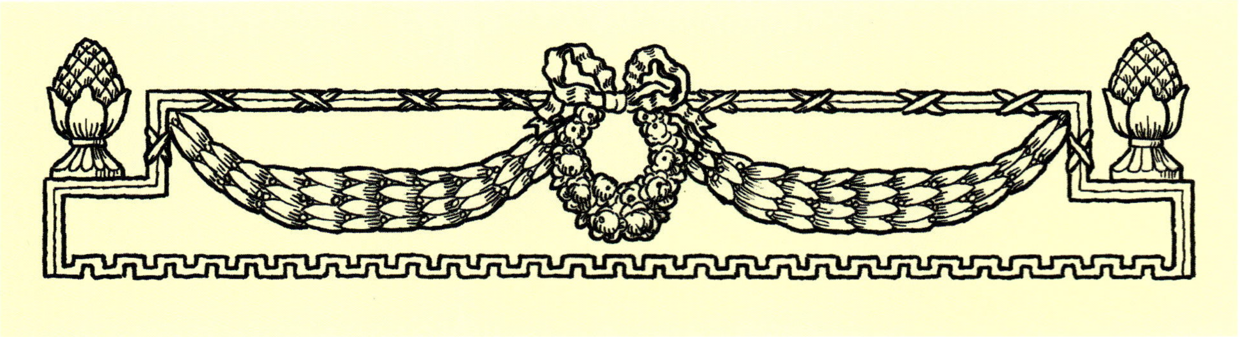

Zopfstil (Klassizismus, Louis XVI, Directoire) 1770 – 1789

Die zunehmend unübersichtlichere Verspieltheit des Rokoko findet unter Louis XVI und Marie Antoinette ihr Ende. Auf der Suche nach neuen Werten und inspiriert durch Ausgrabungen in Griechenland und Pompeji wird die Antike zum großen Vorbild. In Deutschland heißt dieser Übergangstil im Klassizismus bis zur französischen Revolution „Zopfstil" (keine eindeutige Definition dieser Stilbezeichnung).

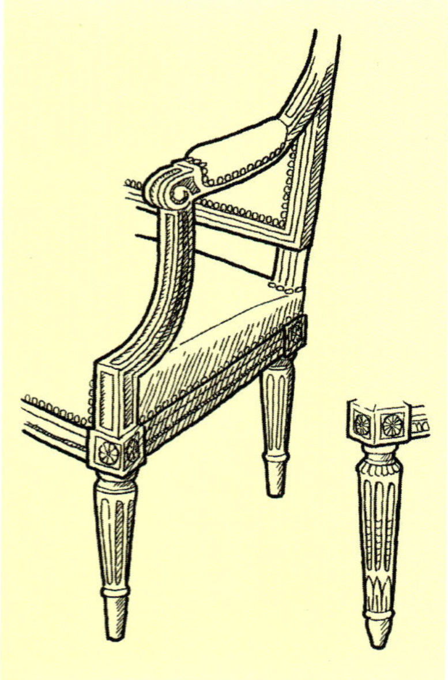

Möbeltypen
Schränke sind schlicht, gerades Gesims (manchmal spitzgiebelig und durchbrochen), zweitürig, Schublade im Sockel, Stollenfüße. Dielenschränke, halbhohe Eckschränke auf hohen Füßen, Wäscheschränke (wie hohe Kommoden), Kredenzschränke (zweiteiliges Buffet). Kommoden: die gewölbte Front wird seltener (Halbmondkommode), allgemein klassisch gerade mit 2 – 3 Schubladen auf hohen Beinen.

Sitzmöbel: gerade, etwas steif und nicht mehr so bequem wie im Rokoko, runde, abgerundete oder rechtwinklige Rückenlehnen mit Schnitzwerk. Armlehnsessel (Bergere, „à-la-reine", „en cabriolet"), gondelförmige Rückenlehne, die Armlehnen sind zurückgesetzt, Kanapees, Chaiselongue.

Stühle: Gepolstert und geflochten mit lebhaft geformten Rückenlehnen. Der Esstisch wird zum eigenständigen Möbel, rund, halbrund, ausziehbar; Nähtischchen, Blumentische, Spieltische, Lesetische, Getränkekühltische, Leuchtertische (Guèridon), Zylinderbureaus, Sekretäre, Damenschreibtische („Bonheur du jour").

Konstruktive Merkmale
Gerade Linienführung, rechte Winkel, Halbkreise, glatte Flächen, absolute Symmetrie, feine Profilierung, gedrechselte Möbelteile

Ornamentik Hauptschmuck sind Girlanden, Flechtbänder, Kränze, die Strenge löst sich auf. Antike Ornamentik auf Abschlussleisten und Bändern (Mäander, Lorbeerblatt, Eierleiste, Kreuzbandstab). Bronze wird in neuer Technik mattvergoldet (Pierre Gouthière), Eckverzierungen, Marmorplatten, Sèvres-Kacheln.

Beine und Füße Gerade, meist kanneliert, köcherförmig, Würfelabschluss.

Hölzer Eiche massiv, Nussbaum, Buche, Esche, Mahagoni, Ebenholz, Zitronenholz, Obsthölzer.

Ebenisten Georg Jacob, David Roentgen, Adam Weisweiler, Martin Carlin. In England: Thomas Chippendale, Robert Adam, Thomas Sheraton.

Empire (Klassizismus, Directoire) 1789 – 1815

Wieder ist es eine politische Wende, die den neuen Stil einleitet, und die Epoche Louis XVI beendet. Dieses Mal ist es die französische Revolution. Ein kurzer Übergangsstil – das Directoire – zeigt bereits die Reinheit des folgenden Empires. Napoleon ist der nach antikem Vorbild zum Kaiser gekrönte „l'empereur." Schlicht, aber majestätisch, mit klaren Linien verkörpert das Empire die Antike und das große französische Kaiserreich als Nation der Nationen. Um dem Machtanspruch Napoleons zu genügen, wird das künstlerische Schaffen zentralisiert (Paris) und die Zünfte werden aufgelöst. Gleichzeitig macht sich mit der unaufhaltsamen Industrialisierung ein Niedergang der Handwerkstraditionen bemerkbar.

Möbeltypen
Schränke sind einfach, zweitürig, seitliche Säulen, giebelförmiger Aufsatz, kaum vorspringendes profiliertes Gesims. Neu ist der Spiegelschrank. Bücherschrank, Kredenz, Kommodenschrank, Wertsachenschrank (Bonheure du jour). Kommoden verlieren an Bedeutung: dreischübig mit dunkler Marmorplatte, Stollen mit antikisierenden Figuren, Wäschekommode. Neu ist ein Spiegel, genannt „Psyche", drehbar in giebelförmigem Holzrahmen.

Sitzmöbel sind gedrungener als im Rokoko, Rückenlehnen gerade, gondelförmig, leicht geschwungen, Armlehnen bilden Verlängerung der Füße (also nicht mehr zurückgesetzt), Ohrensessel, Hocker (tabouret) wie Scherenstühle, Kanapees sind wuchtig und bettenähnlich, Ruhebetten (Recamier).

Konstruktive Merkmale
Glatte Flächen, scharfe Kanten, strenge Symmetrie, klarer tektonischer Aufbau. Konstruktionsmerkmale sind durch Furnier verdeckt.

Ornamentik Das Dekor wird appliziert und ist oft ohne Bezug und Bedeutung für das Möbel. Schmuckmotive: Füllhorn, Eichenlaubkranz, Lyra, Palmetten, Karyatiden sind aus vergoldeter Bronze, Eisen oder vergoldetem Holz, fein ziseliert und präzise in der Form. Alle Darstellungen symbolisieren die Antike. Napoleonische Schmuckmotive sind Adler, Biene, I (für Imperator), N (für Napoleon).

Beine, Füße Gerade, auf Sockeln ruhend, säbelförmig geschwungen, in Löwentatzen endend.

Hölzer Das beliebteste Holz ist Mahagoni, furniert oder massiv. Außerdem: Nuss, Ulme, Buche, Eibe, Buchsbaum, Olive, Zitronenholz. Intarsien in Hell-Dunkel-Technik.

Möbelentwerfer sind zugleich oft auch Architekten wie z. B. Charles Percier, Pierre-François Fontaine. In England: Thomas Hope, Georg Smith.

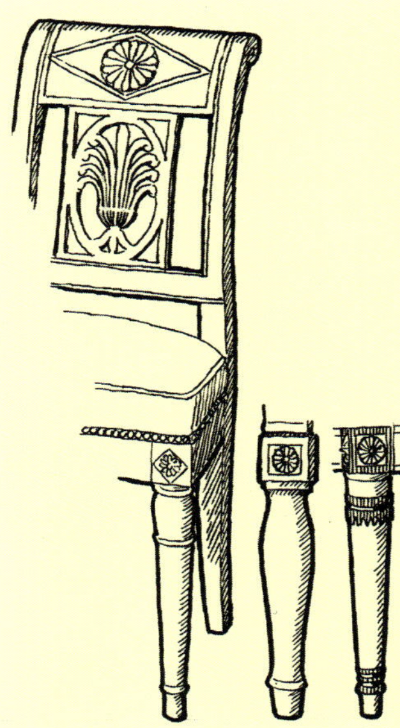

Biedermeier (Klassizismus, Restauration, Louis Philipp) 1815 – 1846

Was in Deutschland dem Bürgertum nach den Freiheitskriegen Ansehen und Rechte bringt, bedeutet für Napoleon nach der verlorenen Schlacht bei Waterloo das Ende seines Imperiums und damit des Empire. Die beiden Brüder von Ludwig XVI sollen das Land in einer Übergangszeit – der Restauration (1815 – 1830) – regieren. In Deutschland kommt es zu einer bürgerlichen Spätform des Klassizismus, dem Biedermeier. Die Formen des Empire sind noch zu erkennen, aber wesentlich schlichter verarbeitet und nur sparsam dekoriert. Aufwendiges Dekor und Beschläge fehlen gänzlich. Lediglich die hochglanzpolierte Holzmaserung und sparsame Intarsienarbeit bestimmen den Stil. Die einfachen Formen sind nunmehr ganz auf das Bürgertum zugeschnitten und bereits als Vorläufer des funktionalen Möbels anzusehen. Der Biedermeierstil gilt als schlicht, aber wohlproportioniert und gemütlich.

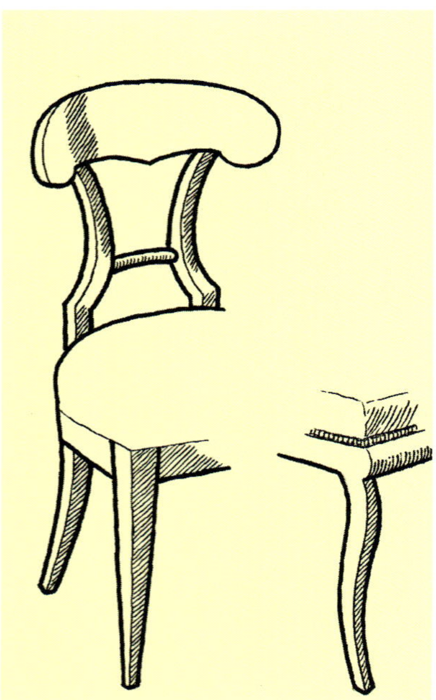

Möbeltypen
Rund oder oval, auf vier Beinen oder Mittelfuß; der Esstisch wird zum Mittelpunkt biedermeierlichen Lebens. Kleine Tischchen wie Näh-, Nacht- oder halbrunde Beistelltischchen. Die Betten sind geschwungen oder gerade, eher dem Sofa ähnlich.

Schränke: Vitrinen-, Eck-, Wäsche- und Kleiderschränke. Schreibschränke (Sekretär) mit gerader oder schräger Klappe. Kommoden haben glatte Vorderfronten, 2 – 3 Schubladen, manchmal mit Marmorplatte, Pfeilerkommode (Chiffonière), schmal mit vielen Schubladen, auf hohen Füßen (früher stand sie zwischen zwei Fenstern vor einem Pfeiler).

Sitzmöbel: Stühle (Sitzfläche gepolstert, geflochten oder aus Holz), Armlehnstühle, Nachtstühle, Ohrensessel, hoch gepolsterte Sofas mit geschwungenen Seitenwangen.

Konstruktive Merkmale
Glatte Flächen (selten gewölbt), symmetrische Aufteilung in Rahmen-Füllung-Verbindungen, mäßig profilierte Gesimse, scharfe Kanten.

Ornamentik Sparsames Dekor in Form von Intarsien (Lyra, Blumenkörbchen, Kränze, Festons), schwarz eingelassene Schlüssellochblenden, kleine Messingbeschläge (rautenförmig), Messinggitter.

Beine, Füße Gerade, vierkantig, nach außen gebogen, konisch, würfelförmig.

Hölzer Nachkriegsjahre und Wirtschaftsblockaden (Kontinentalsperre) lassen einheimische Hölzer in Mode kommen wie Kirsche, Birne, Birke, Esche.

Ebenisten Von den vielen Kunsttischlern dieser Zeit sind nur wenige namentlich bekannt: z. B. Leo von Klenze oder Josef Danhauser in Wien.

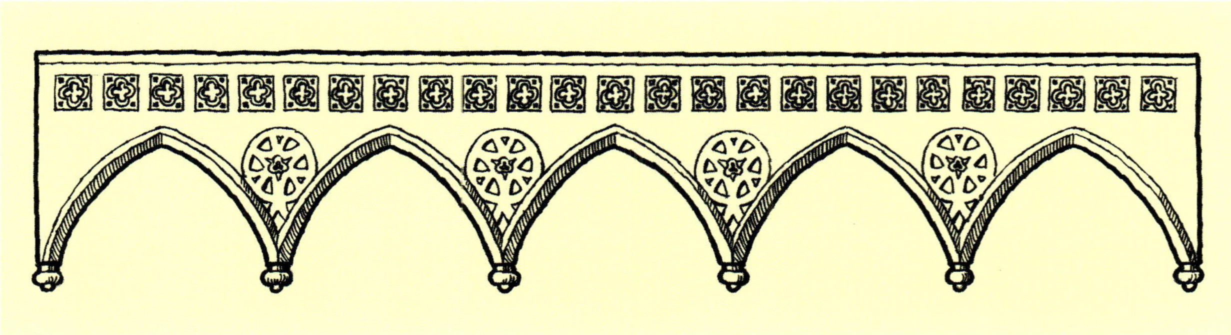

Historismus (Eklektizismus, Industrialisierung) 1848 – 1890

Der Geltungsdrang des Bürgertums umgibt sich zunehmend und paradoxerweise mit der Formenwelt des gerade erst überwundenen Feudalsystems. Man interpretiert in falsch verstandener Weise vorausgegangene Stilepochen sowie Formen und Ansprüche der Antike. Musterbücher sorgen für schnelle Verbreitung der historischen Rückbesinnung auf alles bereits Dagewesene. Die Neoklassik überhäuft die Möbel mit Ornamenten der Gotik (Gothic-Revival), der Renaissance, des Barock (2. Barock), des Rokoko (Neu-Rokoko), und selbst das Biedermeier wird nochmals kopiert. Das historische Möbel erscheint wuchtig, dunkel, überladen. Möbel aus Groß- oder Urgroßmutters Zeiten sind noch oft im Handel zu finden.

Möbeltypen Eine typische Entwicklung einzelner Möbelformen findet nicht mehr statt. Alle Formen werden mit Stilelementen vergangener Epochen hergestellt.

Ornamentik Vieles ist Attrappe und handwerklich wertlos. Weichholz wird wie Hartholz maseriert. Eisenbeschläge sollen wie vergoldet aussehen. Furniere werden durch die maschinelle Verarbeitung immer dünner und verlieren an Schönheit. Ohne Fantasie und Kunstverstand ist man am Ende einer langen Kunstgeschichte angelangt.

Rundungen an Möbeln oder Rahmen werden aus Papiermaché geformt, schwarz lackiert oder mit schablonierten Goldmustereinlagen verziert (Imitation der zu dieser Zeit sehr beliebten Japanlackierung).

Hölzer Das bevorzugte Holz ist Eiche, dunkel oder schwarz gebeizt oder lackiert.

Möbelentwerfer Die industrielle Verarbeitung setzt sich durch und damit die Serienproduktion (Werkstätten der Gebrüder Thonet). Es wird viel nach Vorlagen aus Musterbüchern gearbeitet.

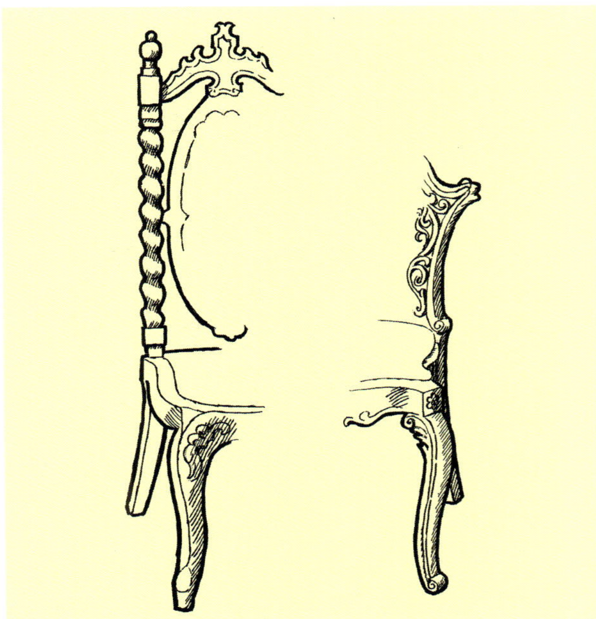

Jugendstil (Modern Style, Art Nouveau, Sezession) 1890 – 1914

Um die Jahrhundertwende spalten sich verschiedene Künstler und Entwerfer ab, um dem instinktlos überladenen Historismus ein Ende zu bereiten. Diese „Sezession" bekommt in ganz Europa Einfluss. Eine einheitliche und ehrliche Auffassung darüber, dass die Form der Vernunft folgen und sich aus der Funktion ergeben muss, kann sich aber nicht überall durchsetzen. Es kommt zu verschiedenen Interpretationen in Europa. Auf der Weltausstellung in Paris (1900) wird der neue Stil als „geschlossene Einheit zwischen innen und außen" präsentiert. Zum einen ist die Linienführung einfach, streng, symmetrisch, auf das Notwendigste reduziert, zum anderen wird mit fließendem, verschlungenem Wurzelwerk und floralen Verzierungen symbolträchtig das gesamte Möbel vereinnahmt. Der Erste Weltkrieg beendet den Jugendstil.

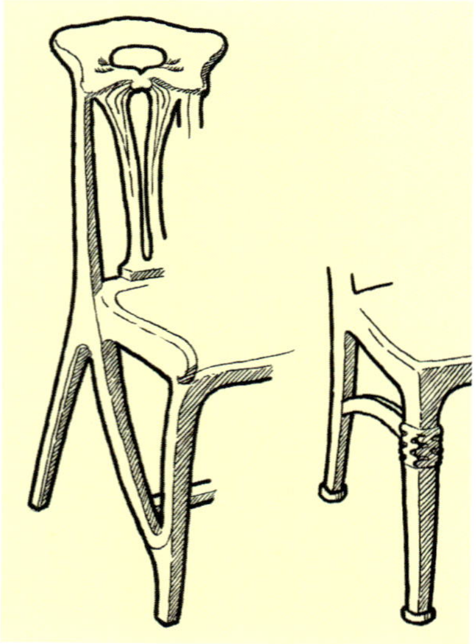

Möbeltypen
Schränke sind schmal, hoch, eintürig. Buffets, Kredenzen, (Anrichte und verglastes Oberteil, Schubladen und Türen im Unterteil); Bücherschränke. Tische: Der Esstisch bleibt Mittelpunkt des Wohnzimmers: rechteckig, oval, achteckig, auf verschlungenen Beinen.

Schreibtische: Herrenschreibtische, Bibliotheksschreibtische mit flacher, manchmal asymmetrisch geformter Schreibplatte, Schubladen links und rechts im kastenartigen Unterbau. Damenschreibtische nach Art des Empire, Beistelltische mit ovalen, achteckigen, geschwungenen Platten auf durchbrochenem, stegartigem Unterbau, achteckiger Mittelfuß oder geschwungene Beine auf Mittelsockel.

Sitzmöbel: Stühle mit und ohne Armlehne, schmal mit hoher Rückenlehne (gotisch), Rückenlehne in einem Schwung in die Armlehne übergehend (z. B. Thonet), Herrenzimmerstühle (Lehnen eckig, im rechten Winkel), dunkelbrauner Ledersitz, wenig Polstersessel, Sofas mit hoher Rückenlehne auf niedrigen Füßen.

Die Auffassung der Proportionen ist sehr unterschiedlich und nicht immer, wie angestrebt, funktional. Der Aufbau ist streng geometrisch mit Stegen und Streben oder mit verschlungener Linienführung.

Ornamentik Die Vielfalt der Linienführung wird zum Ornament. Vegetative Motive wie Lilien, Schlingpflanzen, Orchideen; Frauenköpfe mit wellenförmigem, langem Haar. Beschläge aus Messing, glänzend, vernickelt; Eisen, rechteckig durchbrochen oder floral verschlungen.

Beine, Füße Gerade, kantig mit Stegen verbunden, in geschwungener Verdickung endend, mit Messingbeschlägen. Schränke und Schreibtische auf Sockeln.

Beliebtestes Holz ist Eiche, hell, dunkel, farbig, gekalkt.

Entwerfer und Werkstätten
Charles Rennie Mackintosh, Frank Lloyd Wright, Viktor Horta, Gebr. Thonet, Deutscher Werkbund, Vereinigte Werkstätten.

Art déco (1918 – 1935) und Bauhaus (20er und 30er Jahre)

Das Ende des Ersten Weltkriegs bringt wiederum eine gesellschaftliche Wende und damit auch neue Stilelemente. Während in Frankreich das Art déco (dekorative Kunst) immer noch Jugendstillinien verfolgt und mit aufwendigen Materialien wie Schildpatt, Elfenbein, Leder und wertvollen Furnieren eine Abgrenzung zu der industriellen Fertigung schafft, ist das bereits 1919 gegründete Bauhaus (Weimar) dabei, die bereits seit Mitte des letzten Jahrhunderts angestrebte Idee, Form, Funktion und Ornament zu einer Einheit zu führen, umzusetzen.

Die Kunsttischler des Art déco versuchen noch immer, an die Handwerkstradition der berühmten Ebenisten anzuknüpfen, während die Entwerfer des funktionellen Bauhauses die rasant fortschreitende Technisierung längst erkannt und akzeptiert haben.

Das Art déco ist wegen seiner skurrilen Formen und der preziösen Materialverschwendung lediglich als Sammlerobjekt beliebt. Das Bauhaus aber ist bis heute modern geblieben und als Grundlage für jede weitere Stilentwicklung zu sehen. Mit Ausbruch des Zweiten Weltkriegs wird die Bewegung des Bauhaus unterbrochen.

Möbeltypen des Art déco
Schränke: Bücherschrank, Vitrinenschrank mit offenen Fächern, Schubladen, Glastüren (mit Gardinen bespannt), nützliche Innenaufteilung, Frisiertoiletten mit ovalem Spiegel und nachttischähnlichen Seitenteilen.

Betten: Hohes Kopfende, geschweifte, gerundete Seitenteile, über Eck gerundete Füße. Der flache Diwan kommt in Mode. Kommoden erinnern an Louis XVI, 2 – 3 Schubladen, sparsam verzierte Pfosten, gerade Seitenteile, Platte aus Holz oder Marmor.

Sitzmöbel: Stühle erinnern an das Biedermeier, Rückenlehne verziert, insgesamt derber; Kanapees und Sessel sind wuchtig, bequem, niedrig, gepolstert, gondelförmig. Clubsessel mit Leder oder Fell bezogen.

Ornamentik Bronze (vergoldet), Messing, Silber, Schmiedeeisen. Bezüge aus Haifischleder, Felle. Afrikanische Kunst, Elfenbein, Einlegearbeiten in geometrischen Formen, Reste von Jugendstildekor.

Beine, Füße Geschwungen, geschnitzt, balusterförmig, spindelförmig.

Hölzer Exotisch dunkel, z. B. Ebenholz, Palisander, Mahagoni, Mahassan. Zitronenholz, Rosenholz für Furniere.

Entwerfer Maurice Dufrene, Pierre Legrain, Paul Iribe.

Möbeltypen des Bauhauses
Das Bauhaus bricht mit allen Traditionen und konstruiert nicht nach Linien, sondern nach Flächen völlig neue Möbeltypen. Die Schränke sind kleiner geworden und den beengten Wohnraumverhältnissen angepasst, z. B. Einbauschränke oder Eckschränke. Kommoden sind aufeinandergesetzte Schubladenkästen, deren Beine hochstelzig und an der Seite

befestigt sind. Sitzmöbel sind in erster Linie bequem konstruiert. Jegliches Dekor fehlt. Beine gehen in gerundete Armlehnen über, Stahlkonstruktionen beeinflussen auch die Holzverarbeitung. Sitzflächen aus Leder, Textilgurten; Drehstuhl, Liegestuhl.

Ornamentik Auf ein Dekor wird nun vollends verzichtet.

Hölzer Immer seltener werden hochwertige Hölzer verwendet (Birne, Kirsche, Eiche, Buche). Stahlrohr und Sperrholz finden zunehmend Verwendung.

Entwerfer Walter Gropius, Ludwig Mies van der Rohe, Gerrit Th. Rietveld, u.a.

Stil der 50er Jahre (Pop-Art)

Nach dem Ende des Zweiten Weltkriegs sollte nichts mehr so sein, wie es sich bisher in der über Jahrhunderte abgelaufenen Stilgeschichte vollzogen hatte. Mit völlig neuen Begriffen und Wohnvorstellungen entfernt sich die Möbelherstellung der Nachkriegszeit vom traditionellen Möbelbau und vom Handwerk. Begriffe wie Pflegeleichtigkeit, Wegwerfdesign, Freizeitobjekt sowie Kunststoffprodukte z.B. Resopal, Plastik oder verleimter Holzabfall verdrängen zunehmend das dem Bauhaus so wichtige Anliegen an die Funktion und Ästhetik im Möbelbau. Alles muss billiger und einfacher werden, um den Konsum zu stimulieren. Kunst und Alltag sollen eine Einheit bilden. Büro- und Wohnstil gleichen sich mehr und mehr an.

Die Abneigung gegen Kunststoffe und Wegwerfdesign wird zunehmend für viele zum Anlass, alte Möbel zu sammeln, zu restaurieren und zu erhalten.

Möbeltypen
Im ursprünglichen Sinne des Wortes werden Möbel aus Platzmangel „mobil", d.h. klein, handlich, wandelbar.

Schränke und Kommoden sind Allzweckaufbewahrungsplätze mit Schiebetüren, Klappen und offenen Fächern. Schrankwände haben glatte Fronten und abgerundete Kanten auf niedrigem Sockel. Polstermöbel stehen auf hohen, spitzen, schräg ausgestellten Beinchen. Cocktailsessel und Safaristühle haben gerundete Holzlehnen und Peddigrohrgeflecht oder Stäbe. Stühle werden zur Herausforderung für die Designer. Sie sind freischwingend, auf drei Beinen, aus Metallgeflecht, und Aluminium-Mittelfuß. Sitze in Schalenform aus Nussbaum-Schichtholz.

Tische: Zusammenschiebbare Satztische in Nierenform, Blumentische.

Skandinavische Möbel aus Teakholz gewinnen zunehmend an Beliebtheit auf Grund ihrer guten Form und traditioneller handwerklicher Verarbeitung. Wegen ihrer Beständigkeit heben sie sich vom Wegwerfobjekt ab.

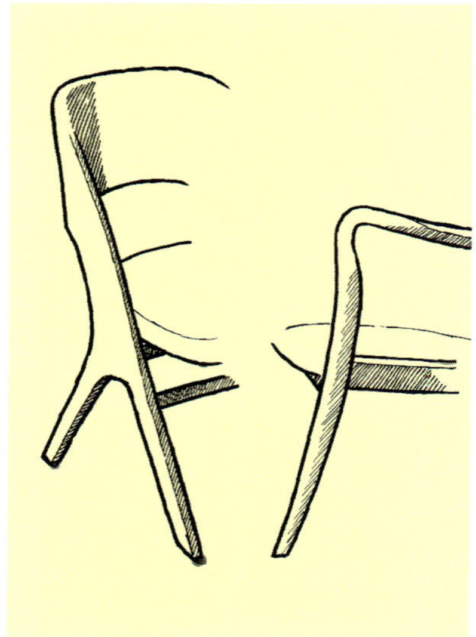

Nützliche Adressen

Restauratorenbedarf

Peter Kaluza
Alexanderstraße 13
26121 Oldenburg
(Versandhandel)

Rositta Otto
Joh.-Sebastian-Bach-Straße 1
75015 Diedelsheim
(Stilbeschläge – Barock bis Gründerzeit)

Holunderhof
Meisterwerkstatt für Möbelrestaurierung
Frankfurter Straße 21
65779 Kelkheim
(Einzelanfertigung von Profilen, Schnitzwerk, Drechselarbeiten nach antiken Originalvorlagen)

Schreinerei und Restaurationswerkstatt
Eberhard Metzner
Rheinstraße 40
55116 Mainz
(An- und Verkauf)

Klee Lux
Restaurierungsbedarf
Gingterkamp 14
41069 Mönchengladbach

Firma Bluhme
Hannoversche Straße 18
34266 Niestal/Kassel
(altabgelagerte Sägefurniere)

Gerstäcker Verlag KG
Wecostraße 4
53783 Eitdorf
(Künstlermaterialien)

Brasch-Overtoom GmbH
Eichenhofer Weg 71
42279 Wuppertal
(Werkzeuge für die Holzbearbeitung)

Zylinderbureau, Deutschland, Palisander/Rosenholz, Einlegearbeiten aus Buchsbaum, Rollzylinder, Ende 18. Jh.

Literaturhinweise

Literatur

Bücher

Hans Beblo
Intarsien und ihre Techniken, Augsburg 1958

Karl Bieler
An der Hobelbank, Braunschweig 1954

Thomas Brachert
Beiträge zur Konstruktion und Restaurierung alter Möbel, München 1988

Georg Buchanan
Möbelrestaurierung selbstgemacht, Augsburg 1989

Rolf Buchholz, Hannes Homann
Restaurieren heißt nicht wieder neu machen, Hannover 1994

CAL – Culture, Art, Loisir
Wohnstil, Paris 1973

J. S. Griffith, G. B. Cox
Carpentry, Washington DC 1944

Handbuch der Holzoberflächenbehandlung
Zweihorn-Vertrieb, Hilden 1994

Albert Jackson, David Day
Collins Care & Repair of Furniture, London 1995

Albert Jackson, David Day
Handbuch der Holzbearbeitung, Ravensburg 1994

Theodor Krauth, Franz Sales Meyer
Die gesamte Möbelschreinerei, Leipzig 1902

Julius Klinkhard
Unterlagen zum technologischen Unterricht für Holzarbeiter, Leipzig 1920

Ralf Linnenkamp
Die Gründerzeit, München 1976

Carl Matthary
Ornamentbuch, Weimar 1840

Merkblattreihe Holzarten
Fachverlag Holz, Düsseldorf o.J.

Franz Sales Meyer
Handbuch der Ornamentik, Leipzig 1927

Gert Nagel
Möbel, München 1977

Joachim Petsch
Eigenheim und gute Stube, Köln 1989

Günther Picker
Antiquitäten, Kunstgegenstände, München 1988

Elisabeth Scherrer
Kunst und Antiquitäten sammeln, München 1994

Ellinor Schnaus
Oberflächenbehandlung alter Möbel
5. Auflage Berlin 2002

Fritz Spannagel
Der Möbelbau, Ravensburg 1954

Ulmia – Werkzeuge – Leichte Arbeit
Sonderliste Nr. 12, Ulm 1937

Günther Voss
Knaurs Handwerksbuch, München 1973

Der Werkstoff Holz und seine Bearbeitung
Furnieren
Bundesinstitut für Berufsbildungsforschung, Berlin 1981

Zweihorn – Lehrbroschüre, Hilden (6. Auflage). o.J.

Zeitschriften

Arbeitsblätter für Restauratoren
Arbeitsgemeinschaft der Restauratoren AdR
München

Restauro
Zeitschrift für Kunsttechniken, Restaurierungen und Museumsfragen
München

Sammler- und Trödel-Journal
Monatszeitschrift für Sammler und Antiquitätenfreunde
Reichertshausen

Zeitschrift für Kunst und Antiquitäten
Hannover

Register

Die Ratschläge in diesem Buch sind von Autorin und Verlag sorgfältig erwogen und geprüft, dennoch kann eine Garantie nicht übernommen werden. Eine Haftung der Autorin bzw. des Verlages und seiner Beauftragten für Personen-, Sach- und Vermögensschäden ist ausgeschlossen.

Bibliografische Information
Der Deutschen Bibliothek
Die Deutsche Bibliothek verzeichnet diese Publikation in der Deutschen Nationalbibliografie; detaillierte bibliografische Daten sind im Internet über http://dnb.ddb.de abrufbar.
ISBN 3-332-00933-8

Wir danken dem Kunstauktionshaus Hugo Ruef, München, für die freundliche Bereitstellung der Fotos auf den Seiten: 4, 18, 71, 75, 81, 119, 144, 156.

www.dornier-verlage.de
www.urania-verlag.de
Originalausgabe
3. Auflage Januar 2003

Der Urania Verlag ist ein Unternehmen der Verlagsgruppe Dornier.

Umschlaggestaltung:
Behrend & Buchholz, Hamburg
Umschlagfoto: Bernd Weisbrod
Fotos: Bernd Weisbrod, außer Seite: 13 u., 28 l., 85, 137 u. (Werner Kilian); Seite: 28 r., 30 (Robert Bosch GmbH); Seite: 19, 30, 68, 76, 82, 112, 133, 134 o., m., 136 o., m., u. l. (Ernst Fessler)
Zeichnungen: Ursula Neuhaus
Druck: Sachsendruck GmbH, Plauen
Printed in Germany